北大社"十三五"高等教育规划教材

高等院校旅游专业"互联网+"创新规划教材

会展概论
（第 2 版）

主　编　来逢波
副主编　包华音　胡　宁
　　　　聂云霞　崔元琪
参　编　耿　聪　袁　翠

 北京大学出版社
PEKING UNIVERSITY PRESS

内 容 简 介

本书遵循科学性、实用性、先进性、规范性和时效性 5 项原则，一改以往教材"重理论、轻实践"的思维习惯，以会展相关理论体系为主线，通过大量的典型案例，全面介绍了会展的基本概念、会展发展简史、会展市场、会议、展览、节事、奖励旅游、会展管理、会展经济、国内外会展业发展现状及趋势等方面的基本理论和基本知识。全书共分 10 章，每章都包含学习目标与要求、导入案例、知识链接、本章小结和复习思考题等板块。

本书可作为高等院校会展专业、旅游专业的学习用书，还可作为会展行业各级各部门举办的培训班、社会行业证书考试和自学考试等教材使用。

图书在版编目(CIP)数据

会展概论/来逢波主编. —2 版. —北京：北京大学出版社，2020.1
高等院校旅游专业"互联网+"创新规划教材
ISBN 978-7-301-30599-7

Ⅰ.①会… Ⅱ.①来… Ⅲ.①展览会—高等学校—教材 Ⅳ.①G245

中国版本图书馆 CIP 数据核字(2019)第 148117 号

书　　　名	会展概论 (第 2 版)
	HUIZHAN GAILUN (DI-ER BAN)
著作责任者	来逢波　主编
策 划 编 辑	刘国明
责 任 编 辑	翟　源
数 字 编 辑	陈颖颖　贾新越
标 准 书 号	ISBN 978-7-301-30599-7
出 版 发 行	北京大学出版社
地　　　址	北京市海淀区成府路 205 号　100871
网　　　址	http://www.pup.cn　新浪微博：@北京大学出版社
电 子 邮 箱	编辑部 pup6@pup.cn　总编室 zpup@pup.cn
电　　　话	邮购部 010-62752015　发行部 010-62750672　编辑部 010-62750667
印 刷 者	大厂回族自治县彩虹印刷有限公司
经 销 者	新华书店
	787 毫米×1092 毫米　16 开本　16.25 印张　378 千字
	2012 年 8 月第 1 版
	2020 年 1 月第 2 版　2023 年 10 月第 5 次印刷
定　　　价	45.00 元

未经许可，不得以任何方式复制或抄袭本书之部分或全部内容。
版权所有，侵权必究
举报电话：010-62752024　电子邮箱：fd@pup.cn
图书如有印装质量问题，请与出版部联系，电话：010-62756370

前　言

20世纪80年代以来，我国会展业从无到有，从小到大，行业影响力逐步扩大，行业经济效益逐年攀升，场馆建设日臻完善，已发展成为国民经济的助推器和新的增长点。二十大报告指出，要"创新服务贸易发展机制"。目前随着"一带一路"倡议的深入推进以及经济全球化程度的日益加深，会展业作为新兴的现代服务贸易型产业，已成为我国对外经贸领域异常活跃的支撑要素，也成为衡量城市和地区国际化程度和经济发展水平的重要标准之一。作为一个影响面广、关联度高的新兴服务行业，会展业在迅速发展的过程中表现出了对专业人才的巨大需求。然而，与会展行业发展的良好态势相比，我国的会展教育起步较晚，对行业发展的支撑作用明显不足，会展专业人才培养的体系和定位问题尚未得到完全解决，会展教育依然处于摸索前进的缓慢状态。

会展业是会议业和展览业的总称，涉及农业、工业和商贸等诸多产业。在我国经济由高速增长向高质量增长转型的重要时期，会展业日益体现出了对经济结构调整、市场开拓、促进社会消费、加强合作交流、推动国民经济开放共享等方面的重要作用。会展业的发展对从业人员综合素质的要求越来越高，编写一套既符合现代会展业发展现状，又适应当前会展人才培养需要、特色鲜明的教材，已成为会展教育发展进程中迫在眉睫的问题。近年来，国内会展界同人进行了积极努力和大胆探索，搭建起了良好的基础，初步构建了会展教育的教材体系。在此基础上，为突出行业发展的最新动态和未来趋势，满足会展院校教学的需要，同时为会展业企业人员培训提供可借鉴的教材资料，从而达到促进会展业发展并提高我国会展业从业人员综合素质的目的，我们在2012年编写的《会展概论》教材基础上，组织相关院校从事会展教学与研究多年的专家学者重新修订编写了这本实践性、针对性较强的教材。以后根据会展教育教学和科研的需要，我们将继续修订、更新相关内容并陆续推出其他相关教材。

本书最大的特点是体系清晰、实用性和针对性强。本书针对会展行业和会展教育的特点，遵循科学性、实用性、先进性、规范性、时效性5项原则，一改以往教材"重理论、轻实践"的思维习惯，以会展相关理论体系为主线，通过大量近年来具有代表性的案例，全面介绍了会展的基本概念、会展发展简史、会展市场、会议、展览、节事、奖励旅游、会展管理、会展经济、国内外会展业发展现状及趋势等方面的基本理论和基本知识，从而将本门课程的理论体系和框架结构完整地呈现在读者面前。

在本书修订过程中，不仅吸收了国内外会展类优秀教材的优点，还将当前国内同人的最新研究成果、正在运行并行之有效的经验融入其中。本书具有以下几个方面的特点：①强调内容新颖，吸纳了国内外会展教育教学和研究的新观点和新方法；②注重理论与实践结合，内容力图体现会展理论的系统性和完整性，同时尽量融理论与实践于一体，使读者在实践中有理可依；③关注世界与我国会展业的发展动态，尽量体现出教材内容的开放性，并通过二维码资源等努力拓宽读者的视野，便于读者学习。

　　本书由来逢波主编，并负责本书的框架体系搭建构思、主要内容的确定，以及统稿、定稿。本书主要内容分别由包华音、胡宁、聂云霞、崔元琪修订完成。耿聪、袁翠在修订编写过程中做了大量的资料查阅和文稿梳理工作。

　　本书在编写过程中，参阅了大量有关会展的书籍和文献，在此谨向相关作者致以诚挚的感谢！

　　由于时间仓促和编者水平有限，书中不足之处在所难免，恳请广大读者不吝指教。

来逢波

目　录

第1章　导论 ·········· 1
1.1 会展的概述 ·········· 3
1.1.1 会展的基本概念 ·········· 3
1.1.2 会展业 ·········· 4
1.1.3 会展经济 ·········· 4
1.2 会展的特点 ·········· 4
1.2.1 综合性 ·········· 4
1.2.2 创新性 ·········· 5
1.2.3 集聚性 ·········· 6
1.2.4 技术性和艺术性 ·········· 7
1.2.5 区域差异性 ·········· 7
1.2.6 产业联动性和效益性 ·········· 8
1.3 会展的类型 ·········· 8
1.3.1 会展的组成部分 ·········· 8
1.3.2 会展的分类 ·········· 9
1.4 会展的功能 ·········· 11
1.4.1 基本功能 ·········· 11
1.4.2 提升功能 ·········· 13
1.4.3 辅助功能 ·········· 14
本章小结 ·········· 18
复习思考题 ·········· 18

第2章　会展发展简史 ·········· 20
2.1 会展的起源 ·········· 20
2.1.1 "物物交换"说 ·········· 21
2.1.2 "集市、庙会演变"说 ·········· 21
2.2 世界会展业发展历史 ·········· 23
2.2.1 萌芽阶段 ·········· 23
2.2.2 起步阶段 ·········· 25
2.2.3 快速发展阶段 ·········· 25
2.2.4 当代展览会阶段 ·········· 26
2.3 中国会展业发展历史 ·········· 27
2.3.1 中国古代的会展业 ·········· 27
2.3.2 20世纪的中国会展业 ·········· 27
2.3.3 中华人民共和国成立后的中国会展业 ·········· 28
本章小结 ·········· 31
复习思考题 ·········· 31

第3章　会展市场 ·········· 33
3.1 会展市场概述 ·········· 34
3.1.1 会展市场的概念 ·········· 34
3.1.2 会展市场的特征 ·········· 36
3.1.3 会展市场的划分 ·········· 38
3.2 会展市场运作机制 ·········· 39
3.2.1 会展市场主体识别 ·········· 39
3.2.2 会展市场的运作机制类型 ·········· 42
3.3 会展市场营销 ·········· 43
3.3.1 会展营销的概念 ·········· 43
3.3.2 会展营销的特点 ·········· 45
3.3.3 会展营销的过程 ·········· 46
3.3.4 会展营销要素组合 ·········· 47
3.4 国际会展市场 ·········· 53
3.4.1 国际会展市场概况 ·········· 53
3.4.2 国际会展市场的分布格局 ·········· 54
3.4.3 我国在国际会展市场中的地位和发展潜力 ·········· 56
本章小结 ·········· 58
复习思考题 ·········· 58

第4章　会议 ·········· 60
4.1 会议概述 ·········· 60
4.1.1 会议的定义及本质 ·········· 61
4.1.2 会议的特点 ·········· 62
4.1.3 会议的功能 ·········· 62
4.2 会议的分类 ·········· 64
4.2.1 按会议的性质和内容划分 ·········· 64
4.2.2 按举办单位划分 ·········· 65
4.2.3 按会议参加者的国别划分 ·········· 66
4.2.4 按会议规模划分 ·········· 67
4.2.5 按会议活动特征划分 ·········· 67
4.3 会议服务与管理 ·········· 68
4.3.1 会前准备工作 ·········· 68
4.3.2 会中服务管理工作 ·········· 73
4.3.3 会后总结评估工作 ·········· 74
4.3.4 会议工作分工 ·········· 76
4.4 会议策划 ·········· 76

  4.4.1 会议策划的概念与方法 ………… 76
  4.4.2 会议策划的内容 ……………… 79
  4.4.3 会议策划应注意的问题 ………… 82
 本章小结 …………………………………… 85
 复习思考题 ………………………………… 85

第5章 展览 ……………………………… 88
 5.1 展览概述 …………………………… 91
  5.1.1 展览的概念 …………………… 91
  5.1.2 展览的功能 …………………… 92
 5.2 展览会的分类 ……………………… 94
  5.2.1 根据展览的内容分类 ………… 94
  5.2.2 根据展览的出席者分类 ……… 94
  5.2.3 根据展览的营利性分类 ……… 95
  5.2.4 根据展览的参展商分类 ……… 95
  5.2.5 根据展览的地域范围分类 …… 96
  5.2.6 根据展览的功能分类 ………… 96
  5.2.7 根据展览的手段分类 ………… 97
  5.2.8 根据展览的时间分类 ………… 97
  5.2.9 根据展览的地点分类 ………… 97
  5.2.10 根据展览的举办模式分类 …… 97
 5.3 展览活动的人员组成 ……………… 97
  5.3.1 展览经理 ……………………… 97
  5.3.2 参展商 ………………………… 99
  5.3.3 展馆经理 ……………………… 101
  5.3.4 展馆部门员工 ………………… 102
  5.3.5 展会服务承包商 ……………… 102
  5.3.6 观众 …………………………… 103
 5.4 现场管理 …………………………… 104
  5.4.1 开幕式的举行 ………………… 104
  5.4.2 开展后的现场管理 …………… 105
 本章小结 …………………………………… 108
 复习思考题 ………………………………… 108

第6章 节事 ……………………………… 110
 6.1 节事活动概述 ……………………… 111
  6.1.1 节事活动的内涵 ……………… 111
  6.1.2 节事活动的类型 ……………… 112
  6.1.3 节事活动的特点 ……………… 115
  6.1.4 节事活动的意义 ……………… 117
  6.1.5 我国现阶段节事活动存在的
     问题 …………………………… 118
 6.2 节事活动的策划与实施 …………… 120

  6.2.1 节事活动的策划 ……………… 120
  6.2.2 节事活动策划的原则 ………… 120
  6.2.3 节事活动策划的流程 ………… 121
  6.2.4 节事活动策划书的写作 ……… 123
  6.2.5 节事活动的具体实施模式 …… 124
 本章小结 …………………………………… 127
 复习思考题 ………………………………… 128

第7章 奖励旅游 ………………………… 130
 7.1 奖励旅游概述 ……………………… 131
  7.1.1 奖励旅游的概念 ……………… 131
  7.1.2 奖励旅游的特点 ……………… 133
  7.1.3 奖励旅游的类型 ……………… 135
  7.1.4 奖励旅游的作用 ……………… 137
 7.2 奖励旅游的运作过程 ……………… 138
  7.2.1 奖励旅游的运作机构 ………… 138
  7.2.2 奖励旅游的运作模式 ………… 139
  7.2.3 奖励旅游的运作流程 ………… 139
 7.3 奖励旅游现状、发展趋势与对策 … 148
  7.3.1 国内外奖励旅游现状 ………… 148
  7.3.2 奖励旅游发展趋势 …………… 151
  7.3.3 我国发展奖励旅游的对策 …… 156
 本章小结 …………………………………… 161
 复习思考题 ………………………………… 161

第8章 会展管理 ………………………… 162
 8.1 会展行业管理概述 ………………… 165
  8.1.1 会展行业管理的目标与任务 … 165
  8.1.2 会展行业管理的方式与内容 … 166
 8.2 会展发达国家和地区对会展的管理 … 170
  8.2.1 会展发达国家和地区的会展管理
     体制 …………………………… 170
  8.2.2 会展发达国家的会展行业协会 … 171
  8.2.3 会展发达国家会展管理经验 … 172
 8.3 我国的会展政策与法规 …………… 176
  8.3.1 商品展销会的管理 …………… 177
  8.3.2 有关商品和技术交流活动的管理
     规定 …………………………… 178
  8.3.3 在我国境内举办的面向境外的
     展览会的有关政策 …………… 179
  8.3.4 出国举办经济贸易展览会的管理
     规定 …………………………… 185

  8.3.5 赴港澳地区举办招商和办展等经贸
     活动的有关规定 ………………… 188
  8.3.6 设立外商投资会议展览公司的
     政策 ……………………………… 190
  8.3.7 其他 ……………………………… 191
 8.4 国内外主要会展组织 …………………… 192
  8.4.1 主要国际会议组织 ……………… 192
  8.4.2 主要国际展览组织 ……………… 193
  8.4.3 中国展览组织 …………………… 195
 本章小结 ……………………………………… 198
 复习思考题 …………………………………… 198

第9章 会展经济 ……………………………… 200

 9.1 会展经济概述 …………………………… 201
  9.1.1 会展经济的概念 ………………… 201
  9.1.2 会展经济的特点 ………………… 202
  9.1.3 会展经济的效用 ………………… 203
 9.2 中国会展经济发展现状与策略 ………… 211
  9.2.1 中国五大会展经济带 …………… 211
  9.2.2 中国会展经济发展现状 ………… 216
  9.2.3 中国会展经济存在的问题 ……… 219
  9.2.4 中国会展经济发展对策 ………… 220
 本章小结 ……………………………………… 222
 复习思考题 …………………………………… 222

第10章 国内外会展业发展现状及
     趋势 ………………………………… 224

 10.1 中国会展业发展现状及趋势 ………… 225
  10.1.1 中国会展业的发展现状 ……… 225
  10.1.2 中国会展业的发展趋势 ……… 227
 10.2 国外会展业的发展现状及趋势 ……… 230
  10.2.1 国外会展业的发展现状 ……… 230
  10.2.2 国外会展业的发展趋势 ……… 232
 10.3 中外知名展会介绍 …………………… 233
  10.3.1 国外知名展会 ………………… 233
  10.3.2 国内知名展会 ………………… 238
 10.4 中外知名会展城市介绍 ……………… 242
  10.4.1 国外知名会展城市 …………… 242
  10.4.2 国内知名会展城市 …………… 244
 10.5 国外知名会展企业 …………………… 245
  10.5.1 德国汉诺威展览公司 ………… 245
  10.5.2 法兰克福展览公司 …………… 246
  10.5.3 德国杜塞尔多夫展览公司 …… 246
  10.5.4 英国励展博览集团 …………… 247
  10.5.5 国外其他知名会展集团 ……… 247
 本章小结 ……………………………………… 249
 复习思考题 …………………………………… 249

参考文献 ……………………………………………… 251

资源索引
21套活动彩图拓展视野
7套拓展练习在线巩固

第1章 导 论

学习目标与要求

1. 了解会展的含义和组成部分。
2. 掌握会展的特点,学会分析某一地区会展活动发展的特点。
3. 理解会展的功能体系。

导入案例

博鳌亚洲论坛辉煌历程

论坛简介

博鳌亚洲论坛(Boao Forum for Asia, BFA)(以下简称"论坛")是一个非政府、非营利性、定期、定址的国际组织,为政府、企业及专家学者等提供一个共商经济、社会、环境及其他相关问题的高层对话平台。海南博鳌为论坛总部的永久所在地。

论坛由菲律宾前总统拉莫斯、澳大利亚前总理霍克及日本前首相细川护熙于1998年倡议,并于2001年2月27日正式宣告成立。从2002年开始,论坛每年定期在博鳌召开年会。博鳌亚洲论坛2019年年会于3月26日在海南博鳌召开,主题为《共同命运、共同行动、共同发展》。中国国务院总理李克强出席博鳌亚洲论坛2019年年会开幕式并发表主旨演讲。

论坛得到亚洲各国普遍支持,赢得世界广泛关注。论坛目前已成为亚洲及其他大洲有关国家政府、工商界和学术界领袖就亚洲及全球重要事务进行对话的高层次平台。论坛致力于通过区域经济的进一步整合,推进亚洲国家实现共同发展。

论坛的宗旨是立足亚洲,面向世界,促进和深化本地区内和本地区与世界其他地区间的经济交流、协调与合作。为政府、企业及专家学者等提供一个共商经济、社会、环境及其他相关问题的高层对话平台。通过论坛与政界、商界及学术界建立的工作网络为会员与会员之间、会员与非会员之间日益扩大的经济合作提供服务。

论坛历史

20世纪50年代以来,亚洲各国通过自身努力,在经济与社会发展方面取得了显著成就,在国际和地区事务中的影响力日益上升。特别是亚洲经济总体发展迅速,东亚经济实现了腾飞,创造了令世人瞩目的"东亚奇迹",并成为世界最具经济发展活力的地区之一。亚洲在20世纪末遭受金融危机的重创,但经过自我调整与改革,经济已迅速复苏。

亚洲大多数国家实行开放政策,彼此间的贸易和投资联系日益密切,双边、区域、次区域以及跨区域的合作逐步展开。各国间工商、金融、科技、交通、文化等领域的合作与交流不断增加。东盟与中日韩(10+3)已进入实质性阶段。东南亚国家联盟经济一体化、大湄公河经济合作、南亚区域合作联盟等次区域合作正在进行。亚太经济组织、亚欧会议、东亚—拉美论坛等跨区域合作也在向前推进。这些国际合作为博鳌论坛的成功举办创造了条件。

进入21世纪,经济全球化和区域化不

断发展，欧洲经济一体化进程日趋加快、北美自由贸易区进一步发展的新形势下，亚洲各国面临巨大机遇，也面临许多严峻挑战。这要求亚洲国家加强与世界其他地区的合作，也要求亚洲国家增进彼此间的交流与合作。如何应对全球化对本地区国家带来的挑战，保持本地区经济的健康发展，加强相互间的协调与合作，已成为亚洲各国面临的共同课题。

亚洲国家和地区虽已参与了APEC、PECC等跨区域国际会议组织，但就整个亚洲而言，仍缺乏一个真正由亚洲人主导，从亚洲的利益和观点出发，专门讨论亚洲事务，增进亚洲各国之间、亚洲各国与世界其他地区之间交流与合作的论坛组织。鉴于此，1998年9月，菲律宾前总统拉莫斯、澳大利亚前总理霍克和日本前首相细川护熙倡议成立一个类似达沃斯"世界经济论坛"的"亚洲论坛"。

"亚洲论坛"的概念得到有关各国的一致认同。1999年10月8日，时任中华人民共和国副主席胡锦涛在北京会见了专程为"亚洲论坛"来华的拉莫斯和霍克。胡锦涛在认真听取两位政要有关"亚洲论坛"构想的介绍后，表示中国政府一贯重视和支持多层次、多渠道、多形式的地区合作与对话，认为论坛的成立有利于本地区国家间增进了解、扩大信任和加强合作。中方将对"亚洲论坛"的设想进行认真研究和积极考虑，并尽力提供支持和合作。同时，胡锦涛强调，中国也希望进一步了解其他国家的反应，因为论坛的建立必须得到有关国家政府的重视、理解和支持。此后，亚洲有关国家政府均对成立"亚洲论坛"做出了积极回应。

在上述背景下，博鳌亚洲论坛成立大会于2001年2月26日—27日在中国海南博鳌举行。菲律宾前总统拉莫斯、澳大利亚前总理霍克、日本前首相中曾根康弘、哈萨克斯坦前总理捷列先科、蒙古前总统奥其尔巴特等26个国家的前政要出席了大会。时任中国国家主席江泽民、马来西亚总理马哈蒂尔、尼泊尔前国王比兰德拉、越南副总理阮孟琴等作为特邀嘉宾出席了成立大会并发表重要讲话。大会宣布博鳌亚洲论坛正式成立，通过了《博鳌亚洲论坛宣言》《博鳌亚洲论坛章程指导原则》等纲领性文件，大会取得圆满成功并受到了国际社会的广泛关注。

论坛总部选在中国海南博鳌，这是亚洲地区的一些前领导人向中国领导人提出的建议。他们认为，海南作为中国最大的经济特区，是中国深化与国际社会联系的实验区。海南省以建设生态省为目标，说明它当前和未来的发展重点是生态产业，这是亚洲和国际社会都看重的领域，符合世界经济发展潮流。博鳌是一个专门为论坛设计的集生态、休闲、旅游、智能和会展服务于一体的综合功能区，拥有十分宜人的自然地理环境。1999年10月，胡锦涛在会见论坛发起人时表示，将为论坛的创建提供支持与合作。海南省政府已为论坛的创建提供了多方面的实际支持，并承诺继续为论坛的创建和运作提供高效、优质的服务。

时至今日，博鳌亚洲论坛成立19年来为亚洲经济发展发挥重要作用，成为国家间对话交流、相互借鉴的重要舞台。

（资料来源：根据博鳌亚洲论坛官网资料整理）

在经济全球化趋势日益加深的今天，会展活动作为人类物质文化交流的重要形式，以其鲜明的特点，影响着人类社会的各个领域。会展活动对于社会经济发展的作用越来越明显，受到了世界各国政府的重视和青睐。在我国，随着2008年奥林匹克运动会（以下简称"奥运会")、2010年上海世界博览会(以下简称"世博会")、世界互联网大会以及金砖国家领导人第九次会晤等大型国际会展活动的成功举办,会展活动不仅成为国民经济发展中的新亮点,而且中国在国际会展市场上也获得了越来越多的关注和认可,会展活动成为提升我国国际形象和国际影响力的重要渠道。

1.1 会展的概述

1.1.1 会展的基本概念

关于会展的概念,国内外有不同的表述,其中比较有代表性的是下列几种说法。

一种观点认为会展就是指商业性展览会,以展示产品、技术为其主要特征,以推销商品为主要目的,如各种交易会、展销会和贸易洽谈会等。

另一种观点认为会展就是指会议和展览活动。在国外通常称之为"C&E-Conference & Exposition"或"M&E-Meeting & Exposition",会议和展览这两个问题大多是分开进行研究的,研究人群也不相同。例如,在美国,会议产业的领导者是会议产业理事会(Convention Industry Council,CIC),乔治·华盛顿大学从1978年开始就开设了会议策划的课程,专门研究会议。而美国展览业研究中心(Center for Exhibition Industry Research,CEIR)(原为贸易展示局),则是将展览作为一种市场营销工具来研究。上述两种观点是比较传统的认识,是对会展的狭义的理解。

随着社会的演变和科技的进步,会展业作为一种经济存在形式,其存在的形式、内容、功能和办展方式等各方面都在不断调整和变化。会展融合的发展趋势日趋明显,展中有会,会中有展。因此,会展在相互渗透的基础上又吸收了一些相关的新专业知识,如奖励旅游、节事活动等,渐渐融合成一门新兴的边缘学科。于是,关于会展概念的第三个观点出现,即会展是展览、会议、奖励旅游和节事活动的总称,国际上将会展通称为MICE。其中,M代表会议(meeting),是许多人聚集到某地进行交流、协商或举行某一特殊活动的总称,在时间上可以自由地临时组织,也可以有一定的固定模式,如年会、委员会议等。I代表奖励旅游(incentive tour),专指以激励、奖励特定对象为目的而进行的旅游或聚会活动。C代表大型会议(conference),是指以讨论、解决问题或协商为目的的参与性集会。与定期大会(congress)相比,其规模通常较小,性质限定更加明确——为了便于信息交流。定期大会在举办频率上没有特殊规定,尽管其本身不受时间限制,但通常都是在某一特定时期内举行,且目标明确。E代表展览会(exhibition or exposition)和节事活动(event),分别是指陈列展示产品和服务的各种活动以及节日庆典、体育运动会和文艺演出等大型活动。这一定义界定了当今会展活动涵盖的范围,比较全面。

综合上述各种观点,可将会展定义为在一定地域空间范围内,由多人聚集在一起、定期或不定期举办的集体性的物质和文化交流活动。特定空间是指活动必须有特定的目的地或场地,这一目的地或场地可以是有形的、实体的,也可以是无形的、虚拟的;集体性是指活动要有一定的规模,有一定的影响力;物质和文化是指活动的承载物可以是物质形态,如展品,也可以是精神形态,如会议主题;交流是指活动目的是交流。从这一概念出发,会展主要包括会议、展览、节事活动和奖励旅游4种活动形式。

1.1.2 会展业

由会展经济活动引起的相互联系、相互作用及相互影响的同类企业的总和统称为会展业（MICE Industry）。会展业是一个综合性和关联性极强的产业，由一系列相关企业或行业组成，既包括专业的会展公司、会展场馆和专业会展服务公司，也包括提供各种会展配套服务的金融业、保险业等相关行业。

在国际上，会展业被归属于服务贸易领域。根据《服务贸易总协定》的相关条款及内容，在国际服务贸易的12个部门分类中，会展业属于职业服务范畴。它主要提供以下服务产品。

（1）策划和举办各种规模、各种性质、各种目的和各种层次的国际和国内会议。

（2）策划和举办各种规模、各种性质、各种内容和各种形式的国际和国内的展销会、展览会、交易会和博览会。

（3）策划和安排各种规模、各种目的和各种层次的奖励会议和奖励旅游活动。

（4）策划和举办各种规模、各种性质、各种目的和各种内容的节事活动。

（5）提供上述各项会议、展览、奖励旅游和节事活动所需要的各种场馆和设施及其配套的内在服务，如会务、货运、仓储、报关、检疫、保险、法律、金融、通信、信息、展台设计与搭建和翻译等。

（6）安排和提供上述会议、展览、奖励旅游和节事活动的参与者所需要并能令人满意的住宿、餐饮、交通、游览、娱乐和购物等——简称"食、住、行、游、娱、购"六要素生活接待服务。

1.1.3 会展经济

会展经济，是指通过举办各种形式的会展活动，带来直接或间接经济效益和社会效益的一种经济现象和经济行为。会展经济一般被认为是高收入、高盈利的行业。据专家测算，国际上展览业的产业带动系数大约为1∶9，即展览场馆的收入如果是1，相关的社会收入则为9。会展经济属于第三产业范畴，是服务型经济。

1.2 会展的特点

1.2.1 综合性

会展具有极强的综合性。首先是会展活动内容的综合性。会展活动范围广泛，涉及的行业、部门众多，既有国民经济的各个产业（包括第一、第二、第三产业）部门，又有非产业（行政、社会团体等）部门，涵盖了政治、经济和文化等所有社会范畴。其次是会展活动方式的综合性。在现代会展中，多种活动方式呈现出较强的相互交融的特点，展中有会，会中有展，形成了会议、展览、经贸、观光、休闲、娱乐和节庆表演等多种活动相辅相成的活动模式。例如，2010曲阜国际孔子文化节就安排了五大主题活动：2010联合国教科文组织总部孔子文化周、2010国际孔子文化节开幕式暨第五届联合国教科文组织"孔子教育奖"颁奖典礼、庚寅年祭孔大典、首届尼山论坛和第三届世界儒学大会。期间，孔子文化周于2010年9月6—10日在联合国教科文组织总部举行,揭晓了"孔子教育奖"获奖名单,并举行了世界文庙文化展、孔府文物展及儒家文化主题剧目演出等活动。最后,在会展的运作中,也要涉及管理学、营销学、心理学和美学等多个学科范畴的相关知识和技能,所以会展人才必须是复合型人才。

1.2.2 创新性

充分依托或运用新技术、新业态、新理念和新的服务方式,是现代服务业区别于传统服务业的界线性标志,也是现代服务业具有广阔发展前景的根本性因素。会展业是高度借助、依赖和运用新技术、新信息的产业,"新"是现代会展的灵魂。会展活动是新产品、新技术、新信息在世界亮相的重要舞台,是反映各行各业最新发展动态的"镜子"。从科技发展史看,许多划时代的发明创造,如电话机、留声机、蒸汽机车和电视机等都是首先在展览会上进行展示进而推广开来的。即便在信息技术高度发达的当代,展览的广泛性、直观性对推广新技术、新发明仍发挥着不可替代的作用。展览会上常举办的一些讲座或者论坛,往往成为一些新知识、新理念传播的良好平台。另外,展会的主题和举办方式等因素也在不断创新,一方面是要体现展会活动与社会发展相适应的时代性,另一方面也是为了突出会展活动自身的竞争优势。没有"新",会展就没有生机,就会失去其应有的吸引力。

知识链接 1—1

历届世博会的主题

1933年美国芝加哥的世博会确立了"一个世纪的进步"的主题,此后历届世博会的主题均在不断地进行创新。具体内容见表1-1。

表1-1 历届世博会主题

年 份	国 家	举 办 地	主 题
1935	比利时	布鲁塞尔	通过竞争获取和平
1937	法国	巴黎	现代世界的艺术和技术
1939	美国	旧金山	明日新世界
1958	比利时	布鲁塞尔	科学、文明和人性
1962	美国	西雅图	太空时代的人类
1964	美国	纽约	通过理解走向和平
1967	加拿大	蒙特利尔	人类与世界
1968	美国	圣安东尼奥	美洲大陆的文化交流
1970	日本	大阪	人类的进步与和谐
1974	美国	斯波坎	无污染的进步

续表

年　份	国　家	举　办　地	主　题
1975	日本	冲绳	海洋——充满希望的未来
1982	美国	诺克斯维尔	能源——世界的原动力
1984	美国	新奥尔良	河流的世界——水乃生命之源
1985	日本	筑波	居住与环境——人类家居科技
1986	加拿大	温哥华	交通与运输
1988	澳大利亚	布里斯班	科技时代的休闲生活
1990	日本	大阪	人类与自然
1992	西班牙	塞维利亚	发现的时代
1992	意大利	热那亚	哥伦布——船与海
1993	韩国	大田	新的起飞之路
1998	葡萄牙	里斯本	海洋——未来的财富
1999	中国	昆明	人与自然——迈向21世纪
2000	德国	汉诺威	人类——自然——科技
2005	日本	爱知县	超越发展：大自然智慧的再发现
2008	西班牙	萨拉戈萨	水与可持续发展
2010	中国	上海	城市，让生活更美好
2012	韩国	丽水	生机勃勃的海洋和海岸
2015	意大利	米兰	滋养地球，生命之源
2017	哈萨克斯坦	阿斯塔纳	未来的能源
2020	阿联酋	迪拜	沟通思想，创造未来

1.2.3　集聚性

会展活动最突出的特点之一就是人流、物流和信息流在同一时间、空间上集聚。大型会议、展览活动将大量的人员、产品、技术和信息等在一定时间集中在某一特定的地域空间，给会展举办地带来源源不断的商流、物流、人流、资金流和信息流。展场和会场是陈列展品、构建形象和负载信息的物质实体，是个综合的全息媒介，汇集了种类繁多的信息。会展活动使参与者可以在短时间里集中交流信息、交换产品。专业展览会通常举办3～5天，在短短的几天里，通过参加一个成功组织的展览，参展商和观众通常会有相对广泛而集中的接触，而其他诸如电话营销、人员拜访等营销方式，通常都不可能有这样的效果。这种生产要素的集中性使资源利用效率提高，并由此产生成本的节约、收入或效用的增加，形成聚集经济效应。2010年上海世界博览会（图1.1）历时184天，吸引了世界246个国家和国际组织参展，参观人数7 308.44万人次。单日入园最高峰出现在10月16日，当天参观者突破103万人次。上海世界博览会还安排了两万多场次的文化演艺活动，平均每天演出100场。

图1.1 2010年上海世博会

【更多彩图】

展会举办地点集群化,也是现代会展集聚特性的另一表现形式。世界众多会展名城和会展城市圈,多处于经济发达地区。例如,我国的五大会展经济带(环渤海会展经济带、长江三角洲会展经济带(以下简称长三角会展经济带)、珠江三角洲会展经济带(以下简称珠三角会展经济带)、东北会展经济带和中西部会展经济带)就形成了较强的以点带面的区域经济实力。

1.2.4 技术性和艺术性

会展活动是技术与艺术的结合。会展的发展本身就是由信息、科技和专业门类共同催生的,它以信息资源为基础,以科技运用为支撑,科技的革新对会展业的兴起和发展具有重大作用,没有科技的支撑,就没有现代会展的辉煌。在会展业的各产业要素中,信息技术、现代科技和高新技术往往最先或者较为广泛地得到运用和推广。例如,会展场馆的设计与建造、会展场馆中的各种设施都有赖于先进的技术手段;网络的发展使得会展活动的组织与开展更加多样化,网上展会与现实展会并存,已成为当今会展活动的主要趋势。新加坡新达城会展中心的设计就别具特色,4座45层和1座18层的大楼,象征人的五指,中间一座世界上最大的喷泉,寓意财源滚滚;建筑物的雨水汇集系统可提供灌溉花草和洗车用水,既环保又有"肥水不外流"之意。同时,会展活动又是一种带有审美色彩的艺术活动。为了突出会展形象,会展主办者和参展商往往综合运用声、光、色、形,以及文字、图像等各种艺术手段,突出展会及展品特色。

1.2.5 区域差异性

会展活动有一个非常明显的特点,即在地理和经济区域分布上极不均衡,会展发展的区域间差异很大。作为市场经济发展的产物,一国会展经济实力和发展水平是与该国综合经济实力和经济总体规模及发展水平相适应的。欧洲作为世界会展业的发源地,经过100多年的积累和发展,会展经济整体实力最强、规模最大,德国、意大利和法国都是世界级的会展业大国。相应地,广大发展中国家和欧美以外地区的国际会展活动数量则相对少一些。综观世界会展经济在全球发展情况,不难看出,发达国家凭借其在科技、交通、通信和服务业水平等方面的优势,在世界会展经济发展过程中处于主导地位,占有绝对的优势。这种会展发展的区域差异性,显而易见的是根源于各国和各洲之间的社会经济发展水平的差异。以上反映的是国际会展活动在全球范围上的区域差异性。事实上,会展活动在一个国家内部同样呈现出这一特点，即绝大多数的会展活动都发生在少数经济发达、知名度高的全国或地区性中心城市。

1.2.6 产业联动性和效益性

在经济上，会展活动不仅给会展举办地带来直接的经济效益，还建立起当地产业界与来自世界各地的专业人士的沟通渠道，从而有利于开拓对外商机。同时，会展的发展具有强大的产业联动作用，能够促进会展举办地产业结构的升级和优化，成为当地经济建设的助推器和加速器。据相关调查显示，中国进出口商品交易会（即广州交易会，以下简称广交会）与当地经济的拉动效应比是1∶15，中国义乌国际小商品博览会（以下简称义博会）与当地经济的拉动效应比是1∶13。而实际上会展业拉动的不仅仅是经济，还有对一个地区的社会、文化等各个方面的影响。发展会展业还可以扩大会展举办国的政治影响力，提高会展举办地的知名度。会展活动作为"触摸世界的窗口"，具有强大的信息交流功能，给会展举办地带来了最新的信息和最先进的知识。此外，发展会展业还能促进会展举办地基础设施的建设和居民综合素质的提高等，从而显著改善当地的生活环境。除了直接、间接收益外，会展活动还将给举办地带来持续的、无法计算的后续效益。例如，1970年日本大阪世博会之后形成了关西经济带，其后10年发展迅猛，促进了日本经济的增长；埃菲尔铁塔是1889年世博会给巴黎留下的"摇钱树"，让法国相关行业受益无穷。

1.3 会展的类型

1.3.1 会展的组成部分

现代会展主要由会议、展览、节事活动和奖励旅游4部分组成。

1. 会议

会议的种类很多，按照组织形式划分为大会（年会）、专门会议、代表会议、论坛、研讨会、讲座、座谈会和集会等。国际上还通常根据会议主办者的不同将会议划分为公司会议、协会会议和非营利组织会议。其中前两者是最主要的会议类型，无论从会议数量、与会人数还是会议支出上看，都占到会议的绝大部分。公司会议和协会会议都有多种形式。常见的公司会议形式有管理会议、销售会议、产品介绍会、培训会议、专业技术会议、股东会议和公共会议等。而协会会议主要包括年度大会、地区性年会、专门会议、研讨会和专题讨论会、委员会会议等。此外，非营利组织会议主要由政府会议、工会和政治团体会议、宗教团体会议、慈善机构会议及社交团体会议等构成。

2. 展览

展览的类型丰富多彩。在我国，对于各种展览形式一般冠以不同的称呼，如展览会、展示会、展销会、交易会、投资洽谈会、博览会等。根据展览内容，展览可以划分为综合性展览和专业性展览。综合性展览（图1.2）又称横向展览，展览内容涉及多个行业；专业性展览又称纵向展览，展览内容限制在某一行业，甚至某一种产品。根据展览性质，展览可以划分为营利性展览和非营利性展览。营利性展览包括两大类，即以商品批发交易为目的的贸易展和以直接零售商品为目的的消费展。非营利性展览以宣传、教育为目的，常见的有成就展、科普展和欣赏性的艺术展等。

图1.2　上海世博会

【更多彩图】

3. 节事活动

节事活动涉及范围极广，按照活动的不同属性可划分为传统节庆、现代节庆、体育赛事、文化娱乐盛事和其他团体活动等。节事活动一般都根据特定的主题来开展，主题类型包括风物特产、文化、宗教、民俗、体育、政治和自然景观等。节事活动作为群体性的休闲娱乐活动，是对大众开放的，与其他会展活动相比，节事活动的大众参与性最强。

4. 奖励旅游

奖励旅游不是一般意义的旅游活动，而是带有明确商务目的的旅游活动。在活动内容安排上，奖励旅游除了进行观光游览和娱乐休闲等消遣性活动外，还包括企业会议、展览和业务考察等商务性活动。奖励旅游本质上是一种管理手段和激励措施，即企业通过一个精心设计的旅游活动来实现激励员工和相关利益人员的目标。

1.3.2　会展的分类

根据不同的标准，可将会展分为不同的类型。

1. 根据会展的性质不同进行分类

根据会展的性质不同可将会展分为贸易类会展项目、消费类会展项目和综合类会展项目。①贸易类会展项目是指为产业及制造业、商业等行业举办的展览活动，参展商和参观者主体都是专业人士，参展商可以是行业内的制造商、贸易商、批发商、经销商和代理商等相关单位，参观者主要是经过筛选后邀请来的采购商，一般不对公众开放。展览的目的是交流信息、洽谈贸易，最终达成交易。②消费类会展项目是指为社会大众举办的展览活动，这类会展项目多具有地方性质，展出内容以消费品为主，通过大众媒介如电视、电台、报纸、期刊和网络等吸引观众，以现场销售展品为主要目的。观众主要是普通消费者，这类项目非常重视观众的数量。③综合类会展项目则是兼具批发贸易和零售两种性质的展览活动。

区分展览项目是贸易性质还是消费性质，主要标准是观众的组成，即观众是贸易商还是一般消费者，而不是以展品，即工业品或消费品来反映。

2. 根据会展的内容不同进行分类

根据会展的内容不同可将会展分为综合类会展项目和专业类会展项目两类。①综合类会展项目（multi-branch trade fair/exhibition）是指涵盖全行业或数个行业的展览会，又称为横向型展览会，如广州进出口商品交易会，其展品涉及多个行业。②专业类会展项目（specialized trade fair/exhibition）是指展示某一行业甚至某一项产品的展览会，又称为垂直型展会（图1.3），主题性比较强，如汽车展、模具展等。专业类会展项目的突出特征之一是常常同时举办讨论会、报告会，用以介绍新产品、新技术等。由于受到地区经济发展不平衡等方面的影响，经济越不发达的国家和地区，展览的综合性倾向越重；反之，经济越发达的国家和地区，展览的贸易和消费性质分得越清。从目前国内外会展业的发展来看，许多有影响力的大型会展项目均属专业类会展项目，并成为会展业发展的一种趋势。

3. 根据会展所涉及的区域范围不同进行分类

根据会展所涉及的区域范围不同可将会展分为国际会展项目和国内会展项目。国际会展项目的参展商和观众往往来自多个国家，如奥运会、国际博览会等。对于国际性的标准有不同的认定，一种比较普遍的说法是符合下述标准之一的方可称为国际性会展项目：外国参展商的数量必须至少达到总参展商人数的20%，或者外国观众数量至少占总观众人数的4%，或者外国参展商租用的净场地面积必须至少占租赁场地净面积总量的20%。我国对国际会展项目的界定标准是20%以上的参展商来自国外。国内会展项目又分为全国性的会展项目和区域性的会展项目。例如，上海中国艺术博览会是全国性的会展项目，齐鲁春季汽车展示交易会是区域性的会展项目。

4. 根据会展的时间不同进行分类

根据时间可将会展项目分为定期会展项目和不定期会展项目。定期会展项目一般是指有固定举办周期的活动，以一年举办一届的较为多见，也有一年两届、两年一届等不同种类。在英国，一年一届的展览会占展览会总数的3/4。不定期会展项目则是指没有固定周期的活动。不定期会展项目按照时间长短，分成长期展和短期展。长期展可以是3个月、半年，而短期展一般不超过一周。目前，专业展览会一般是3~5天。展览日期受财务预算、订货以及节假日的影响，有旺季、淡季之分。根据英国展览业协会的调查，

【更多彩图】　　　　　　　图1.3　2018上海游艇展

3—6月以及9—10月是举办展览会的旺季，12月至来年1月以及7—8月为举办展览会的淡季。

5. 根据会展的场地位置不同进行分类

展览根据场地位置可分为室内展和室外展。室内展多用于展示常规展品，如纺织展、电子展等；室外展多用于展示超大、超重等非常规展品，如航空展、重型汽车展等。在多个地方轮流举办的展览会被称为巡回展。比较特殊的是流动展，即利用飞机、轮船、火车和汽车作为展场的展览会。

1.4 会展的功能

会展的功能是指会展活动对经济社会发展所产生的影响、效应或效能。会展的功能表现在多个方面，其基本功能、提升功能与辅助功能共同构成了会展经济的功能体系。

1.4.1 基本功能

会展的基本功能就是会展业最基础、最直接的功能，是会展经济得以发展的基石。会展的基本功能主要表现在4个方面，即产品展示功能、企业营销和宣传功能、信息传播功能和商贸洽谈功能。

1. 产品展示功能

产品展示是展览会最基本的功能，展览会就是为产品提供展示与推介的平台，从而扩大其影响。《国际展览公约》第一章第一条开宗明义："展览会是一种展示，无论名称如何，其宗旨均在于教育大众。它可以展示人类所掌握的满足文明需要的手段，展现人类在某一个或多个领域经过奋斗所取得的进步，或展望发展前景。"这里的产品不仅包括实物产品，也包括先进的技术成果、新工艺和各种服务等无形产品。从社会、经济与科技发展的历程来看，由于会议和展览的便捷性、集中性、直观性和快速性，其对新产品、新技术和新成果的展示与推广起着极其重要和不可替代的作用，即使在信息技术和手段迅速发展的今天也是如此。

2. 企业营销和宣传功能

在会展中，丰富的信息、知识交流传播使得生产、贸易趋于更轻松、直接、快捷和准确，消除了供求中的许多不确定因素，产生了高效低耗的经济功能，使生产企业能快速地实现贸易成交和宣传推广。会展为企业开展营销活动提供了一个良好的场所，在市场竞争日益激烈的情况下，企业都想寻找机会搜集市场信息、促进产品销售和提升企业知名度，而参加会展无疑是一个契机。首先，企业在展览会上通过产品尤其是新产品展示，可以诱导甚至创造消费者的需求。其次，企业通过参加会议和展览，可以及时、准确、低成本地获取各种有效的信息。会展营销成本低，据英联邦展览业联合会调查，通过推销员推销、广告和公关等手段的一般营销渠道找到一个客户，平均成本为219英镑；通过会展寻找一个客户，平均成本为35英镑，仅为前者的1/6。然后，根据这些信息，实施恰当的市场营销组合策略。此外，参展企业通过展台的设计与布置，以及配合会展活动开展的促销活动与公关活动,可有效宣传企业的经营理念与产品品牌,在客户面前充分展示和树立自身良好的企业形象,为企业的发展创造良好的社会氛围。

3. 信息传播功能

会展具有信息传播功能,会展在国家之间、民族之间、古今之间和人与人之间建立起有效的思想、文化、知识和信息的交流传播纽带。会展活动就是大量人流、物流、信息流和资金流的汇聚,为政府、企业和消费者等各方面提供沟通与交流的机会,从而有利于促进各种新知识、新观念和各种经验与理念的传播。在会展活动中,生产商、批发商和分销商汇聚一堂,进行交流、贸易,某种程度上甚至就是一个相当活跃的信息市场。例如,对于参展企业来说,企业可以利用各种信息渠道宣传自己的产品,推介自己的品牌和形象(图1.4)。企业与顾客可以直接沟通,得到及时反馈。企业可以收集有关竞争者和新老顾客的信息,企业能了解本行业最新产品动态和行业发展趋势,构成决策依据。同时,展览又是交流和传播世界各国先进科学文化的良好平台。例如,大豆起源于中国,迄今已有4 000多年的种植历史,在1813年的维也纳万国博览会上,我国展出的大豆优良品种受到各国欢迎,从此传入欧美国家。

图1.4　中国家电及消费电子博览会(AWE2019)

4. 商贸洽谈功能

商贸洽谈也是会展经济的主导功能之一。会展经济为参展商和采购商提供相互认识、相互洽谈并实现交易的平台,从而加强国内外的经济、技术交流与合作。会展联系量大、联系面广、联系效果好,孕育了巨大商机,具有非常明显的联系沟通作用,因此,会展可以向会展组织者、参展商和观众提供彼此联系和交流的机会。通过商品或科技成果的展示及现场面对面的交流,使供需双方充分了解对方的信息和需求,促成供需双方的合作。通常在短短几天的会展期间,参展商就可以直接接触整个行业或市场的大部分客户,形成高质量的人际联系,从而促进经济贸易合作。在每一个展览会上都能签署金额可观的购销合同及投资、转让、合资意向书等。广交会每届成交额均超过100亿美元。据不完全统计,近年来我国每年通过展览实现外贸出口成交额达 340 多亿美元，国内交易 120 多亿元人民币。各类专业性、综合性的国际会展活动有力地促进了中外的技术合作、信息沟通、贸易往来、人员互访和文化交流等，创造了良好的经济与社会效益。

1.4.2 提升功能

如果会展经济的基本功能是其得以发展的基石，那么会展经济的提升功能就是促进其发展的"助推器"。会展经济的提升功能主要表现在资源整合功能、产业联动功能以及城市发展的联动效应 3 个方面。

1. 资源整合功能

会展经济的资源整合功能主要表现在两个方面：一是有利于整合相关行业资源，二是通过经济辐射整合区域经济资源，促进区域经济发展。

会展经济是一项综合性十分显著的产业，除了要涉及旅游业所包括的食、住、行、游、购、娱等行业外，还与运输、通信、广告、装饰和建筑等多个行业有关。因此，要举办一次成功的展会活动，必须将这些行业的所有资源进行有效整合，包括会展场馆、旅游景点、旅游配套设施、城市基础设施甚至城市形象等，相当多的资源都要为会展活动服务。

会展活动，尤其是大型的会展活动还会对其周边地区的各产业产生强大的经济辐射作用，整合区域经济资源，带动区域经济的发展。例如，上海世博会的举办，带来滚滚人流，把长三角经济带串联起来，通过一系列局部多赢合作，推动长三角地区经济发展进入深度合作，从而加快长三角城市群的建设，打造出一个长三角的"世博圈"。以上海为核心，包括杭州、苏州、南京和宁波等在内的长三角城市群将迅速崛起，成为与德国慕尼黑、法兰克福、杜塞尔多夫和科隆等城市一样的会展城市群。此外，我国的珠三角、环渤海地区等会展产业群等定将通过会展业的发展加强区域合作，实现区域经济向更高层次的整体推进。

2. 产业联动功能

会展经济有很强的产业带动效应和产业聚集效应，能推动城市产业结构优化。二十大报告指出，要"加快发展方式绿色转型。推动经济社会发展绿色化、低碳化是实现高质量发展的关键环节"。会展业作为绿色产业和朝阳产业，具有极强的产业带动效应，促进城市多种相关产业的发展。会展经济不仅可以培育新兴产业群，还给交通、旅游、餐饮、广告、金融和物流等带来巨大商机，并牵动第一、第二产业发展。会展经济不仅是一个带动旅游、商业、物流、广告、通信、餐饮和住宿等多方受益的产业，而且能够发展成为带动区域产业聚集的"动力引擎"，提升区域产业的品牌价值。会展活动的开展能使会展举办地各产业的供给结构和需求结构发生变化，从而优化当地的产业结构。首先，会展活动对举办会展的行业产生影响。会展活动通过聚集大量的商品、资金、技术和信息，有利于促进技术的引进，改变资本和劳动力拥有状况和资源利用效率，为产业充分有效地利用各种资源提供良好的外部条件，从而有利于产业结构的优化和升级。例如，高新技术成果交易会可以刺激高新技术的需求，而需求的扩张必然会推动高新技术产业发展。其次，会展活动对为其服务的各相关产业产生影响。会展产业关联度极高，通过汇集大量的人流和物流，为相关产业带来了需求，强有力地带动各相关产业，尤其是第三产业的快速发展。

3. 城市发展的联动效应

会展经济对城市发展的联动效应主要表现在推动城市竞争力的提高和促进城市品牌营销等方面。

会展经济被看作城市经济发展的"助推器",举办博览会、专业展览会和大型赛事活动等带来的强大人流、物流、技术流和信息流,将为一个城市经济创造不断前进的动力。在国际上,国际会议和举办国际展览的数量和规模通常是衡量城市国际知名度的重要指标。国际性展会是最大、最有特色和最有意义的城市广告,它能向世界各地的参展商、贸易商和观展人员宣传一个国家或地区的科学技术水平、经济发展实力,展示城市的风采和形象,扩大城市影响,提高城市在国际、国内的知名度和美誉度,从而提升城市的品牌影响力与竞争力。通过举办各种大规模、高层次的展览会议,尤其是国际性会展活动,对会展举办城市的形象、经济状况、特色产业、科技发展水平、人文地理和旅游资源都可以做一次广泛的宣传,能够提高该城市的国际声誉与地位,而城市知名度和美誉度的提高正是城市加速发展的无形资源。我国大连、宁波、郑州、义乌、东莞等一大批二、三线城市,就是充分利用会展活动对城市品牌的营销效应,取得了良好的效果。例如,每年在杭州举办的中国西湖国际博览会(以下简称西博会)已成为杭州第三产业的"黄金月"。西博会不仅提高了杭州的国际影响力和美誉度,同时还成为"世界了解杭州,杭州走向世界"的大窗口。1996年德国为举办汉诺威世界博览会,项目赤字达11亿美元,但德国官方仍认为世博会是一次"巨大的成功",因为它缩短了不同文化之间的距离,提高了汉诺威的国际形象,财政赤字是一种"对未来的投资"。

会展能够迅速提升城市的功能,增加收入,增强国际交流合作,促进城市经济、科技文化的发展,改善城市的形象,提高城市的知名度和城市品牌的竞争力。2011年,西安承办了世界园艺博览会,使得该市城市建设、城市环境得到了极大的提高,而且市民的文明程度和综合素质也得到了提升。正是这种高度的产业关联性使会展业成为众多产业联动发展的纽带,甚至整个城市经济发展的重要支柱。例如,广交会在广州举办60余年来,带动了一批相关产业的长期稳定发展,已成为广州经济不可或缺的重要组成部分,成为广州社会繁荣的重要支柱。

知识链接 1—2

会展能够迅速提升城市的功能,增加收入,增强办展单位或城市与会展相关领域的国际交流合作,促进城市经济、科技文化的发展,改善城市的形象,提高城市的知名度。德国的汉诺威、慕尼黑、杜塞尔多夫,美国的芝加哥,法国的巴黎,英国的伦敦,意大利的米兰,以及新加坡、中国香港等都是著名的"展览城"。这些城市将展览业作为支柱产业加以扶持,动员各个部门来推进这一事业,不仅兴建了规模庞大的展馆,还出台一系列鼓励措施和优惠政策,吸引展会组织者和参展商。展览业的兴盛给上述城市发展带来了巨额利润和城市繁荣。

1.4.3 辅助功能

会展经济的辅助功能是指由会展经济基本功能引致产生的,对经济和社会各方面产生积极影响的附加功能。会展经济的辅助功能主要表现在3个方面，即促进交流与合作功能、促进就业功能和提升城市魅力功能。

1. 促进交流与合作功能

首先，会展可以促进经济的交流与合作。在整个国民经济中，会展经济是作为一种开放性的经济形态而存在的。它不是简单的个体经济行为，而是一种集体性的大规模物质、文化交流方式。会展经济的发展必然会引起社会资源和要素在全国，乃至全球范围内的流动，对经济全球化具有强大推动力，提高了各国、各地区的开放性，使整个世界成为一个开放的体系。

其次，会展可以促进世界多元文化的融合。会展是集商务活动、信息交流、观光游览和娱乐休闲于一体的综合性服务产业，它提供了新思想、新观念相互碰撞、研讨和交流的平台。由于参展单位来自不同地区，所以必然带来各地的文明和文化。各种文明在会展举办城市的交流碰撞，必然带来文化的融合和创新。通过会展业的桥梁作用，一个城市与外部世界在观念、文化、技术和理念上进行多方面、全方位的交流沟通，增加不同地域、不同文化背景和不同传统习俗的人们之间的互相交流与了解，消除沟通障碍，扩大共识，为产品或观念的跨区域、跨文化、跨民族、跨环节的流通创造条件，逐步培养起全球性视野和氛围。例如，世博会最重要的功能，就是它能够把一个时代的文明高度地集中起来，把那些零星的、分散的、还不完善的同类事物，通过主题思想将其集中起来，并将之完善化、系统化、甚至艺术化；把人们共同关心的难题连同相关的各种解决途径集中起来，再生动地加以展现，给人们以最大的启示。

19世纪末至第一次世界大战前，展览会与博览会成为发达国家争夺世界市场的场所，为世界经济复苏注入勃勃生机。第二次世界大战结束不久，一批因战争停办的展览会和博览会重焕生机，例如，世界著名的"米兰博览会""莱比锡博览会""巴黎博览会"，后被誉为连接各国贸易的三大桥梁。

2. 促进就业功能

会展业的发展，能增加城市社会就业。由于会展业的经济辐射和产业联动功能，不仅会展业的发展对于就业有一定促进作用，一系列相关行业的发展更是为城市创造出许多就业机会，从会展行业自身需要的策划、营销、管理、设计、建造和服务人员，直至接待大量国内外客商所需要的酒店、交通、翻译等从业人员。据英联邦展览业联合会统计，每1 000 m² 展出面积就可以创造出近百个就业机会，而每增加20位会议代表就可创造1个就业机会。历届奥运会在带动主办城市就业方面都发挥了重要作用。1984年洛杉矶奥运会创造了2.5万个就业机会；1988年汉城奥运会给3.4万人带来了就业机会；1992年巴塞罗那奥运会的筹办期内，每年新增就业人数5.9万人；1996年亚特兰大奥运会带动了7.7万人的就业；2000年悉尼奥运会更是创造了10万个就业机会；2016年里约奥运会提供了超过9万个临时就业机会。而2008年北京奥运会带来的奥运经济为中国累计提供210万个就业岗位。这210万个就业机会，一是通过奥运会所需工程建设，以及在奥运会之后永久使用，需要专人管理、运行的工程项目等所带来的就业；二是通过举办奥运会极大地改善北京城市基础设施和环境，能为城市吸引更多的新投资以及旅游，这些投资和旅游将创造大量的就业机会；三是通过举办奥运会，使参与奥运会工作的北京市民得到相应的教育、培训,从而增强了竞争力,增加了就业机会。

知识链接 1—3

　　日本作为第二次世界大战的战败国,在20世纪50年代国力窘迫,民不聊生。正由于1964年东京奥运会的举办,日本政府把举办奥运会作为国家事业,纳入《国民收入倍增计划》。政府投入巨资,进行大规模的公共事业建设,这些大规模的基础设施建设带动了制造业、建筑业、服务业、运输和通信等行业的高速发展,造就了被称为"东京奥林匹克景气"的经济繁荣。东京奥运会后,日本的国民经济总产值在1967年超过英国和法国,1968年超过联邦德国,成为美国之后的世界第二经济大国。

　　日本为准备东京奥运会而投入的资金是当时奥林匹克历史上最高的,如果把所有相关事业的投资均计算在内的话,高达1兆日元,按当时1美元折合360日元的汇率,约合30亿美元。这当中比赛设施和奥运村投资160亿日元,运营费60亿日元,道路及其他825亿日元,这几项总计约1 000亿日元,其余是为突击完成东海道新干线、首都高速公路、东京高架单轨电力、东京地铁及交通网的整备而投入的。

　　奥运会相关投资在不同的行业带来的生产及就业效果是不同的。1964年奥运投资对日本不同行业产生了不同的影响。就生产效果而言,服务业投资带来的生产总值增量最多,占各相关产业生产总值增量总和的45.2%,其次是建筑业占21%,运输通信业占19.4%,制造业最少,为14.4%。从就业效果看,制造业就业人口增量最多,占相关产业人口总增量的32.3%,建筑业和运输、通信行业持平,增加了18万人,分别占27.7%。而服务业的就业效果为12.3%。

3. 提升城市魅力功能

　　城市魅力是一座城市物质文明和精神文明的综合体现,它包括自然风貌、历史文化积淀、生产力发展水平和人的素质等多个方面。首先,举办会展活动要进行大规模环境治理以及对城市基础设施的新建和改建工程,促进会展举办地的基础设施建设和环境卫生的维护,从而改善了当地的自然生态环境。尤其是大型国际展会,如奥运会、世界杯足球赛和世博会等规模宏大的会展活动,对于举办城市经济实力、环境、交通和服务设施是一个很大的挑战。举办者在取得了会展举办权之后均投入大量资金进行市政建设的完善,为城市建设带来了巨大的发展契机。2010年上海世博会筹办期间,上海在城市基础设施及环保方面大量投入,包括地铁、轻轨和铁路等的建设,显著改善了上海的交通、通信和居住环境等,提升了城市形象。其次,举办会展活动还可以推动城市文明和居民素质的提升。大型会展活动的举行是一个十分庞杂的系统工程,是对主办城市综合能力的全方位考验。应对这一挑战的过程会使政府更有效率,企业更有实力,人民更具热情,社会更加民主、开放和有活力,而这一切恰恰是城市魅力的灵魂。最后,在会展活动筹备和举办期间所进行的集中而强势的宣传在提升主办城市的形象和魅力方面所取得的效应,则是其他宣传方式所不可比拟的。长时间的持续宣传使会展举办地形象得以提升和推广,而良好的形象又使当地获得更大的社会经济效益。例如,法国巴黎每年承办400多个大型国际会议,赢得了"国际会议之都"的美誉;而每年一度的世界经济论坛,使作为举办地的人口仅1万余人的瑞士小镇达沃斯受益匪浅,声名远播。

对于会展经济基本功能、提升功能及辅助功能的发挥,不同的展会活动可能会有不同侧重。即使是同一展会在不同时期,其功能体系的组成也会有所变化。但是,会展经济的功能体系是一个相互联系、相互补充、相互倚重和相互影响的整体,任何一个会展活动的功能都不是单一的,如果仅把其中某一个功能作为其要实现的目标,会展活动就会变得单调和苍白。

案例分析(一)

2016 年 G20 杭州峰会

1. 峰会由来

二十国集团(G20)是一个国际经济合作论坛,于 1999 年 9 月 25 日由八国集团(G8)的财长在德国柏林成立,于华盛顿举办了第一届 G20 峰会,属于非正式对话的一种机制,由原八国集团以及其余十二个重要经济体组成。

2. 2016 年 G20 杭州峰会主题

构建创新、活力、联动、包容的世界经济。

3. 2016 年 G20 杭州峰会会标图案

2016 年 G20 杭州峰会会标图案,用 20 根线条,描绘出一个桥形轮廓,同时辅以 G20、2016、CHINA 字样和篆刻隶书"中国"印章。桥梁寓意着 G20 已成为全球经济增长之桥、国际社会合作之桥、面向未来的共赢之桥。同时桥梁线条形似光纤,寓意信息时代的互联互通。图案中 G20 的"O"体现了各国团结协作精神。中文印章彰显了中国传统文化内涵,与英文 CHINA 相呼应。

4. 峰会筹备

中国从创新增长方式、完善全球经济金融治理、促进国际贸易和投资、推动包容联动式发展等 4 个重点领域进行峰会筹备工作。

5. 出席名单

应国家主席习近平邀请,时任阿根廷总统马克里、巴西代总统特梅尔、法国总统奥朗德、印度尼西亚总统佐科、韩国总统朴槿惠、墨西哥总统培尼亚、俄罗斯总统普京、南非总统祖马、土耳其总统埃尔多安、美国总统奥巴马、澳大利亚总理特恩布尔、加拿大总理特鲁多、德国总理默克尔、印度总理莫迪、意大利总理伦齐、日本首相安倍晋三、英国首相特蕾莎·梅、欧洲理事会主席图斯克、欧盟委员会主席容克、沙特阿拉伯王储兼第二副首相、国防大臣穆罕默德等二十国集团成员领导人,乍得总统代比、埃及总统塞西、哈萨克斯坦总统纳扎尔巴耶夫、老挝国家主席本扬、塞内加尔总统萨勒、新加坡总理李显龙、西班牙首相拉霍伊、泰国总理巴育等嘉宾国领导人,以及联合国秘书长潘基文、世界银行行长金墉、国际货币基金组织总裁拉加德、世界贸易组织总干事阿泽维多、国际劳工组织总干事莱德、金融稳定理事会主席卡尼、经济合作与发展组织秘书长古里亚等有关国际组织负责人与会。

6. 峰会影响

G20 作为全球经济合作主要平台,对中国来说,是一个机遇。中国是最大的发展中国家,是新兴市场国家的代表,举办 G20 峰会,中国可以代表发展中国家发声,借助"一带一路"倡议、亚投行等与更多国家良性互动，实现与其他国家的共赢。国际峰会落户杭州将拉动当地基础设施建设，促进当地外向型经济和国际化水平。

7. 接待措施

为保障二十国集团（G20）领导人第十一次峰会成功举办，8月28日—9月7日，也就是G20峰会前夕及举办期间，由于道路和景区管控及酒店预订的原因，浙江杭州市区（郊县除外）暂时停止接待旅游团队，9月7日后恢复正常接待。

8月14日，浙江省公安厅发布了《关于对机动车采取临时交通管理措施的通告》，规定从8月28日0时起至9月6日24时止，对浙江省行政区域内道路上行驶的机动车采取临时交通管制措施。

（资料来源：根据G20杭州峰会官网等资料整理）

点评：G20在杭州成功举办，促进了杭州城市的良好发展。一是有助于提升杭州的国际知名度、美誉度。对于中国来说，杭州无疑拥有极高的知名度和美誉度，但在国际上，客观地说，杭州没有相应的知名度。G20峰会花落杭州，给了杭州一个极好的机会。二是有助于杭州招商引资。招商引资是增加新资源、新要素、新动力的主要载体。加快转变对外经济发展方式，必须抓住招商引资这个关键环节。G20峰会，世界各国的领导人和企业家莅临杭州，直接了解杭州，这无疑是一个最好的对接机会。杭州市抓住G20峰会这一难得机遇，积极营造氛围，开展招商引资工作，对接全球优质产业，促进经济转型升级和区域统筹发展。三是有助于改善杭州的环境、交通，提升城市生活品质。为了保障大会顺利召开，杭州积极推进道路、机场、地铁等基础设施建设。这些设施都是杭州市民的宝贵财富，必然有助于提升杭州市民的生活品质，提升杭州市民的幸福指数。

本章小结

会展是在一定地域空间范围内，由多人聚集在一起、定期或不定期举办的集体性的物质和文化交流活动。由会展经济活动引起的相互联系、相互作用和相互影响的同类企业的总和统称为会展业。会展经济是指通过举办各种形式的会展活动，带来直接或间接经济效益和社会效益的一种经济现象和经济行为，属于第三产业。会展具有综合性、创新性、集聚性、技术性与艺术性、区域差异性和产业联动性与效益性等特点。现代会展主要由会议、展览、节事活动和奖励旅游4部分组成，可根据性质、内容、活动范围和时间等划分为不同的类型。基本功能、提升功能与辅助功能构成了会展经济的功能体系，彼此之间相互联系、相互补充、相互倚重和相互影响，共同影响社会的发展。

复习思考题

【拓展练习】

一、名词解释

会展　　会展业　　会展经济

二、填空题

（1）现代会展主要由_____、_____、_____和_____4个部分组成。

（2）会展的特点是_____、_____、_____、_____和_____。

（3）根据会展的内容不同可将会展分为综合类会展项目和_____两类。综合性展览又称_____，展览内容涉及多个行业，其中上海世博会属于_____。

（4）会展的基本功能主要表现在_____、_____、_____和_____ 4个方面。

三、简答题

（1）阐述 MICE 的具体含义。

（2）如何理解会展的产业联动性与效益性这一特点，结合实例具体分析。

（3）请从不同的角度对会展进行分类。

（4）试分析会展的基本功能。

四、实务题

（1）搜集和分析国（省）内品牌展会的相关信息。

（2）请说出至少 3 家我国大型会展公司。

（3）请说出至少 3 个国内最有知名度的展览或会议。

（4）请说出至少 3 家会展媒体。

（5）请说出本地区的主要会展场馆，介绍并比较各场馆的情况。

（6）请说出本地区与会展有关的政府部门、行业组织及教育机构。

（7）以一个你所熟悉的展会为例，分析该展会对举办地有哪些影响。

（8）搜集一些数据，说明 2008 年北京奥运会对北京城市建设与发展有哪些积极意义。

五、小论文

（1）我眼中的会展/我说会展。

（2）会展在城市发展中的作用。

第2章 会展发展简史

学习目标与要求

1. 了解会展的起源。
2. 了解中国会展业改革开放后的发展情况。
3. 熟悉国际会展业的发展阶段。
4. 从会展业的发展简史分析会展业发展的因素。

导入案例

1915年,为了庆祝巴拿马运河通航,在美国旧金山市举办了首届巴拿马万国博览会。博览会从1915年2月20日开展,到12月4日闭幕,展期长达9个半月。

当时,以农业产品为主的中国展品,一开始是没有多少吸引力的,每日参观者不是很多。茅台酒装在深褐色的陶罐中,包装本身较为简陋、土气,又陈列在农业馆,杂列在棉、麻、大豆和食油等产品中,一点不起眼。

因为茅台酒曾在南洋劝业会获奖,很受中国代表团推崇,他们怕这样有竞争力的展品被埋没在农业展览馆,于是有代表提出将茅台酒移入食品加工馆陈列,以方便突出其位置。搬动时,一位代表不慎失手,一瓶茅台酒从展架上掉下来摔碎了(此即后来传为佳话的《怒掷酒瓶》故事来源)。陶罐一破,茅台酒酒香四溢。中国赴赛监督陈琪等人在南洋劝业会评奖时就品尝过茅台酒,在旧金山中华会馆的宴请中,喝的也是茅台酒,知道茅台酒酱香馥郁,且有空杯留香的特点,见此不免灵机一动,于是建议不必换馆陈列,只需取一瓶茅台酒,分置于数个空酒瓶中,并去掉盖子,敲开酒瓶口,旁边再放上几只酒杯。正好利用农展馆展品气味不浓,闲人不多的特点,任茅台酒挥洒香气,随专业人士品尝。

茅台酒酒香主要是由酒中的代谢产物产生。敲开瓶口的茅台酒酒香四溢,十分浓郁。此举果然非常奏效,参观者们纷纷寻香而来。更有好奇者拿起酒杯倒酒品尝,并一致交口称赞。农展馆里因此一时间人头攒动,热闹非凡,很快产生了轰动效应。

经评审团评委们"反复比较""慎重投票",茅台酒一路过关斩将,力挫群雄,夺得"巴拿马万国博览会"金奖,坐定"世界名酒"宝座。

2.1 会展的起源

关于世界上会展的起源,现在尚处于探讨和研究中,还没有统一的看法。不过大致有两种说法,即"物物交换"说和"集市、庙会演变"说。

2.1.1 "物物交换"说

原始社会后期新石器时代,人类完成了第一次社会大分工,生产力的发展使剩余产品出现,并产生了交换剩余产品的需要,出现最初的交换活动。最初的物物交换是偶然的,时间和地点也不固定,交换的规模主要局限于个人对个人,交换的成功率也不高。并且物物交换的双方都既是买方又是卖方,人们使用以物易物的方式,交换自己所需要的物资,如一头羊换一把石斧。

这里的物物交换我们认为已经具备了会展业的某些特征,如它的功能是交易或者传递信息。但是和我们现在的展览还是有很大的差距,如时间和地点的随意性、交换活动的偶然性和交易规模的局限性等。

2.1.2 "集市、庙会演变"说

随着生产力的进一步发展,剩余产品的数量和种类大量增加,需要的交换次数和规模也在大量增加。因此,最初的物物交换的形式已经不能满足要求,具有相对固定地点和固定时间的集市出现了。我们一般认为集市是物物交换的进一步发展,伴随着最初货币的出现,这种交易越来越适应生产力的发展需要。

庙会又称"庙市"或"节场",是指在寺庙或祭祀场所附近聚会,进行的祭神、娱乐和购物等活动,现在已经成为中华文化传统的节日风俗。在寺庙或者祭祀场所附近,每有祭祀活动,很多信徒会从四面八方聚集过来,一些个体生产者、小商小贩也会趁机兜售商品。时间久了,在寺庙或者祭祀场所附近就形成了固定的集市,这样的集市是由于宗教活动而产生的,并且固定在寺庙和祭祀场所附近。庙会(图2.1)的内容更加广泛丰富,除了主要的祭祀活动外,还有交易、文化、娱乐和表演等活动出现。"庙会演变"说也被称为"巫术礼仪与祭祀"说。

图2.1 山东济南千佛山庙会

但是集市、庙会和我们现代的会展活动还是有很大的差别:一是缺乏组织性,参与到集市上的人员是自发的、随意的,不是经过专门组织的,带来交易的产品也是随意的,没有专门的规定;二是规模相对较小,受制于交易产品的种类、数量以及当时的人口数量,集市交易规模依然偏小,和现代展览动辄几万人参与,成千上万件商品展出相比,差距还比较大。但是集市、庙会交易依然可被认为是会展的雏形。

1. 我国古代的集市

"集市"是人类社会文明发展的多元透视体。在人类社会文明发展的历史过程中,"集市"是人类社会各个文明时期的见证,也是各个时期社会活动的载体。在社会的发展过程中,"集市"的建造场所、服务对象和主要活动等都发生着重大的转变,其主要功能却具有连续性,即"集市"是民众集会和开展社会活动的重要场所,是人们进行社会交流的平台。"集市"是现代会展的雏形和起源。

"集市"在我国具有悠久的历史。原始社会后期生产力提高,剩余产品出现,产生了"物物交换"这种人与人的关系的雏形。《易经·系辞》有"日中为市,致天下之民,聚天下之货,交易而退,各得其所"的记载,指出了"集市"的物品交流功能,却忽略了其人与人的思想交流和集会的重要功能。原始母系氏族社会时期就已出现交换,由于当时的生产力低下,可供交换的剩余产品不多,交换只是一种偶然的现象。第一次社会大分工之后,交换成为经常的事。父系氏族社会时期,农业、畜牧业和手工业生产的大发展,促成了手工业与农业的分离,形成了第二次社会大分工,它的直接后果,便是出现了商品生产和商品交换。

集市贸易到了周代得到进一步发展。《左传》上的"郑商人弦高将市于周",是很好的证明。集市的形式很多,名称也不一。据《五杂俎》说:"岭南之市谓之虚,言满时少,虚时多也。西蜀谓之亥。亥者,阂也。阂者,疟也,言间日一作也。山东人谓之集。"所以旧时有"趁虚""赶市"等种种说法。这都是每天的、间日的或十天半月的经常性集市,因此又称常集。此外,还有特殊形式的集市,像流行在各地的一年一度的庙市(又称庙会)、春季举行的香市等。

2. 我国古代的庙会

《辞海》里对庙会是这样解释的:"庙会亦称庙市。中国的市集形式之一。唐代已经存在,在寺庙节日或规定日期举行,一般设在寺庙内或其附近,故称庙会。"《北平风俗类征·市肆》引《妙香室丛话》:"京师隆福寺,每月九日,百货云集,谓之庙会。"这一历史上遗留下来的集市形式,现在有些地区仍然存在。

庙会的源泉在于远古时期的宗庙社郊制度——祭祀。在远古时期,祭祀是人们生活中一件经常而又具有重大意义的事情,所以《左传·成公十三年》中说,"国之大事,在祀与戎",意思是说祭祀和战争一样,都是国家生活中的头等大事。早期的祭祀主要是祭祀祖先神和自然神。在祭祀祖先神和自然神的过程中,人们聚集在一起,集体开展一些活动,如进献供品、演奏音乐、举行仪式等。实际上,从"庙会"两个汉字本身也可以看出这点,"庙"最初就是指供奉神灵尤其是祖先神灵的建筑。

庙会起源于寺庙周围,所以称为"庙";又由于小商小贩们看到烧香拜佛者多,在庙外摆起各式小摊赚钱,渐渐地成为定期活动,所以称为"会"。久而久之,"庙会"演变成了如今人们节日期间,特别是春节期间的娱乐活动。

庙会活动无形中促进了会展活动的产生。

知识链接 2—1

庙会活动的产生和发展

庙会，又称"庙市"或"节场"。这些名称，可以说正是庙会形成过程中所留下的历史"轨迹"。作为一种社会风俗的形成，有其深刻的社会原因和历史原因，而庙会风俗则与佛教寺院以及道教宫观的宗教活动有着密切的关系，同时它又是伴随着民间信仰活动而发展、完善和普及起来的。

庙会是汉族民间宗教及岁时风俗，也是我国集市贸易形式之一，其形成与发展和寺庙的宗教活动有关，在宗教节日或规定的日期举行，多设在庙内及其附近，故名"庙会"。庙会流行于全国广大地区，古时"日中为市"，进行集市贸易。至南北朝时，统治者信仰佛教，大造寺庙，菩萨诞辰、佛像开光之类盛会应运而生，商贩为供应游人、信徒，百货云集，遂成庙市。北宋时开封大相国寺庙会极有名，有"千古第一才女"之称的女词人李清照曾与其夫赵明诚相偕至庙会。

早期庙会仅是一种隆重的祭祀活动。随着经济的发展和人们交流的需要，庙会就在保持祭祀活动的同时，逐渐融入集市交易活动。这时的庙会又得名为"庙市"，成为中国市集的一种重要形式。随着人们的需要，又在庙会上增加娱乐性活动。于是过年逛庙会成了人们不可缺少的过年内容。但各地区庙会的具体内容稍有不同，各具特色。

2.2 世界会展业发展历史

世界会展业的起源可以追溯到原始社会，至今已有几千年的历史了。工业革命以后，会展业的发展比较迅速。经过近一百年的蓬勃发展，会展业的成熟度日益增加。纵观历史，一般认为世界会展的历史发展大体上经过了三个阶段，即萌芽阶段、起步阶段和快速发展阶段。

2.2.1 萌芽阶段

原始人对自然神和祖宗神的崇拜祭祀活动，是会展艺术的雏形和起源。

贸易性的会展由城邦的传统集市发展演变而成，世界古代会展萌芽阶段为公元8—16世纪，会展即古代集市、庙会。欧洲集市的规模比较集中，举办周期长，功能比较齐全：零售、批发、国际贸易、文化娱乐。最著名的有中世纪的法国国际贸易集市——香槟集市（图2.2），在12—13世纪尤为兴盛，它由法兰西的香槟伯爵建立，在其领地内的4个城市轮流举行，成为法、意、德、英等国商贾云集之地。香槟集市的形成和发展，是社会分工和生产力发展的结果，是古代会展活动较为完善的形式。

欧洲被公认为国际会展业的发源地，而欧洲的会展活动起源于中世纪的集市。集市被认为是会展的原始形式，因为其已经具备了会展的一些基本特征，如有固定的地点、固定的时间等。在工业革命之前，由于交通不便和商品缺乏等原因，人们只能自发地将商品拿到集市上进行展览和交易，因而集市在很长时期内一直是欧洲重要的商贸场所和手段。由于集市的一项主要任务是通过展示来促进经贸活动的发展，所以欧洲的会展业至今仍然有

图2.2　古代香槟集市举办地——法国的普罗万城墙

很强的贸易性。

　　早期的集市组织松散、规模较小，仅限于在某一地区内部举行，具有明显的农业社会的特征。随着社会的发展，逐步出现了跨地区的集市及国际集市交易会。公元629年在法国圣丹尼斯举办的交易会，目前被认为是世界上最早的国际集市交易会。而大规模的集市贸易活动始于12世纪左右，以法国的香槟集市为代表。香槟集市位于法国的东北部，地处北欧诸国与地中海的商业要道上，是当时欧洲最重要的集贸中心之一。现代意义上的贸易展览起源于德国。早在15世纪初，以莱比锡为代表的一些德国城市就已经成为著名的会展城市了。15世纪末开始的"地理大发现"时代，更是进一步推进了会展业的跨地区和国界的发展。

知识链接 2—2

香槟集市

　　香槟集市是12—14世纪法国香槟伯爵领地内4个城市轮流举行的集市贸易的统称，是当时欧洲规模最大的国际性集市贸易。

　　集市贸易是中世纪欧洲进行商品交换的一种重要形式，是交易中心更是批发贸易中心。集市受到所在地的领主保护并向领主纳税。一次集市延续几天至几个星期，一般每年不超过两次。

　　11世纪末和12世纪上半叶，随着城市商人的兴起，西欧出现了大量的集市。在这些大大小小的集市中，香槟集市是最大的集市。香槟伯爵领地同德意志、佛兰德、法国等相毗邻，并正处于低地国家佛兰德与意大利之间，以及德意志与西班牙之间的两条交通要道的交叉点上。因此，从意大利运来的东方货物，从英国运来的羊毛，从佛兰德运来的呢绒，以及从斯堪的纳维亚及低地国家运来的货物都在此交易。同时，香槟伯爵又竭力保障集市上的商人的安全和通往香槟的道路的安全。于是，香槟集市成为全欧性的商业中心，并在13世纪后半叶达到全盛期。香槟集市，包括香槟伯爵领地内4个城市轮流举行的4个为期至少 6 周的集市。在每一次集市之间要间隔 1~2 周以便商人运转货物，这样香槟伯爵领地全年都有集市。香槟的每个集市都是经过严格组织的，并由市民和骑士各一人组成的集市法庭来裁决纠纷。集市的第一周是各地商人来城内街道上设置货摊，接着是 10 天布匹、呢绒交易和 11 天皮革交易，再接下去是 19 天其他各种杂货的交易，最后几天用于结账。在香槟集市上，商人的结算及商业债务，已使用清偿余额划汇结算的办法；期票、汇票等信用凭证也已使用。香槟集市对推动西欧商品货币经济的发展起过重要作用。

进入 14 世纪，香槟集市开始衰落，到 14 世纪中期已成为地方性的集市。这是因为法国国王腓力四世控制了香槟伯爵领地，强行推行国王的财政措施，香槟伯爵再不能从集市贸易上征得更多的税收，商人也因国王的重税而感到无利可图。同时，从意大利到北欧的海上商路已经开通，可以取代翻越阿尔卑斯山的陆路商运。1302—1320 年佛兰德和法国发生战争，1337 年又爆发了英法百年战争，这些都破坏了香槟的安宁，使集市贸易受到极大影响。此外，随着商业与银行、信贷的发展，商人在佛兰德或布吕赫的银号中进行钱财往来要比在集市上方便得多，而且随着生产与商业的发展，商品逐渐规格化标准化，商人可以无须在成交前到集市上检视货物；富有的商人逐渐派出自己的代理人去经商，自己不必亲临集市。这一切都促成了香槟集市的衰落。

2.2.2　起步阶段

17 世纪以后的工业革命，使欧洲进入了以机械化大生产为特征的工业化时代。在工业革命的影响下，欧洲的会展出现了一系列变革，这时，具有明显工业时代特征的工业会展开始出现，并成为会展活动的主导形式。相对于集市，工业会展有着严密的组织体系，其规模也突破地方的局限性，成为跨地区乃至跨国家的会展活动。

1798 年，法国政府组织了世界上第一个工业产品大众展。这次展会被公认为近代工业展览会的开端，自此欧洲的会展业进入了起步阶段。随后，英国于 1851 年在伦敦举办了首届世界博览会——万国博览会（Great Exhibition of the works of Industry of all Nations）。这次规模宏大的博览会（图 2.3）在海德公园的水晶宫展馆举行，展出面积接近 10 万平方米，参展商多达 1.7 万家，其中一半以上来自其他国家。万国博览会被普遍认为是会展活动由集市向国际贸易展会发展的重要标志。

相对于欧洲，北美的会展活动起步较晚。起初，北美的会展只是作为当时专业协会年度会议的一项辅助活动，其功能主要是信息发布和形象展示。当时美国的博览会又被称为"州际贸易展览会"，因为其大都是为了满足美国国内各州之间的贸易活动而设置的，来自国外的参展商比例非常小。

2.2.3　快速发展阶段

19 世纪末期，欧洲的会展业逐渐进入了快速发展阶段，即现代贸易展览会和博览会阶段。1894 年在德国莱比锡举行的样品博览会是这一阶段开端的重要标志。作为现代贸易和博览会的早期形式，样品博览会以展示为手段，以交易为目的，同时具有集市的市场性及工业会展的展示性。从这个角度上讲，样品博览会可以说是集市和工业会展会的进化形式，因为其不但突破了传统集市规模小、组织手段落后，而无法满足商品大批量流动的局限，而且克服了工业会展会单纯注重宣传展示功能，从而忽视市场功能的

图2.3　1851年英国伦敦万国工业博览会

缺陷。

快速发展阶段大体上可以分为4个时期，按照时间顺序分别是第二次世界大战前期、20世纪70年代前期、20世纪90年代前期及20世纪90年代后期。其中这4个时期又以第二次世界大战为分水岭分为两个阶段：第一个阶段是第二次世界大战前期，这一时期，综合性贸易会展得以充分发展，第二阶段是从第二次世界大战后期到20世纪末，是专业会展出现和成长的阶段。

2.2.4　当代展览会阶段

进入21世纪以后，世界会展业又进入了一个新的发展阶段，发展中国家在世界贸易中的地位提升，会展业在世界范围内又获得了新的发展契机。世界经济一体化的发展使得各国之间的贸易越来越频繁，经济技术的交流越来越重要。欧洲的德国（图2.4）、英国和法国及北美洲的美国（图2.5）等老牌会展业强国将继续借助其自身在制造业、服务业等方面的优势，强化世界会展领导者的角色。中国也将凭借世界制造业基地及巨大的消费市场的地位逐渐走向世界会展业的舞台，展示自己在会展业发展中的强劲势头，在国际展览业和会议业中所占的比例将越来越大。

图2.4　德国法兰克福春季消费品展览会　　图2.5　美国国际厨房及卫浴产品展览会

2.3 中国会展业发展历史

中国的会展业也经历了从无到有、从弱到强的阶段。据中国会展经济研究会的统计数据显示，2015 年全国共有 160 个城市举办了展览活动，展览数量达 9 283 场，比 2014 年的 8 009 场增长了 15.9%；展览面积达 11 798 万平方米，比 2014 年的 10 276 万平方米增长了 14.8%。按可比口径测算，2015 年，全国展会经济直接产值可达 4 803.1 亿元人民币，比 2014 年的 4 183.5 亿元人民币增长 14.8%；展览业增加值增速高于当年国内生产总值（GDP）增速 6.9%，也高于服务业增加值 8.3% 的增速；展览业增加值在全国 GDP（676 708 亿元）中的占比为 0.71%。中国的会展业已经进入了一个蓬勃发展的阶段。

我国会展业的发展经历了以下一些阶段。

2.3.1 中国古代的会展业

中国会展的历史可以追溯到 2 000 多年前的古代集市。

中国古代集市起源于宗教性的集会。早在西周（公元前 1100—771 年）即有陕西岐山凤雏山村的宗庙会，一年一次，会期 3 天。

元代（公元 1271—1368 年），大都（今北京）的集市多达 30 多个，今北京钟鼓楼一带是元大都繁荣的集市所在地。

明代（公元 1368—1644 年），北京集市依然繁荣。城隍庙、隆福寺、护国寺和白云观等地是定时庙会场所。明代还与北方少数游牧民族进行国家控制的互市，即茶马市。

清代（公元 1636—1912 年），北京的白塔寺、隆福寺和护国寺是著名的三大庙会。清代在传统集市的基础上又逐步发展了具有全国规模的一些专业集市，如无锡、芜湖的米市。最典型的是河北安国的药市，每年春、秋各一次。作为专业的药材集市，安国药市已初步具备近代专业博览会的形式和内容。

2.3.2 20 世纪的中国会展业

清代后期，随着资本主义商品经济的发展，中国早期的博览会出现。也就是说，真正意义上的中国会展业萌芽于 20 世纪初。当时，为抵制洋货，推行国货，北京、上海等地受海外博览会影响，曾先后举办过几届"国货展览会"。主办者都是租借私家别墅、商店、旅店和寺庙等进行布展。20 世纪的中国会展业发展情况如下所述。

1905 年清朝工商部在北京前门设"京师劝工陈列所"，展示各地工业品同时附设劝业商场销售商品。这是中国博览会的雏形。

1909 年江苏教育总会在沪召开全省学堂成绩展览会，这是我国首次以展览会命名的展览。

1910 年清朝在南京举办的南洋劝业会是中国历史上首次以官方名义主办的国际性博览会。南洋劝业会是中国历史上具现代展览概念的第一个商业博览会。会场共设 34 个展区，主要分为分省馆、专业馆两大类，会期持续近 6 个月，观众人数达三十余万。

1912 年，政府将前门的劝工陈列所改为商品陈列所，后又改为劝业场，使这一中国最早期的展馆逐步变成商场。

1921年8月，上海总商会商品陈列馆建立，每年6、7月征集展品，每年秋季举办一次展览会。

1922年10月，上海总商会在上海首次举办了中国蚕茧丝绸博览会。

1925年举办了武汉展览会。

1928年举办了四川国货展览会。

1929年的西湖博览会是我国会展史上第一个全国规模的大型综合性博览会，共开设了八馆两所，由于要展出飞机、舰船模型和活动火车头等大型展品，主办者在杭州西子湖畔建造了我国最早的会展馆——工业馆（口字厅），并在大礼堂举办了开幕式和闭幕式。自2000年起，西湖博览会继续在杭州举办，每年一届。

1935年举办了西南各省物品展览会。

1936年举办了浙赣特产联合展览会。

1944年举办了哈尔滨博览会。

2.3.3 中华人民共和国成立后的中国会展业

中华人民共和国成立至20世纪80年代初期，中国的展览会主要为国家的单独展览。20世纪80年代后期，随着社会生产力的不断进步，经济社会的不断发展，会展活动日渐增多，形式日趋多样化，会展业逐步发展起来。特别是经过近20年的迅猛发展，会展业已成为国民经济的新兴产业。

会展业是现代科学技术与经济发展的晴雨表和风向标，它反映了一个国家、地区乃至全球科学技术和经济发展的历程。中国会展业的发展更是深刻地记录着中国政治和经济的变迁。总体而言，我国会展业从中华人民共和国成立以来，经历了以下3个阶段。

1. 中国会展业发展的起步阶段（1978—1989年）

改革开放以来，伴随着中国经济体制改革的不断深入和对外开放的不断扩大，特别是社会主义市场经济体制的建立，中国会展业迎来了大变革和大发展时期。1978年，中国国际贸易促进委员会（以下简称"贸促会"）在北京成功举办了"十二国农业机械展览会"，这是1949年以来中国首次举办国际博览会，标志着中国会展业由起步期的"单国展览时期"向蓬勃发展阶段的"国际展览时期"过渡。1982年8月26日，经国务院批准，中国贸促会、中华人民共和国对外经济贸易部、中华人民共和国外交部《关于出国举办经济贸易展览会若干问题的规定》以及《关于接待外国来华经济贸易与技术展览会若干问题的规定》双双出台，标志着我国会展业的法制化、规范化的开始。1984年，中国国际展览中心建成，成为北京20世纪80年代十大著名建筑之一。与此同时，出国参展也经历了重大的变革，其标志性事件是中国贸促会1986年参加瑞士"巴塞尔样品博览会"。在这次博览会上，中国首次采取了以展览为手段，以贸易成交和销售为主要目的的摊位式展览形式，改变了以往以宣传成就为主的展贸分离的整体式展出方式，展览的贸易性、专业性大大加强，从而使中国展览业开始与现代国际展览业接轨。这次展览，在中国出国展览业的阶段性发展中具有里程碑的意义。1986年我国最早从事展览器材开发、研制和生产的专业化公司——中国常州灵通展览用品有限公司成立。1989年6月，深圳国际展览中心建立，拉开了深圳展览业的帷幕。自此，深圳展览业披上"战袍"，成为"正规军"，在全国率先走上市场化之路。这一时期中国会展业无论是出国展览还是国内展览，均在促进同世界各国人民之间的友谊，宣传新中国的经济建设成就等方面发挥了独特的历史作用。

总体来看，这一阶段作为中国会展业的萌芽时期，会展数量少、组织水平和专业化程度还处于初级阶段，把会展作为一个产业来发展的经营意识尚未形成，会展从严格意义上讲大都不具备现代贸易会展的特征。

2．中国会展业发展的积累阶段（1990—1999年）

中国会展业的产业化历程起步于20世纪90年代。随着金融、贸易和现代工业的聚集，上海、广州和北京等城市的会展业迅速崛起，以年均20%的速度递增。例如，1990年上海举办的国际展会只有40个，展览面积10万平方米；到1999年，举办的国际展会达150个，展览面积80万平方米。以中国国际展览中心为例，20世纪90年代之前的各种国际级展览会为19类，而20世纪90年代之后举办的为40类。

国内最早较系统地研究展览的著作诞生于1990年，在这一年中国展览馆协会组织编写了《展览学概论》，该书对展览的若干基本问题进行了较详细的阐述，从而为之后的展览及会议研究奠定了一定的基础。事实上，在此之前国内已经出现了一些相关著作，影响较大的如中国革命博物馆组织编写的《解放区展览会资料》，中国展览馆协会编写的《展览研究文集》等。1993年，潘杰撰写了《中国展览史》一书，同年湖北武汉出版社出版了由中国展览馆协会编写的《展览知识手册》；1994年，陈汉典等编著了《中国展览学》。

1995年，中外合资公司京慕国际展览有限公司面世，它是由慕尼黑国际博览集团亚洲公司和中国国际展览中心集团公司共同组建的，是中国展览业的第一家合资公司，同时也是慕尼黑国际博览会公司在中国的总代理。京慕国际展览有限公司的面世，标志着我国会展业国际化的开始。1996年2月12日，大连市政府决定成立大连市展览工作领导小组。1999年，深圳中国国际高新技术成果交易会展览中心（以下简称"高交会馆"）建成，将中国的展览业带进了新的时代。政府的全力支持让高交会成长为城市名片，同时也发展了礼品展、住交会等品牌展览，深圳初步形成了会展经济。

从20世纪90年代末开始，全国明确提出将会展经济作为新增长点的城市多达三四十个：环渤海会展经济带有北京、天津、大连、廊坊；珠三角会展经济带则由中国香港、广州、深圳、东莞（包括其属下的厚街镇）等领衔；长三角会展经济带除上海外，宁波、杭州、苏州、南京甚至更外围的合肥，都把会展业作为发展重点；西南地区中，最富经济活力的成都和举办过世博会的昆明势头最旺。总体来看，这个时期是我国会展业发展的积累阶段，会展数量逐渐增多。新的会展法规的颁布，展览器材企业的成立，国际展览的逐渐增多，展览中心的逐渐增多，为我国会展业的发展奠定了很好的基础。

3．中国会展业发展的飞跃阶段（2000年至今）

从会展业的专业化、国际化和品牌化来看，在北京、上海、大连、珠海等城市正在涌现出诸如"国际纺织机械博览会""国际机床展览会""国际汽车展览会""大连时装博览会"和"珠海航空博览会"等一批在亚洲乃至世界上都有一定影响的知名品牌专业化国际博览会。与此同时，越来越多的国际会议选择在中国召开，也有力地推动了当地城市建设和会展水平的提高。国际商会年会、环太平洋论坛年会、亚太法官会议、国际引航员大会和 APEC 会议等 700 多个国际性会议在上海举行,为上海赢得了国际会议中心的美誉。

此外,中外合作办展也屡结硕果,继中国国际展览公司同德国法兰克福展览公司在北京成功合作举办了"中国卫生洁具、供暖及空调设备展览会"和"中国汽车配件展览会"后,双方又同上海市贸促分会合作,举办了"上海国际消费品博览会"。继中国贸促会 9 次代表国家参加世界博览会后,中国政府独立举办了 20 世纪最后一个 A1 类专业世界博览会——昆明世界园艺博览会,有 67 个国家和地区及 26 个国际组织参加;2010 年上海世界博览会以"城市,让生活更美好"(Better City, Better Life)为主题,总投资达 450 亿元人民币,创造了世界博览会史上最大规模纪录,同时超过 7 000 万人次的参观人数也创下了历届世博之最。

2001 年 11 月我国在加入世贸组织的协议附件中,已经把会展业作为服务业承诺对外全面开放。国家统计局在国民经济行业分类中的商业服务业大类中,增加了"会议及会展服务业"一小类,这也表明国家正式承认会展产业和会展经济的形成。另外,国家"十二五规划"和"十三五规划"中也提出要发展中国的会展业,会展业(图 2.6)已经逐渐成为国民经济中不可或缺的一部分。

【更多彩图】

图 2.6 中国进出口商品交易会(广交会)

案例分析 2-1

1851 年英国伦敦万国工业博览会

地点:英国伦敦海德公园(地处城市中心,1637 年就向所有市民开放,是伦敦最大的公共绿地。)

会期:1851.5.1—1851.10.15

名称:万国工业博览会

类别:综合类

总面积:9.6 万平方米

参加国:25 个

参观者:6 039 195 人次

投资成本:1 678 710 美元

负责集资:皇家艺术家协会

投资人:摩斯·詹姆斯和乔治·穆迪

设计师:查丝华斯庄园首席园艺师约瑟夫·帕克斯顿

目标：共18 000个参加商，提供了超过10万件展品

举办目的：设定为"展示、竞争和鼓励"

展品分类：原材料、机械、工业制品和雕塑作品（四大类）

组织机构：皇家艺术协会成员、全国博览会组委会成员、建筑公司成员和阿尔伯特亲王

万国工业博览会（Great Exhibition of the Works of Industry of all Nations，后简称为Great Exhibition）为特指这一场博览会的专有名词，也就是人们通常所说的"1851年博览会"或"水晶宫博览会"，是历史上第一届世界博览会，主要内容是世界文化与工业科技，其定名中的"Great"在英文有伟大的、很棒的、壮观的意思，借此博览会英国展现了工业革命后，英国技冠群雄、傲视全球的辉煌成果。此次展会的展览馆水晶宫长1 851英尺（1英尺＝0.304 8米），宽408英尺，为了建造它，英国耗费了4 500吨钢材，面积为84 000平方英尺的玻璃。

点评：世博会发展到今天已经成为世界各国展示最新成就和最新科技发展水平的舞台，是世界上最大的会展活动。它鼓励人类发挥创造性和主动参与性，把科学性和情感结合起来，有助于人类将发展的新概念、新观念和新技术展现在世人面前。它的特点是举办时间长、展出规模大、参展国家多、影响深远。因此，世博会被誉为世界经济、科技和文化的"奥林匹克"盛会。

举办世博会，可以有力地扩大国内投资和消费需求，拉动相关产业如旅游业、文化产业、餐饮业、通信及交通业的发展，从而有效拉动国民经济的增长；有利于推动举办国的自主创新和产业机构的优化升级，提高可持续发展能力；有利于世界各国文化风俗的交流；另外，它对各国间的文化交流、贸易往来和技术学习等都有很大的推动作用。

本章小结

原始社会末期，生产力的发展导致了剩余产品的出现，剩余产品的出现又导致了物物交换的产生。随着人类历史上3次社会大分工的出现，以及货币的出现，使得物物交换逐渐可以被固定在一个场所和时间举行，集市随即产生。古代人类宗教活动场所有很多的信徒聚集，一些小商贩和小生产者看中此商机，庙会随即产生。不过集市和庙会并没有直接成为现代会展。现代会展一般被认为源于欧洲的艺术展和宣传国家成就的工业展，因为这是有组织和商品贸易功能的，与现代会展的功能相契合。

复习思考题

【拓展练习】

一、名词解释

物物交换　　集市、庙会演变说　　香槟集市

二、填空题

（1）_____被公认为近代工业展览会的开端。

（2）2010年年底，中国已有_____个地级及以上城市建有会展场馆并且每年都有会展活动举办。

（3）会展业是现代科学技术与经济发展的_____和_____，它反映了一个国家、地区乃至全球科学技术和经济发展的历程。

三、简答题

（1）贸易展是如何产生的？

（2）世界会展业的发展经历了哪些阶段？

（3）中华人民共和国成立后，我国会展业发展经历了哪些阶段？

四、实务题

（1）走访本地会展企业，并参考网络、报刊等媒介，搜集你所在的城市会展业发展信息资料，上交一份数据翔实的调查分析报告（每组6～8人，分工协作，以小组为单位上交调查报告）。

（2）了解会展最新信息，写一份会展业最新动态报告。

五、小论文

（1）会展的昨天、今天和明天。

（2）网络对会展业的影响。

（3）在了解世界展览业的发展历史后，你认为我国的展览业怎样才能走向世界？

第3章 会展市场

学习目标与要求

1. 了解会展市场的概念及划分方法。
2. 掌握会展市场的参与主体；了解会展市场的运作机制，能分析某一会展市场的运作机制。
3. 了解会展营销的概念及特点；掌握会展营销过程及营销组合要素。
4. 了解国际会展市场的发展概况及区域分布格局。

导入案例

第三届世界互联网大会在乌镇开幕

2016年11月16日上午，第三届世界互联网大会开幕式在浙江乌镇举行，来自全球110多个国家和地区、16个国际组织的1600位嘉宾齐聚美丽的乌镇，围绕"创新驱动 造福人类——携手共建网络空间命运共同体"这一主题，展开对话交流。展会持续到11月18日。

本届大会聚焦主分论坛、"互联网之光"博览会、全球领先创新科技成果发布三大板块，设置16场分论坛、20个议题，涉及互联网经济、互联网创新、互联网文化等前沿热点问题。"互联网之光"博览会将集中展示中国互联网发展成就和全球范围内互联网技术成果，近300家中外知名互联网企业将各展所长。参会嘉宾来自全世界五大洲，包括国际组织负责人、互联网企业领军人物、互联网名人、专家学者等，涉及网络空间各个领域，代表更多元、更广泛。

与前两届大会相比，本届大会将呈现以下六大新亮点。

一是新场馆整体运行。此次大会新启用的乌镇互联网国际会展中心是世界互联网大会的永久场馆。会展中心由会议中心、展览中心和接待中心三个功能区组成，三座主建筑沿南、东、北三个方向围绕中心水池而建，整体建筑融入大量白墙黛瓦、临水连廊等经典江南水乡特色元素，凸显传统文化与现代文明的融合共生。

二是国家部委共同办会。本届大会每场分论坛都由一个国家部委、全国性组织或知名高校等牵头主办。目前，外交部、科技部、工信部、公安部、交通运输部、商务部等10多个中央部委直接参与分论坛承办工作，让参与论坛的力量更专业、内容更多元、成果更丰富。

三是博览会首次向社会公众开放。本年"互联网之光"博览会将第一次向社会公众开放、免费参观。本届博览会共收到意向参展企业450余家，最终确定包括微软、IBM、阿里巴巴、腾讯等在内的三百余家国内外知名企业参展。博览会组织全国各地政府部门、高新区、创客空间、创业投资机构等约3万名专业人士参观。

四是"乌镇咖荟"打造交流互动平台。本次大会在乌镇西栅景区及乌村选取了10

个场所，以"乌镇辰光""煮酒论道"等命名，由知名互联网企业和相关部门分别主办。阿里巴巴、富士康、今日头条、58同城等知名企业都确认承办一场"乌镇咖荟"活动。

五是新产品新技术发布引领全球互联网创新发展。按照"精品重磅首发＋创新创业发布与路演"专场活动形式，组织116家企业参加新技术新产品发布，发布成果包括诺基亚的Car-2—X车联网解决方案等，充分展现本年度全球互联网领域的前沿成果。

六是会务接待服务体现国际化。从浙江省内15所高校的近6 300名大学生中层层选拔出1 024名志愿者，涵盖英语、德语、日语等十大语种。在接待中心、新闻中心、机场、宾馆等地设立多语种服务平台，为大会各国嘉宾提供24小时多语种服务。

（资料来源：http://news.xinhuanet.com/2016-11/16/c_129366197.htm，2016-11-16.）

讨论：世界互联网大会是如何以创新实现持续发展的？

3.1 会展市场概述

3.1.1 会展市场的概念

1. 对"市场"的几种理解

对于"市场"（market）一词的概念，人们有很多不同的理解。从经济学的角度来说，"市场"应分为两个方面，即从消费者的角度来看的需求市场，以及从生产者角度来看的供给市场。一般来说，典型的"市场"概念有以下几种。

（1）市场是商品交换的场所。

南唐尉迟偓《中朝故事》中提到："每阅市场，登酒肆，逢人即与相喜。"清兰陵忧患生《京华百二竹枝词》中也有这样的词句："新开各处市场宽，买物随心不费难。"赵树理《三里湾·回驴》也对市场有所描述："牲口市场在集市的尽头接近河滩的地方。"这些文学作品中描述的是简单市场。后来市场又发展为物资交流会、贸易货栈、交易所、百货商场，以及超级市场和连锁商店等，在此意义上，市场就是一般所指的商品交易的场所。实际上，市场是商品经济的产物，它是社会分工和商品生产的产物。把市场看作商品交易的场所，是最早也是最直观的一种看法，是市场最表层的含义。随着社会交往的网络虚拟化，市场不一定是真实的场所和地点，许多买卖都是通过互联网来实现的，中国大型电子商务网站——淘宝网就是提供交换的虚拟市场。随着科学技术的发展，交通、通信设施改善，银行信用系统的发展以及交易活动契约化，无形市场的发展越来越普遍。

（2）市场是经济关系的体现。

按照马克思的市场定义，市场是建立在社会分工和商品生产基础上的交换关系的总和，是不同的生产资料所有者之间经济关系的体现。这里的经济关系包括社会生产与社会需求之间，商品可供量与有支付能力的需求之间，生产者与消费者之间和国民经济各部门之间的关系。从经济学的角度来看，这些关系实际上是商品从生产到流通过程中的各种经济关系。也就是市场在商品经济中具有错综复杂的买卖关系，即供给与需求之间的关系。市场上某种商品的供给是生产者提供该商品的总和，形成市场供给；而市场需求则是消费者对该商品的有支付能力的购买力的总和。生产者与消费者通过市场交换使商品的价值和使用价值得以实现。也可以说，这些经济关系实际上是供给和需求构成的关系。

（3）市场是某一产品的现实购买者或潜在购买者的总和。

这一观点从需求的角度出发来描述市场。从这一角度出发，市场实际上是由一切有特定需求并且愿意和可能从事交换来使需求和欲望得到满足的现实或潜在的顾客所组成，即某种产品的现实购买者与潜在购买者的总和。现实购买者的总和称为现实市场，而潜在购买者的总和称为潜在市场。要形成现实市场要满足3个条件，即人口、购买力和购买欲望。用公式表示为

$$现实市场＝人口＋购买力＋购买欲望$$

这3个条件缺一不可，只有同时具备了这3个条件才能实现真正的交易。若只有人口和购买力而没有购买欲望，或者只有人口和购买欲望而没有购买力，则不可能达成现实市场。而此时，只要再具备3个条件中的第三个条件即可构成消费，像这样的市场就是潜在市场，用公式表示为

$$潜在市场＝人口＋购买力$$

或

$$潜在市场＝人口＋购买欲望$$

潜在市场是有可能转变为现实市场的，与此同时，一个地区的人口数量也在很大程度上影响着市场的大小。

一种观点认为，市场指具有某些相同特点被认为是某些产品的潜在购买者的总和。这种观点认为市场仅仅是指潜在顾客市场，这里的"购买者"包括可能进行此项产品消费的人群或企业。

另一种观点认为，市场是进行交易必须具备的条件或规则。这些条件包括可供商品量（或可提供的服务）、对此商品的需求、价格和政府或其他组织的参与管理。从这个意义来说，市场是保证交易顺利进行的法则，包括自然法则（在市场中自发形成）和规章制度（由政府或人为制定）。市场就是这些客观条件，是规章制度，这一观点是从新制度经济学的角度出发得出的结论。新制度经济学告诉我们，交易是市场的前提。在交易成本为正的现实世界里，没有适当的制度，在所有意义下的市场经济都是不可能的。

从以上可以看出，"市场"的含义多从需求的角度出发，指的是需求市场（如现实顾客市场和潜在顾客市场），当然，在有些情况下，"市场"一词也用来指供给市场，但此用法并不普遍。

2．会展市场的概念及理解

从以上对"市场"一词的理解中不难看出，要给会展市场下一个确切的定义尚具有一定的难度。在此，根据上述几个观点，可将广义的会展市场定义为在一定社会条件下，为组织或个体实现效益、供给或需求的，一系列集中时间、空间的交易活动（图3.1）及其经济关系的总和。狭义的会展市场是指会展需求市场。

理解上述定义，需要把握好以下几个方面。

（1）会展市场存在的前提——在一定的社会条件下。

在此，"一定的社会条件"是指能保证会展中的交易活动顺利进行的一切条件，包括

图3.1 昆明国际花卉交易市场

【更多彩图】

政府的政策法规、市场机制和行业规范等。这些条件都为会展交易活动提供必要的也是最基本的保障。如果没有一定的秩序和制度，会展市场就没有了发展起来的奠基石。因此，在认识"会展市场"这一概念时，首先要明白会展市场的存在前提就是要有一定的社会条件。

（2）会展市场的主体及其谋求的利益。

在会展市场的概念中，会展市场的主体包括需求主体和供给主体；然而，不管是需求主体还是供给主体，都包括了组织和个体。此外，会展市场主题谋求的效益不单是经济效益，还包括社会效益、环境效益等多种效益。当然，从经济学的角度来看，只有谋求经济效益才能称为市场，而此外的市场是一个广义的市场，不单是经济市场，还有更多、更广泛的社会市场、公益市场。

（3）会展市场涉及供需两方面。

单纯的会展供给市场或会展需求市场都不能构成真正意义上的会展市场。真正的市场是由供需两个方面组成的，会展市场也不例外。供给市场主要是会展活动提供者的总和，包括政府、会展公司等会展活动主办方，而需求市场主要是那些对会展有需求的组织和个人的总和。需求市场的存在是供给市场存在的前提，供给市场是需求市场得以增长的条件，两者是互相作用的。当然，作为会展市场的两个方面，供给市场和需求市场也分别包括现实的和潜在的供给者或需求者的总和。

（4）会展的时空。

会展活动的最大特点在于"集中"。会展活动的举办通常都有时间和空间的限制。一般来说，会展活动都是在固定的场所、短时间范围内举办的，这就是会展活动集中性的体现。

（5）会展市场的本质是一系列交易活动及其经济关系的总和。

市场的本质就是经济关系的总和，会展市场的本质就是在一系列会展活动中的各种经济关系的总和，而会展活动实际上就是一系列的交易活动。

3.1.2 会展市场的特征

与其他市场相比，会展市场具有以下特征。

1. 广泛性

随着生产力的发展，经济全球化不断加快，会展市场逐步走向开放，从地区性走向区域性，从国内走向国际，现在大多会展市场已从立足于当地发展转变为面向世界发展。会展市场的开放化，首先，表现在参展商、与会者和观众构成的广泛性。现代会展的客户来自不同的地区、国家、民族和企业。其次，表现在会展内容的广泛性。随着生产效率的不断提高，人们休闲时间的不断增加，人们需求欲望不断提高，这些都是造成会展内容广泛性的原因。最后，表现在会展活动范围的广泛性。现代交通运输的发达，不仅使参展商与观众能够便利地参加会展，也使会展活动的范围不断扩大，以至于遍布世界各地。

2. 多样性

由于会展客户需求的不同，从大范围来看，会展市场可以分为参展商市场、与会者市场和观众市场。从参展商所处的行业不同、商品的定位不同和参展的目的不同，参展商市场又可以细分为专业展览市场、综合性展览市场等。展览组织者向参展客商提供诸如展览场馆设施、展台装修、展品运输、公关礼仪、媒体广告和各种配套活动等一系列服务，满足参展客商的需求。展览会的主题、内容、举办时间和地点等方面的差异性，在一定程度上决定了参展厂商的数量和类型，不同的展览就会形成不同的客户群体。需求的差异导致了会展市场的多样性，这样一来也为会展活动多样化创造了广阔的空间。从供给的角度看，它有利于会展举办者根据不同的市场需求，组合成为不同形式的会展和不断创新会展商品，以使会展客户达到不同的目的。随着会展的需求从量到质的不断提高，会展活动的内涵将会不断拓展，会展将会变得更加丰富多彩。

3. 短期性

会展是短期性的活动。从会展产品提供者的角度看，筹备会展涉及很多具体业务。例如展览会，从决策到策划，从招展到开幕，从管理到评价，都需要大量的时间。组织会展活动涉及客户的需求，会展活动只有在许多客户的参与下，才能取得成功。但会展客户要参加一项会展活动，不仅要实现参加目的，而且还有经济与精力成本的考虑。例如，参加展览会对参展商来说，既要付出摊位费和展品运输费，又要付出差旅费，而且在异地工作付出的精力和花费的时间也多。因而参展商不可能持续参加展览会，正因为这样，很多会展活动都是年度性的（选择一年内的某一短期内举行），一般大型的会展活动甚至2～4年才召开一次。

4. 依存性

会展市场是一个受社会、政治和经济等因素制约的市场：第一，社会因素是引起会展市场波动的原因之一；第二，重大的政治活动会影响会展产业的发展，如恐怖主义活动频繁的地区，会展产业是无法生存的；第三，某些行业的发展水平制约着相关主题的会展水平；第四，会展相关产业的发展也制约着会展市场的发展。会展不仅与其活动场所相关，还涉及参展商、与会者和参观者的食、住、行、游、购、娱等多方面问题。因此，餐饮、酒店和交通行业等必须与会展产业保持合理协调的发展速度。如果这些部门的发展比例失调或经营不力，则会引起波动而影响会展市场的整体效益。

3.1.3 会展市场的划分

1. 会展市场划分的意义

市场划分又称市场细分，是指根据消费者对产品不同的欲望与需求，以及不同的购买行为与购买习惯，把整体市场分割成不同的或相同的小市场群。

在当今社会，市场营销观念已经从卖方市场转为买方市场，即从以生产为中心转为了以顾客为中心，以顾客为中心就是要满足顾客的需求。顾客的需求应成为企业营销活动的出发点。而顾客的需求随着商品经济的发展表现出多样性，为满足不同顾客的需求，要在激烈的竞争中获胜，就必须进行市场细分。此外，针对每个消费者群体采取独特的产品或市场营销组合战略，能够使企业找到并描述自己的目标市场，确定针对目标市场的最佳营销策略，以求获得最佳收益。

会展市场划分又称会展市场细分，是指将一个整体市场按照消费者的某种或某些特点分解或划分为不同的消费者群的过程。所划分出来的每一个消费者群都是整个市场的一部分，称之为细分市场。因此，会展市场划分就是要根据会展需求者的某种或某些特点将整个会展市场划分为不同的细分市场。将会展市场细分后才能更好地针对不同市场采取不同措施以达到最大效益。在这里需要指出的是，会展市场的划分通常是对狭义的会展市场的划分，即对会展需求市场的划分。

会展市场的划分对会展供应者来说有着非常重要的意义，大致可以概括为以下4点。

（1）有利于根据实际情况选定会展目标市场。

将会展市场进行划分后，每个细分市场的特点便突现出来。此时，对于会展供应者特别是实力还不够雄厚的供应者来说，能更好地根据自己的实力来选择合适自己的目标市场。另外，在此基础上，对目标市场的再分析，可以对其分析得更具体、更详细，更加有助于会展供应者根据此分析发挥其优势，顺利地避开对其不利的因素。

（2）有利于集中人力、物力和财力，对目标市场进行会展产品的开发。

在选定了会展目标市场之后，会展供应者根据此细分市场的具体特点，可以有针对性地集中人力、物力和财力来进行会展产品的开发，开发出适合此细分市场的会展产品。同时，也将会使会展产品的开发更有特色和更具人性化。

（3）有利于针对会展目标市场进行促销。

促销的方法有很多，选择哪种促销方式往往是令会展供应者头疼的问题。进行市场划分后，每个细分市场都将展示出它们自己的特点。"具体问题具体分析"，只有把问题具体化后，才能选择恰当的方法，这也是会展市场划分的意义所在。

（4）有利于开发更广阔的会展市场。

会展市场的划分使我们了解了整个会展市场的内容，同时我们也可以借此来发现整个市场还欠缺的部分，从而去发掘、去开拓，只有这样才能不断地创新、进步。

2. 会展市场划分的方法

会展市场划分与其他市场划分一样，都需要遵循几个基本原则，即可衡量原则、可盈利原则、可实现性原则和可区分性原则。在遵循以上原则的基础上，按不同的划分标准可以划分出不同的细分市场。

会展市场的主体包括组织和个人，这样的特点使我们在选定会展市场划分标准的时候要考虑到它两方面的可行性。会展市场的划分标准有很多，一般来说将其归纳为四大类，即地理因素、会展消费者的特征（企业的类型、人口因素）、对会展产品的需求及购买行为的特点、会展消费者的心理特点。会展供给者可以根据自己的情况和需要，按不同的划分标准来进行划分。在此介绍几种常用的方法。

（1）按地理范围来划分。

根据地理范围，会展市场可分为国际、全国、地区和本地4个层次。本地会展市场的规模相对小，旨在吸引附近的参观者，如各城市举办的房展会等；地区性会展市场一般是全国性会展市场的一部分；国际性会展市场的参展商和观众往往来自许多国家，如由德国汉诺威展览公司在上海光大展览中心举办的亚洲信息技术展览会（CeBIT ASIA）、中国进出口商品交易会（广交会）等。对于每一个层次的市场，又可以按照行为或者习惯来划分为更加详细的地域性的市场。

（2）按需求动机来划分。

需求动机即参加会展活动的目的，如参展商的需求动机有销售产品，树立、维护形象，推出新产品或服务，调查了解市场，建立并巩固客户关系等。观众的需求动机有购买会展产品，了解市场行情，欣赏会展产品等。可以根据这些不同的需求动机来将会展市场进行划分，以便找出适合供给企业的目标市场。

（3）按参展企业的某些特点来划分。

把参加会展活动的企业按照其一定的特点进行分类，这样的方法可以很快找出同一类市场，使营销面积缩小，有利于集中起来进行宣传。

（4）按个人的某些特点来划分。

虽然会展市场主体中观众这一部分不一定是会展供给者的主要盈利来源，但是没有观众的展会将成为一个无意义的展会，因此，也必须对观众市场进行划分。一般来说，可按照人口统计因素来划分，如年龄、性别、职业、受教育程度和家庭收入水平等。

一般来说，会展市场划分多用前两种方法。从宏观的角度去分析会展市场的时候，一般按地理范围来划分；从会展供给商这个企业的微观角度来看，一般采用需求动机的划分法，因为只有这样才能更好地应验以顾客为中心的现代营销观，才能提供市场所需要的东西。

3.2 会展市场运作机制

3.2.1 会展市场主体识别

会展市场主体指的是会议与展览运作过程中的主要参与者，主要包括需求主体和供给主体两部分。会展市场需求主体一般包括参展商、与会者和观众；供给主体涉及的单位比较多，根据所举办展会、会议的性质、规模等不同，有不同的供给主体，而且每一次展会、会议的供给主体也不止一个。除此之外，还有一些为需求和供给搭建中间桥梁的中介，也是会展市场的参与者，又称为会展主体。所以具体地说，会展市场参与主体应该有以下几方。

1. 会展市场供给主体

（1）政府。

在会展业发展初期，有必要借助于政府的力量，将散布于其他行业的资源整合起来加以利用。虽然政府一般不直接参与者会展活动，但它对会展市场的运作有重要的意义。

① 会展业是一项综合性产业，对主办地的硬件和软件设施都有较高的要求。会展业的这种综合性，从经济学的角度看，就是强大的外部性。一方面，从正的外部性来看，会展业像某些公共产品一样，它使会展业以外的诸多产业和群体受益，如果没有制度和机制保证，受益者就不会从这种正的外部性受益而"买单"；另一方面，会展业具有负的外部性，如造成交通拥堵、酒店价格攀升（增加其他商务交流的成本）等，客观上影响了其他产业的发展。失败的会展活动造成的影响远远不限于经济上的损失，同时会对城市的制度、信用和基础设施等经济发展环境的形象造成负面影响。会展业对一个城市来说，不仅是一项经济联动作用显著的产业，而且是一项对社会效益，特别是对城市形象、城市产业结构调整作用较大的产业。因此，会展业的发展，直接关系到城市的全局利益，需要政府的协调。

② 一个城市发展会展业，必须考虑自身的产业结构和优势，如城市基础设施功能、会展场馆基础设施、会展策划和组织人才、交通、技术支持能力等要素，对城市的会展业发展制定切实可行的战略发展规划。这些工作有且只有政府才能完成。

③ 市场发育的基础之一是市场主体的市场化。政府可以按照社会主义市场经济的原则，使城市会展市场主体尽快脱离中间状态，尽快市场化，成为市场竞争的理性主体，培育专业化、公司化会展主体。

④ 会展业对公共产品和服务的需求非常大。在会展活动期间，公安、消防、海关、检验检疫和邮电等社会资源都需要集中在短时间内达到较大的供给高峰。实际上，政府官员出席会展活动，也是公共服务的一种。会展业最大的公共产品是会展中心。在很多城市，会议展览中心是作为城市基础设施由政府负责建设，委托专业公司管理。

⑤ 会展活动总是在一定的地理区域发生的。围绕会展产业链企业，中介机构、科研教育机构、政府和协会等机构形成了一个分工合作、相互作用的产业网络，这就是会展产业群。一个成熟的会展产业群通常包括产业链核心企业（包括会展业直接生产和销售部门）、相关产业部门（为了完成会展活动需要诸多辅助性产品、服务和人员提供商的配合）和支持机构（包括政府主管部门和相关部门）3个方面，会展业在一个城市的集聚和提升过程中，政府应该起到重要的促进作用。

（2）会展计划者。

会展计划者可以说是会展活动的发起人，计划办何种展览、开何种会议，都由计划者提出，具体的实施再交给专业人士去完成。换句话说，没有会展计划者就没有举办会展的理由，没有理由举办会展，其余的一切都将失去其价值。

（3）专业会议组织者和展览公司。

专业会议组织者（Professional Conference Organizer，PCO）一般是一些小型公司，是负责申办、策划、组织、协调、安排和接待国际会议和大型活动的专业公司。展览公司是主要以展览为主进行专业化操作的机构。专业会议组织者和展览公司在会展市场的运作中通常起着直接操作与控制的作用。如果说在会展活动中政府一般充当主办者角色，专业会议组织者和展览公司则应该是承办者的角色。由于所扮演的角色不同，使得两者对会展市场的影响不同，前者是间接的影响，后者是直接的影响。

（4）目的地管理公司。

目的地管理公司（Destination Management Company，DMC），最初是从事会展活动过程中的后勤管理的机构，包括配套设施及人员的供应、会展服务的提供和管理人才的培养等，后来逐渐承担起专业会议组织者的部分工作。它们与会展场馆的关系是委托经营，当然也有会展场馆自己经营管理的。

（5）会议展览中心。

会议展览中心主要的营销对象是会议公司、专业会议组织者及展览会的主办者，会议展览中心凭借完善的设施、优良的配套服务和先进的管理，吸引更多、更高档次的展会或会议在本中心举办。

2. 会展市场需求主体

（1）参展商和会议代表。

参展商和会议代表是会展需求的最主要的参与主体，是交易产品的买家。其实，对于参展商而言，参加展览会是一项低成本的活动。在展览会中，他们可以和客户面对面地进行交流，同时也可以获取同行业的相关信息，这是一个极好的机会，不用登门拜访也可以收集到最新的行业信息。对于会议代表来说，参加会议可能是他们的一项任务，但是，不管是否出于自愿，会议代表是会议的核心这一事实是不可否认的。参会各方在会议过程中达成共识的可能会签订合同，不能达成共识的，经过思维的碰撞也有一定的思想收获。

（2）展会观众。

展会观众（图3.2）是会展需求主体的另一部分，分为专业观众和普通观众。他们对会展产生需求的原因多为欲购买参展商的产品；此外，对新产品的欣赏，也是观众参与会展的原因。

图3.2　2017年德国慕尼黑体育用品展的观众

3. 其他中介组织

其他中介组织，或称中介机构，目前看来，通常由一些行业协会来充当。中介机构在帮助政府部门决策、执行政府决定和说服会展参与机构接受会展理念等诸多方面，是一支不可缺少的生力军，对会展市场的兴旺发展起到巨大的促进作用。另外，金融机构作为促进和加快会展市场运转的工具，对推动会展市场的发展也起了不可磨灭的作用。各类学会、协会、媒介和教育单位也都是参与会展的机构。

3.2.2 会展市场的运作机制类型

1. 展览市场运作机制

展览是会展活动的重要组成部分，也是主要部分。因此，展览市场的运作机制也成为会展市场运作的典型模式。它的运行模式是主办单位将展览产品（创意、主题或品牌）出售给展览公司，展览公司组织展商（展览的买家）购买产品，为了更好吸引展商，还要帮助组织观众，这当中的接待工作交给目的地管理公司去完成。现在的目的地管理公司有时直接与主办单位接触，甚至自行办展，销售展览产品。因此，现在的目的地管理公司承担了展览公司的一部分职责，如图3.3所示。

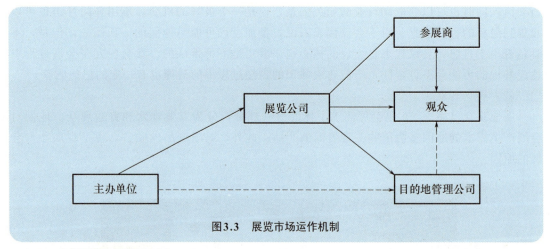

图3.3　展览市场运作机制

2. 会议市场运作机制

会议市场运作从流程上看，比展览市场简单一点，即需求方面只涉及参会者而不涉及观众。因此，会议市场的运作机制可表述为：由会议计划者或主办方提出召开会议的想法及会议主题，再将其委托给专业会议组织者，专业会议组织者对整个会议进行策划后，与会议当地的目的地管理公司联系落实相关具体事宜，同时，向可能参会群体进行宣传。现在的目的地管理公司有时直接与会议的计划者接触，销售会议产品。因此，现在的目的地管理公司实际上承担了一部分专业会议组织者的职责，如图3.4所示。

3. 节事活动市场运作机制

节事活动是从长远或短期目的出发，一次性或重复举办的、延续时间较短的活动，其主要目的在于加强外界对于旅游目的地的认同、增强吸引力和提高其经济收入。节事活动

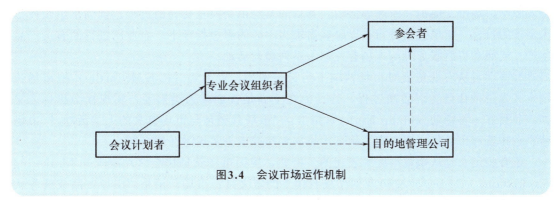

图 3.4 会议市场运作机制

一般由政府部门充当主办方，确定节事活动主题，再由专业公司联合充当承办方将活动开展起来。由于这样大型的活动涉及面比较广，一般来说都有两个或两个以上的承办单位。节事活动市场运作机制如图 3.5 所示。

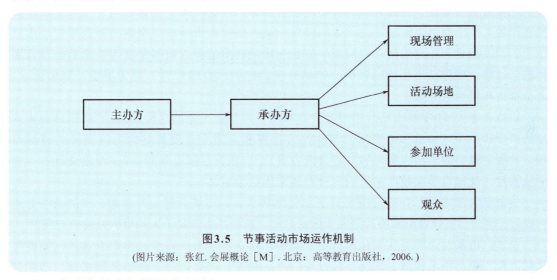

图 3.5 节事活动市场运作机制

(图片来源：张红. 会展概论[M]. 北京：高等教育出版社，2006.)

4. 奖励旅游市场的运作机制

奖励旅游是商务旅游的延伸，是一种现代的管理工具。在国外，已经有了专门接待奖励旅游的专业公司，国内目前主要还是靠旅行社来操作。其运作机制是：企业有奖励旅游的需求，奖励旅游公司或旅行社针对其需求提出策划方案，若企业同意某方案，则委托策划此方案的公司或旅行社按该方案组织此次旅游活动。

3.3 会展市场营销

3.3.1 会展营销的概念

到目前为止，关于会展营销的概念似乎没有一个统一的标准。许多学者对于会展营销的描述相近但不完全相同。在讲述会展营销的概念之前，我们先要了解什么是市场营销。

1. 市场营销

市场营销作为一种计划及执行活动，其过程包括对一类产品、一项服务或一种思想的开发制作、定价、促销和流通等活动，其目的是经由交换及交易的过程达到满足组织或个人需求的目标。市场营销是指在以顾客需求为中心的思想指导下，企业所进行的有关产品生产、流通和售后服务等与市场有关的一系列经营活动。

有些学者从宏观角度对市场营销下定义。例如，麦卡锡（E. J. McCarthy）把市场营销定义为一种社会经济活动过程，其目的在于满足社会或人类需要，实现社会目标。又如，菲利普·科特勒（Philip Kotler）指出："市场营销是与市场有关的人类活动。"市场营销意味着和市场打交道，为了满足人类需要和欲望去实现潜在的交换。

还有些定义是从微观角度来表述的。例如，美国市场营销协会（American Marketing Association，AMA）于 1960 年对市场营销下的定义是：市场营销是"引导产品或劳务从生产者流向消费者的企业营销活动"。麦卡锡 1960 年也对微观市场营销下了定义："市场营销是企业经营活动的职责，它将产品及劳务从生产者直接引向消费者或使用者以便满足顾客需求及实现公司利润。"这一定义虽比美国市场营销协会的定义前进了一步，指出了满足顾客需求及实现企业盈利成为公司的经营目标，但这两种定义都说明，市场营销活动是在产品生产活动结束时开始的，中间经过一系列经营销售活动，当商品转到用户手中就结束了，因而把企业营销活动仅局限于流通领域的狭窄范围，而不是视为企业整个经营销售的全过程，即包括市场营销调研、产品开发、定价、分销广告、宣传报道、销售促进、人员推销和售后服务等。

科特勒于 1984 年将市场营销定义为：市场营销是指企业的这种职能，"认识目前未满足的需要和欲望，估量和确定需求量大小，选择和决定企业能最好地为其服务的目标市场，并决定适当的产品、劳务和计划（或方案），以便为目标市场服务"。此定义具有一定的代表性，我国高等院校所编著的教材普遍采用这个定义。

美国市场营销协会 1985 年的定义更加完整和全面：市场营销是对思想、产品及劳务进行设计、定价、促销及分销的计划和实施的过程，从而产生满足个人和组织目标的交换。

总之，市场营销就是在变化的市场环境中，旨在满足消费需求，实现企业目标的商务活动过程，包括市场调研、选择目标市场、产品开发、产品定价、分销渠道选择、产品促销、产品储存和运输、产品销售及售后服务等一系列与市场有关的企业经营销售活动。

2. 会展营销

会展营销是指展览会组织者寻找目标市场、研究目标顾客需求、设计会展产品和服务、制订营销价格、选择营销渠道及保持良好客户关系等一系列销售活动的总和。通常会展营销涉及 3 个主体，包括会展的组织者、举办地（国家、地区、城市和场馆等）和参与者。不同主体的营销方法和目的都不相同。

（1）组织者的会展营销。

组织者通常包括会展的主承办单位。组织者的会展营销有阶段性。其营销目标是通过策划组织会展并为参与方提供服务而获利。在发展成长阶段侧重在销售，在品牌形成阶段侧重在经营和服务。

（2）举办地的会展营销。

举办地的会展营销通常是主办方利用会展以达到宣传推广举办地的营销目的，以带动举办地的相关产业（如旅游业、投资和餐饮业等）发展或刺激消费的经济目的（图 3.6）。

图3.6 德国慕尼黑啤酒节花车巡游

【更多彩图】

(3) 参与方的会展营销。

会展的参与方（除主承办单位以外）主要包括参展商、商业协会、媒体、政府和观众。这里主要介绍参展商的会展营销。参展商的会展营销目的主要包括推广新产品、寻找经销代理商（开拓营销渠道）、宣传推广品牌、配合年度营销计划、市场试探和研究。

3.3.2 会展营销的特点

会展营销在会展活动运作和会展经济发展中扮演着重要的角色，会展营销是会展经济的助推器。会展营销就其过程来看，是会展经济主体利用其占用的资源向目标市场传递会展产品信息，实现预期经济目标的行为。会展产品具有典型的无形性和综合性特点，因此，会展营销必然是一个综合利用资源的过程。会展营销涉及的利益主体、内容、手段等皆具有其特殊性，与一般的营销活动存在明显区别，会展营销的特点主要体现在以下4个方面。

1. 营销主体的综合性

会展营销的主体十分复杂，大到一个国家或城市，小到每个会展企业甚至是一次具体的会议或展览会。每个主体的营销目的不完全相同，营销内容的侧重点也存在明显差异。往往在一次展览会中，各个主体都要为了各自的目的开展营销活动。因为一次展览会可能要牵涉众多的组织和企业，大型的国际性展览会可能由当地政府主办，由一家或者几家展览企业承办，其中个别较复杂的活动则由具体的项目组去承担。换句话说，一个展会由几方面共同操作，且各自承担的工作在深度与广度上有所不同，但进程必须保持一致，合作也必须紧密有效。

2. 营销内容的整体性

展览会的举办时间、地点、主题及内容等都是参展商和专业观众所关心的，任何一环如有不妥，都可能导致展会的失败。因此，会展营销的内容必须具有整体性，既包括举办会议或展览会的外部环境，如城市安全状况、旅游综合接待能力等，又包括会议或展览会的创新之处，能够给参展商和观展商带来的独特利益，以及配套服务项目与水平等，这一切都会影响参展商的购买行为——是否考虑参展，判断其是否属于高质量的展会等。

3. 营销手段的多样性

会展营销的主体复杂性和内容广泛性决定了会展必须综合利用各种手段来开展宣传，以达到预期的营销目的。从传统的广播、电视、报纸，到各类行业杂志、专业会展杂志，到面向大众的路牌广告、地铁或出租车广告，以及已渗透到各行各业的互联网，会展营销主体正以平面或立体的方式，将大量的信息以最快、最直接的方式传递给大众。但有一点必须指出，营销手段要讲究综合利用的阶段性，在每一阶段只有用适当的方式宣传特定的内容，而不是间断或大批量地重复毫无新意的广告，才能给大众留下最深刻的印象和触动，从而激发潜在参展商及观众的参展愿望。

4. 营销对象的参与性

在很多时候，会展活动的组织者虽然策划并操作会议与展览，但对行业的认知程度可能并不深刻，因而在整个过程中必须广泛听取参展商和观展者的意见，并根据自身能力及参展商和观展者的要求尽可能地调整营销内容，以更好地满足展会消费者的需求。另外，在会展活动中，参展商和观展者的参与性都很强，组织者必须与其实现互动，才能提高其满意程度。例如，在招展工作中，参展商会根据自身需要对展会服务提出要求，展会组织者应及时听取反馈意见并改进工作，而且针对不同类型的参展商，要制定不同的营销内容。

3.3.3 会展营销的过程

会展活动由于参与主体的复杂性，要及早开展营销活动，而且各个部门要统一协调，做好方方面面的工作，包括协调好和政府、媒体、参展商及海关等方面的关系。会展营销活动一般包括以下几个步骤。

1. 会展营销调研

在销售任何产品之前，都要了解自身产品的同时进行详细的市场调研，它是制订市场营销计划的第一步。会展公司可以从以下几个方面进行市场调研。

（1）目前国际、国内该行业发展状况，如举办一个广告设备展，必须了解国际、国内广告设备行业的发展状况。

（2）了解本行业的行规及相关的法律法规，这样可以有效降低举办会展的风险。

（3）了解当前国际、国内有无同类型的展会，若有，则它们的举办地点、举办时间、规模和类别等都要进行调研。

（4）如果在本地开一次展览会，是否有会展市场（是否靠近生产商、参展商），对本地较其他城市的优势做一次分析。

2. 目标市场定位

在会展营销过程中，目标市场定位有两层含义：一是选择会展的目标市场；二是给所选的目标市场正确定位。目标市场定位的基本程序是：确定企业经营范围—市场细分—分析评价细分目标市场—确定目标市场选择策略—正确选择目标市场。

以会议市场为例，对于不同的会议类型，营销的手段是不同的。例如，协会会议由于是会员自愿参加，所以会议带有很大的不确定性，为了吸引会员来参加，在进行会议组织的时候，许多协会团体会同时召开展览会，这样一方面可以增加会议的吸引力，另一方面可以降低会议的风险。而对于公司会议来说，因为它是强制参加的，没有人员变动的风险，所以会议服务公司只要在自己的服务水平和性价比方面下功夫就可以。对于国际组织和政府会议，在此期间许多领导人会同时出现在某个地方，所以会议举办地的安全被列为第一个要考虑的要素，这时的营销重点就转向了安全。

3. 制订营销计划

营销计划是一份形成文字的反映营销目标、营销战略和行动方案的营销计划书，用来指导企业在某一特定时期内（通常为一年）的营销活动。具体内容应包括以下几个方面。

（1）既定目标市场综述，即对会展目标市场的营销现状做出分析，并针对此次活动进行 SWOT 分析。

（2）对目标顾客进行详细的记录，包括参展商的公司名称、地址、邮编、联系人、电话号码和传真等。

（3）确定市场营销的目标，并针对目标提出合理的营销组合策略。

（4）确定营销费用预算，并对营销活动提出一定的控制和规划方案。

4. 实施营销计划

会展营销计划工作制订完成以后，会展企业或组织要根据自身的实际与营销计划的要求，设计出合理的营销组织机构，并明确各相关部门和人员的职责、任务。不仅如此，还要对计划完成情况及具体的营销活动实行严格监控，以确保预期计划的实现。

5. 营销效果评估

由于市场上存在许多的不确定要素，所以随着外部环境的变化，要对市场营销计划做出调整。调整的前提首先是对市场营销计划做出评估，然后再进行适当的调整。活动组织者应重点从以下几个方面考察。

（1）潜在客户对展会的认知度如何。

（2）展会在参展商和专业观众心目中的形象如何。

（3）与会者、参展商或专业观众的数量变化情况。

（4）调查忠诚参展商和专业观众对本次展会宣传推广工作的意见和建议。

（5）营销计划是否有助于改进本企业的产品或服务。

3.3.4 会展营销要素组合

1. 会展营销组合要素构成

营销要素组合是企业在市场环境变化的条件下，依据其营销战略对营销过程中的各项因素进行配置和系统化管理的活动。传统的营销要素组合 4P's 理论中，产品（product）、价格（price）、渠道（place）和促销（promotion）是根据制造业情况而定的，而服务业产品的性质决定了它并不完全适用于服务行业。会展业属于第三产业，有自身的特殊性，其营销组合也不一样。依照营销学家布姆斯（Booms）与毕特那（Bitner）针对服务业提出的 7P's 营销理论，概括了会展营销组合的构成要素，即产品（product）、价格（price）、渠道（place）、促销（promotion）、人员（people）、有形展示（physical evidence）和服务过程（process）。

2. 会展营销组合要素分析

（1）产品。

市场营销学中，产品是指能够通过交换满足消费者需求和欲望的任何有形物品和无形服务。会展产品是一个整体概念,是指能够提供给会展市场以满足需要和欲望的任何东西。它是宣传、会议、陈列、商品交易、物流、饮食、住宿、交通、游览和售后服务等一系列有形产品和无形服务的综合。

会展产品的具体表现形式是展位,同时也是多层次、多功能和多形式的服务复合体。服务是展会竞争的筹码,一个展会就是一个服务系统工程,只有不断提高会展服务质量,不断进行服务创新,会展产品才有旺盛的生命力。

会展产品也要注重品牌培养,品牌是强化会展产品差异化的有力手段,是会展企业凸显竞争优势的关键环节。会展产品应从时间、空间和价值3方面拓展其品牌影响力。

(2)价格。

组展商对会展产品的定价,也就是参展商要支付的购买会展产品的费用,这一价格的确定受众多因素制约,包括会展行业的竞争状况和企业的竞争能力、会展企业成本状况、会展市场需求状况及水平、会展企业项目周期、市场发展情况及市场环境、会展企业定价目标和会展企业整体经营价格。

价格方面要考虑的因素除价格水平外,还包括折扣、付款条件、顾客的认知价值和信用等。参展商在选择展会的时候,主要考虑的是展会能否对企业的产品销售、品牌维护起作用,以及该展会的性价比等。价格的不稳定和过度折扣会影响到客户对展会品牌的信任度,因此,展览会价格不宜轻易改动。严格控制成本和选择适当的经营模式是会展企业在各个时期都应注意的事情,为了吸引更多的潜在客户而利用各种方式降低展览会报价是不可取的,会影响到会展企业的形象和长远发展。

表3-1中列出了"2016年莫斯科国际汽车零配件、售后服务及设备展览会"参展费用,从中可以反映出会展产品价格的构成。

表3-1 "2016年莫斯科国际汽车零配件、售后服务及设备展览会"参展费用表

序号	费用项目		单位	金额/元
1	标准摊位费	楣板、地毯、1桌2椅、接待台、电源插座、2盏射灯、背板、3块层板、基本照明电费、保安费、清洁费	每摊位 3米×3米	32 000
2	运杂费	展品海陆运输;国外报关费;展品运至展台(包括现场施工费)如产生口岸海关查验费,商检费实报实销	每立方米	请与某某有限公司联系
3	人员费 (选择其一)	全程随团(11天) 包括往返机票、机场建设费、在外期间的食宿费、交通费、人身保险、第三城市机票、考察费。不含人员补助费	每人	30 000
		展期随团(8天) 包括往返机票、机场建设费、在外期间的食宿费、交通费、人身保险。含人员补助费	每人	27 000
		展期随团(8天) 包括往返机票、机场建设费、在外期间的食宿费、交通费、人身保险。不含人员补助费	每人	20 000

续表

序号	费用项目		单 位	金额/元
4	会刊及报名费	人身保险费、文件资料费、进馆证等	每公司	2 000
5	接待费	国内集中报到接待费，包括酒店、机票	每人	1 000
6	签证费（自办免交）	办理邀请函/签证等费用	每人	1 000（因私） 2 800（因公）

备注：价格仅供参考。

（资料来源：www.commerce.ah.gov.cn）

（3）渠道。

会展分销渠道是指会展产品开发设计完成后，会展顾客认购的途径。它的起点是会展企业（如组展商），终端是会展顾客，中间各种途径可称为分销渠道。会展产品必须通过一定的市场分销渠道，才能在适当的时间、地点，以适当的方式提供给目标市场，从而满足顾客的需要，实现会展企业的市场营销目标。目前会展分销渠道主要有以下几种模式：①自主招展；②项目代理制，由专业公司负责展会具体操作，组织方负责协调；③自主招展和项目代理相结合的模式。目前国内会展企业大多采用的是第三种模式。企业要根据客户性质，有效地匹配销售渠道。

无论是自主招展还是代理招展，都要求宣传充分、选择慎重。做好招展组团工作的基本条件和要求是项目要合适、宣传要充分、标准要实际、选择要慎重、管理要认真，切忌目光短浅和利用欺骗手段获利。

随着互联网的日益普及，网络在扩大展览会影响和知名度方面起到了愈来愈重要的作用。会展企业可以利用多种搜索方法获取有用的信息和商机，同时还可运用定向邮件搜索等技术手段，寻找网上营销目标、扩大宣传和提高知名度。网络信息的扩散范围、停留时间、表现形式、延伸效果、公关能力和穿透能力都是最佳的，而且网上信息发布以后，可以对其动态地跟踪，并进行回复后的交流和再沟通。传统经济时代的经济壁垒、地区封锁、人为屏障、交通阻隔、资金限制、语言障碍和信息封闭等，都阻挡不住网络信息的传播和扩散。网络图文并茂、声像俱显的昭示力，地毯式发布和爆炸式增长的覆盖力，整合为一种综合的信息影响力。这一切使得网上招展成为当今应用最普遍的招展方式之一。

（4）促销。

会展促销是指会展企业把产品向目标消费者及对目标消费者的消费行为具有影响的群体进行宣传、说服、诱导，唤起需求并最终促使其采取购买行为的活动。

适用于会展促销的方式主要有以下几种。

①直接邮寄。直接邮寄是会展营销中最有力的沟通工具之一。其优点是：直接指向特定的市场；节约成本；灵活，可以满足个性化需要；与其他的广告宣传比较，信息可获得受众的注意。

②广告。广告是会展营销中另一种有力的沟通工具。广告能为会展营造一种氛围，又便于通过其他方式推广，特别是在面向来自新的细分市场上的大量客户时，广告是最有效益的。

③公共关系。公共关系是营销工具中成本最低的一种。通过公关话题和事件的策划，

能够将展会信息直达目标客户及受众，从而起到良好的效果。

④ 直接销售。它是所有营销方法中最有效也是费用最高的，人员销售是营销工作的重点，因为现在的客户希望与商业伙伴建立的是直接持续的关系。

⑤ 电子营销。几乎所有的会展组织商都通过互联网技术进行营销活动。要充分利用它需做到：引导顾客使用会展组织商的网站、电子邮件，鼓励在线登记等。

⑥ 销售促进。会展典型的销售促进包括惠顾券、赠品、彩票、名人出席和表演以及宣传册等。这些方法运用得好，会提高会展的成功率。

（5）人员。

会展企业在提供服务产品的过程中，人（企业员工）是一个不可或缺的因素。一方面，高素质、符合有关要求的员工的参与是提供会展服务的一个必不可少的条件；另一方面，员工服务的态度和水平也是决定顾客对会展服务满意程度的关键因素之一。把人员作为会展营销组合的因素之一，主要有3方面的原因。

① 会展需要全能型的人才。全能型人才，是指具有对展会所涉及的行业的了解能力、对展会的整体策划能力、对宏观市场的把握能力、及时根据市场变化调整展会组织方案的整体控制能力、销售能力和协调能力等的人才。

② 会展需要展览服务人才。展会服务人员工作在展会现场，直接面向参展商、参观者，他们的言行举止、服务规范和服务质量，直接影响着服务水准和顾客的满意度。在顾客眼中，他们其实就是会展产品的一部分，担任着服务表现和服务销售的双重任务。

③ 参展商也需要会展人才。具体到参展商所需的会展人才，则更强调具备良好的沟通能力，目的是能够帮助企业与组展商进行交流沟通，协助企业选择最适合自己企业需求的展会，充分利用展会这一现代营销手段最大限度地为产品推广和企业宣传进行服务。

（6）有形展示。

会展营销更大程度上是在营销一种无形的服务，而重视"有形展示"，就需要企业想方设法将无形的会展服务用可见的有形事物表现出来，使无形的会展服务看得见、摸得着。

对会展企业而言，能够给参展商及专业观众以"有形展示"的实物主要包括实体环境及其所需的装备实物和实体性线索3部分。实体环境是会场展台（图3.7）的装潢、陈列等。装备实物是会展服务的硬件基础，包括会展场馆中的会议室、餐厅、银行、商务中心、电梯、电话和供水供气设备。实体性线索是会展服务的标志部分，如会展品牌。

【更多彩图】

图3.7　2017上海车展奥迪展台

知识链接 3-1

展览设计要注意的相关问题

如果说展览是一台戏，展览设计就是戏剧的主题思想。有的时候展商可以自己提出总体要求，而有的时候需要展商与中介公司沟通后共同制定。现在国内的展览设计基本上还处于模仿国外展览设计的阶段，可使用的材料及展商愿意承受的成本也与国际相差得很远。所以，在设计上一般都要先考虑成本，再考虑创意。设计的基本框架应根据展商的行业属性、展览参观者群体、展览场地背景以及空间设定，露天展览在选材上还要考虑气候及安全因素。展览设计在造型选择上是几乎无限的，以下是一些经验总结。

① 造型要考虑展位利用率的最大化。
② 造型应当符合参观对象的审美导向。
③ 造型要考虑人流心理及流向。
④ 造型还要考虑安全性。
⑤ 造型要考虑施工难度及成本因素。
⑥ 环保意识要融入其中。
⑦ 产品摆设布局的合理性。
⑧ 展馆及相关规定严禁使用的材料。

在展览设计上，材料的使用与选择也是关键。有的展览形式需要沉稳，有的展览形式需要活泼，有的需要展现科技，有的需要表现环保，还有的需要表现艺术、人文或者社会公益，总之，表现的主题对材料的选择是个考验，在这方面，会展中介机构比展商有专业优势。现代科技发展很快，新材料、新光源和新媒体层出不穷，而中介公司除可以为展商提供最新的展览设计趋势外，更可以为展商提供节约成本的方法。

尽管中国产品一向以价廉物美著称，但不可否认在整体形象上档次不高。许多厂家除了在产品的设计和装潢包装上下功夫外，往往忽略了参展时展位的装饰，这也会对产品形象产生影响。在一些著名展会里，国内企业的摊位很多仍停留在"三板一桌加两凳"的水平，呆板且毫无新意。据统计，在大型展览里，过半数的参观买家在展场停留的时间不足 8 小时。而很多的国外企业却能有效地吸引这些买家，在短短的时间内令买家对自己的产品留下很深刻印象。这除了由于产品质量可靠，设计大胆，非常新颖外，别出心裁的摊位设计和装潢功不可没。现在流行的展示用具主要有三大类：一次性使用展具、循环租用式展具及循环便携式展具。

一次性使用展具一般是由较有实力和较具创意的展览工程公司为客户度身打造，所选材料多为木制品，优点是可因地制宜，通过千变万化甚至超越想象、随心所欲的造型来充分体现企业和产品的形象。但其不足之处是一旦成形就不易改变，而且单次使用价格非常高，通常不可多次使用。

循环租用式展具通常由于材料很贵，使用者并不必拥有器材的物权，可向专业展览工程公司租用。优点是结构坚固，器材耐用，通过钢制支架拼制造型，在三维视觉上丰富多变而且可随时更改，即使在同一次展会里亦可每日变样，不足之处是价格较高，不易携带。

最普遍使用的是循环便携式展具。这种展具一般采用可折叠的支架辅以喷涂精美的宣传图片，既有流畅的整体线条而不必拘于传统的三面围板式结构，能较突出地体现公司形象和传递产品信息。这种展具优点是价格相宜，便于携带，标准的展具拆卸折叠后一人就可以进行搬运，十分适合长途运输。外观上，它还可以在结构允许范围内改变开头，也可以通过更新宣传图片以配合新产品。不足之处是变化不及其他两种器材多样化。总的来说，对国内一般厂家参展来说，较适合使用第3种便携式展示用具，只需不多的投入就可打破传统的形象宣传方式，而且可循环使用，做到物尽其用。

（资料来源：https://www.docin.com/p-2099012744.html，2019-07-08.）

(7) 服务过程。

服务过程包括产品和服务交付给顾客的程序、交付过程中的义务及服务提供者的日常工作。对于会展业而言，服务过程的重要性尤其突出，因为"会展就是一种服务"。服务过程的变化情况主要取决于人员，因此，服务过程和人员也是紧密联系在一起的组合要素。

① 牢固树立客户至上的观念。

加强展前、展中、展后的全过程服务工作。例如，会展前要加强对参展效果的调研，及时发布来展、出展信息，引导企业的参展活动，避免企业盲目参展、办展，为参展商及广告客户提供广告制作、说明书印制和展台搭建等服务；会展期间要帮助客户组织信息交流会、贸易洽谈会及行业技术研讨会等，为买家和卖家创造商机；会展后要进行现场调查，询问参展商对展会的看法、意见，并把展会的总结材料提供给参展商，征求他们的意见，了解他们下一届继续参展的信心及希望解决的问题。

② 会展服务向专业化、规范化和全能化方向发展。

一个品牌展会，必须将服务内容规范化、服务项目专营化和服务网络集团化，才能真正全方位地提高服务质量。会展业优质的服务工作是办好展会至关重要的条件之一。规范化的会展业服务工作的进一步完善，有利于会展业的健康发展。

③ 细节之处体现出"以人为本"的经营意识。

办展会还需要重视很多细节，如展会的布局完全以展品大类来划分，为参观者的参展者提供便利；为使参观者有选择、有目标，展会还应编印一份不同语种的参展指南，对前来参观的顾客免费赠送；同时，展会内还应专门开设就餐中心、休息场所和方便通道，在宽敞处和休息场所设置一些方便顾客休息的椅子等。

会展故事 3-1

从淘宝造物节来看会展业发展趋势

2017年7月，会展圈被强势"霸屏"的活动，当属在杭州国际博览中心举办的淘宝造物节，为期5天近3万平方米的活动可谓高潮迭起，参观人数超过11万人次，成就了一场"圈内人"和"圈外人"看不懂却乐在其中的热闹。严格地讲，淘宝造物节无论从呈现形式还是运作模式方面，都很难用传统会展的观点来界定，但无疑造物节为未来会展业的发展提供了一个参照范本，同时也向会展人提出了新的挑战。趋势专家丹尼尔·平克曾预言：未来世界属于"高感性族群"，可用来揭示新生代的会展人应有的模样。此番"高感性"的箴言在淘宝造物节上有了很好的印证。

从淘宝造物节来看会展业发展趋势。

(1) 有创造力。新零售时代的消费升级带动了门店设计的升级，同样，会展项目尤其是消费类的展会也将不再拘泥于传统的展销形式。未来已至，"千禧一代"已逐渐成为消费的主力军，可以预见不久的将来会有更多的创意类会展活动落地，具有丰富的想象力和创造力就成为会展人最基本的职业素养。在本届造物节上，入驻的108家"神店"汇聚来自五湖四海的匠人、红人、达人、创客、二次元、原创IP及设计师，烘托出"年轻就要造"的主题氛围，而策展团队曾参与策划过天娱传媒"明天的派对"等青年先锋活动IP，与年轻人的理解和淘宝希望表达的感觉是十分契合的。

(2) 富同理心。传统展会还停留在样品展示和信息交流的阶段。到底什么样的展会是人们想要的？参会者真正想得到的是什么？新时代的展会将更多地体现其平台价值，通过展会来了解与会者的需求喜好、建立关系，并展现同理心。展会将不再追求销量，而是更注重场景体验和参与感，制造参会者的消费需求的同时，实现口碑营销及忠诚关系的建立与维护。本届造物节，好莱坞顶级特效团队Framestore参与打造的、视觉震撼的H5邀请函，现场"数码古早味"的夜市特装场景，108家"神店"各具特色的展陈及互动体验形式，直播、粉丝互动、造物者分享等实现的流量吸引……可以看出其主办方阿里巴巴集团对喜欢潮玩、猎奇的年轻人的理解是十分到位的。

(3) 趋势敏感。"今天我们如果不生活在未来，那么未来我们将生活在过去。"瞬息万变的时代，会展人要紧随时代步伐并把眼光放长远，否则很容易看不懂这世界。此外，会展人要有跨界思维。体验经济时代，文化创意、科技金融、时尚设计、演艺娱乐等产业与会展活动的关系日益密切，会展产业的边界变得模糊，越来越多的"斜杠青年"在"抢会展人的饭碗"，甚至有人说"会展业的未来不属于会展行业"。对此，会展人要有危机意识，发挥专业和服务优势，变被动为主动。

(4) 能为事物赋予意义。展会不仅要在形式上推陈出新，最主要是内容走心，能够为商品及企业品牌的展示赋予更深刻的意义。本次淘宝造物节将品牌IP的塑造，上升到"激发年轻人的想象力和创造力"的社会责任的高度。现场的108家店背后是108个风格迥异的店铺文化，造物者在主舞台瓦舍以TED的演讲方式讲述自己的故事。"这种人情味是造物节江湖里的命脉。"

新生代展会是有血有肉有感情、有交流有连接且超越时空界限的活动，这对会展人提出了更高、更全面的要求。作为会展业创新变革的主力军，年轻的会展后生们要大胆"造"起来，赋予自己"高感性"全新标签。当然，会展企业也要应时而动，重新思考一下传统的思维方式、用工模式和管理方法是不是也应该随之调整？

(资料来源：http://www.chnae.org/h-nd-865.html，2017-07-26.)

3.4 国际会展市场

3.4.1 国际会展市场概况

会展业最早起源于欧美。早在19世纪中叶，英国、美国和法国等欧美国家就已经有了比较成熟的会展市场，时至今日，这些国家和地区仍然是会展业最发达的地区。20世界90年代以来，欧洲国家、美国长期位居会议市场的领先地位。2000年欧洲的市场份额是59%，其次是北美和亚洲。欧洲、北美和亚洲等地区基本保持了稳定的市场份额，但澳大利亚/太平洋地区则成为一匹黑马，承办的国际会议数量迅猛攀升，增长率高达80%以上，占全球会议市场的份额也从3%提高到7%。

进入21世纪以来，国际会展产业经过20世纪70—90年代期间的快速发展，随着世界经济一体化的不断深入，逐渐走向成熟，许多国家和地区的经济对会展产业的依赖程度越来越高，信息技术的融入使会展产业的全球化程度加深，各国会展产业朝着"国际化、资本化、产业化"方向发展，成为世界各国的朝阳产业。全世界的大型会展总数超过15万个，其中规模性的国际会议约7万多个，国际展览超过8万个，全球会展产业的直接经济效益达到了3 000亿美元。按照1∶9或1∶10的产业拉动系数计算，国际会展产业为世界经济带来的增长总额超过3万亿美元。

3.4.2　国际会展市场的分布格局

在经济全球化一体化、区域经济集群化和现代科技进步的三大作用的影响下，尤其是在信息技术的推动下，世界经济活动的组织方式正在发生着深刻的变化，引发了全球经济市场的大变革，会展产业的需求市场空间无限扩大，在欧美及亚洲的中国香港特别行政区、新加坡，会展业已发展为一个较为成熟的产业，资本和金融资本投入，已经使这些国家和地区的会展业进入了国际性商业化运作阶段。这些发展事实表明，经济越发达的地区会展业发展越快，会展市场越成熟。鉴于此，可以把国际会展市场的区域分布格局分为3个层次，即以欧美主要国家为主的会展市场发达地区、以亚洲特别是东亚地区主要国家为主的会展市场发展地区、以非洲主要国家为代表的会展市场后起地区。

1. 欧洲

欧洲是现代会展产业的发祥地，1851年在伦敦举行的万国博览会成为现代博览会的标志。经过100多年的积累和发展，欧洲已成为世界上整体实力最强、规模最大的会展区域，也是当今会展产业竞争最激烈的地方。从总体上看，欧洲会展的质量、贸易效果和活动组织水平普遍高于其他地区，德国、法国、英国、意大利、西班牙、瑞士等国，不仅拥有许多著名的品牌会展，而且产业具有成熟度最高、产业集中度最高和活动组织水平最高的"三高"特点，代表着当今世界会展产业发展的最高水准。每年在欧洲举办的贸易展览会约占世界总量的60%，而且欧洲展览会展会规模巨大，参展商数量和观众人数众多，绝大多数世界性"航母"级超大型和行业顶级展览会都在欧洲举办。世界著名的国际性、专业性贸易展览会中，约有2/3都在德国举办。按营业额排列，世界十大知名展览公司中，有6个是德国的。每年德国举办的国际性贸易展览会约有130多个，净展出面积690万平方米，参观者逾千万，参展商17万家，其中有将近一半的参展商（约为48%）来自国外。这些数据直接反映出欧洲在全球化会展产业竞争格局中占有绝对优势。然而，受历史传统、地域和文化诸多因素影响，欧洲各国在产业发展战略、市场运作方式、组织风格、市场化程度、政府参与形式以及会展活动消费习惯等方面，存在比较明显的差异，因而形成了各具特色的会展产业。

2. 美洲

美洲会展业主要集中在北美，以美国、加拿大为两国为代表。北美的会展始于18世纪，最早起源于专业协会的年度会议。因此，北美会展产业在发展初期，展览只是作为年会的一项辅助活动，仅仅是一种信息发布和形象性展示的媒介，展览会的贸易成交和市场营销功能曾在很长一段时间里并不为企业所重视。直到目前，仍有很多美国展览会与专业协会的年度会议合在一起同时举办。2010年以来，美国每年举办的展览会近万个，其净展出面积达4 600万平方米，参展商120万，观众近7 500万。最著名的会展城市有拉斯维加斯、芝加哥、纽约、奥兰多、亚特兰大、新奥尔良、旧金山、波士顿等。北美的会展业虽然起步较晚，但发展较快，并形成了一套独特的办展模式和风格。

近年来，中美洲地区的和南美洲地区的会展业逐步发展起来。据估计，整个拉丁美洲的会展经济总量约为20亿美元。其中，巴西排在第一位，每年举办展览会约500个，经济收入8亿美元；阿根廷紧随其后，每年大约举办300个展览会，产值4亿美元；排在第三位的是墨西哥，每年举办展览会近300个，营业额2.5亿美元。除了这3个国家外，其他拉丁美洲国家会展的规模很小，很多国家尚处于起步阶段。

3. 亚洲

近几年来，欧美国家经济发展低迷，市场接近饱和，加上经济环境变化无常，世界经济重心东移，虽然亚洲地区会展经济的发展水平不及欧美，但从规模上看，近年来已经开始追赶欧美，整体水平超过拉丁美洲和非洲地区。

日本是发达国家，其会展业也处于国际领先水平。

新加坡的会展业起步于20世纪70年代中期，时间并不算早，但新加坡政府对会展旅游十分重视，新加坡展览会议署和新加坡贸易发展局专门负责对会展业进行推广，加之本身优越的地理位置、完善的基础设施，被国际协会联合会评为世界第五大"会展之都"。如今，平均每年有40多万名国外观众赴新加坡参加4 000多个国际性会议和展览展销活动，人均消费在2 000美元以上。会展业已成为新加坡旅游业和经济的一个非常重要的组成部分，新加坡的国际展会规模居亚洲第1位，在世界居第5位。

由于受到东南亚金融危机的影响，同处东南亚的泰国的会展经济发展远不及新加坡，每年举办的展览会只有几十个。随着东南亚经济的复苏，泰国会展业的发展速度不断加快。2015年的一项经济影响研究结果表明，泰国MICE产业为泰国经济创造的收入达2 200亿泰铢（约合62.85亿美元），同时创造了16.4万个就业岗位，与MICE产业相关的行业带来的税收收入达104亿泰铢（约合2.971亿美元）。2016年，国际大会及会议协会（ICCA）根据泰国举办的174场国家大型会议，将泰国的国际排名从2015年的第27位提升至2016年的第24位。

会展业是中国香港特别行政区经济的支柱产业之一。近20年来，中国香港特别行政区利用自身良好的地缘条件和经济基础设施，通过建立会展场馆设施，培训会展专业人才，建立会展行业协会和发展综合性、国际化大型会展等途径，使中国香港特别行政区发展成为国际和亚太地区的"会展之都"。香港2015年共举办了100多项展览，吸引超过170万名会议、展览及奖励旅游（MICE）的海外过夜旅客来港参加。2015年，有3项全球最大及10项亚洲最大的展览会在香港举行。着眼于目前香港经济的变化，本土优势的特点以及对旅游业的利好政策因素，相信这些"高大上＋接地气"的展会和论坛活动的举办，对于香港旅游和会展经济的发展具有极大的促进作用，对香港经济的提升立竿见影。

4. 非洲

整个非洲大陆的会展经济发展情况基本上与拉丁美洲相似，主要集中于经济发达的南非和埃及。南非凭借其雄厚的经济实力及对周边国家的辐射能力，其会展业在整个南部非洲地区处于遥遥领先的地位。北部非洲的会展业以埃及为代表，埃及凭借其在连接亚欧和沟通中东、北非市场的极有利的地理位置，会展业近年来发展突飞猛进，展览会的规模和国际性大大提高，每年举办的大型展览会可达30个。当然，由于种种条件所限，大型展览会一般都集中在首都开罗举办。除南非和埃及外，整个西部非洲和东部非洲的会展经济规模都很小，一个国家一年基本上举办1~2个展览会，而且受气候条件的限制，这些展览会不能常年举办。

5. 大洋洲

大洋洲会展业发展水平仅次于欧美，但规模则小于亚洲。该地区的会展业主要集中于澳大利亚，每年大约举办300个大型展览会，参展商超过5万家，观众660万人次。

纵观世界会展经济在全球的发展情况，我们不难看出，一国会展经济实力和发展水平是与该国综合经济实力和经济总体规模及发展水平相适应的。发达国家凭借其在科技、交通、通信和服务业水平等方面的优势，在世界会展经济发展过程中处于主导地位，占有绝对优势。近几年，在世界会展业向专业化、国际化和集团化发展的过程中，发达国家的跨国展览集团已开始把自己成功的知名展览会"移植"到发展中国家，因此，许多发展中国家尽管也有一些规模较大、水平较高的展览会，但这些展览会一般都有发达国家展览公司的参与、管理，甚至直接控制，这是考察全球会展经济发展情况时需要了解的一点。

3.4.3 我国在国际会展市场中的地位和发展潜力

我国会展业与改革开放同步发展。有关资料表明，1978年，境内国际展仅6个，出国参展办展292个。据不完全统计，目前全国已有140多个展览场馆，每年举办的大型展览会达1100多个，涉及机械、电子、冶金、矿产、石油化工、轻工、纺织、农林等所有生产性行业，也包括商业流通、运输、通信、旅游等大部分服务性行业，形成了蔚为壮观的"会展经济"。中国会展业作为都市型服务业，已在一些经济水平较高、基础设施完善、第三产业发达的城市迅速崛起，使中国会展业在区域分布上，基本上形成了以北京、上海、广州、大连、成都、西安和昆明等为会展中心城市的环渤海会展经济带、长三角会展经济带、珠三角会展经济带、东北会展经济带及中西部会展城市经济带五大会展经济产业带框架。

亚洲会展业，其规模和水平比拉丁美洲和非洲要高，尤其是会展经济的规模仅次于欧美。而在众多亚洲国家中，中国的会展业正处于高速发展时期，并已成为世界第三、发展速度第一的市场。可以肯定地说，会展产业正由发达国家向中国为首的发展中国家转移。也就是说，未来20年中国将成为国际会展公司竞相角逐的舞台。中国于2001年年底正式成为世界贸易组织成员后，对一百多个缔约国进一步开放市场，为多个会展产业发达的国家的展览会主办机构大力拓展中国会展业市场扫除了障碍，其中就包括被誉为"展会王国"的德国。例如，有"德国三剑客"之称的汉诺威、慕尼黑及杜塞尔多夫展览公司，已经成功将汉诺威工业博览会、物流展及"亚洲版"电子通信展等引入中国。中国加入世贸组织后，服务贸易领域对外开放速度加快，国外的资金、管理、技术和人才将更多地进入会展业，开办会展专业公司，或者投资建设现代化展览场馆和展览设施。这种局面的形成，一方面将为我国会展业提供更多的会展基础设施，并为国内会展业带来生机和活力，另一方面又会与国内原有会展公司形成对参展商资源和会展场地资源的竞争。国内会展场馆和会展公司只有努力融入国际化大环境，才能有能力参与国际竞争。

除此之外，国际会展巨头在中国市场的投入，也和它们在亚太地区的总体战略有着密不可分的关系。例如，某些国际会展公司希望通过在中国举办展览，成为亚太地区工业发展的方向标。同时，它们认为可借助其丰富的办展经验，为越来越多的国际企业进入亚洲和中国市场，以及区域内企业进入国际市场提供一个完善的平台。

案例分析 3—1

德国纽伦堡国际玩具展

德国纽伦堡国际玩具展自1949年开办以来，一直吸引着世界各地的玩具企业参展，是国际上展出规模最大、最知名的专业玩具类展览会，每年举办一届，是世界玩具领域知名度最高、影响力最广、参展人数最多的世界三大玩具展之一。该展会仅对专业贸易观众开放，每年都吸引了世界上主要玩具制造领域的厂商和客户参加。

国际展览业协会（Union of International Fairs，UFI）下设的市场营销委员会自从2001年开始组织年度UFI市场营销奖"UFI Marketing Award"评选，旨在进一步提高和促进国际展览业的营销水平，鼓励展览营销创新。从项目的完整性、创新性和执行效率角度考虑，2001年度UFI市场营销奖颁发给了德国纽伦堡国际玩具博览会。

作为全球最大的玩具行业的展览会，纽伦堡国际玩具展迄今已经举办了68届，在"享受，在玩具展会城市"（Enjoy Toy Fair City）的主题下，纽伦堡市为所有玩具博览会的观众提供了从购物到餐饮，从夜生活到文化活动的一系列丰富多彩的商业、旅游和文化项目。2007年，展会主办

者为该项活动专门制作了手册，内容竟然达56页之多，所提供的活动和项目的丰富程度可见一斑。

为了给玩具博览会的观众在展会期间提供周到的城市服务并且营造祥和的气氛，纽伦堡市各界鼎力支持各项活动的筹备，尤其是来自纽伦堡工商业联合会、纽伦堡市政府、纽伦堡市酒店业联合会和餐饮业协会联合开展的城市营销活动充分实现了"享受，在玩具展会城市"的主题初衷。

1. 门票在手，增值服务多多

展会期间持有效的展会门票可以乘坐纽伦堡市区范围内的任意公共交通工具，可以在购物、文化和旅游等各项活动中享受特殊的优惠。在纽伦堡老城区开辟临时的纽伦堡市特产专柜，持有效门票的观众在此处可以以20%的折扣享受纽伦堡当地特产，如纽伦堡小香肠、啤酒、各类蛋糕和葡萄酒等。

2. 全民参与

纽伦堡市各界都在展会的主题下联合起来共同筹备各项活动，不仅是展览公司，甚至酒店经理、出租车司机和媒体记者以至全市人民积极地参与到玩具博览会的筹

备和服务中来。

3. 积极开展全球推广

使用 17 种语言向全世界的玩具行业人士邮寄展会材料，在 14 个国家举行 16 场新闻发布会。

4. 营造气氛，提升形象

从各项专门为展会开发的促销活动到各类优惠措施，以至到展会举办期间每天晚上的城市焰火无不给人以"享受，在玩具展会城市"的切身感受。这些举措无疑在增加展会相关收入的同时，进一步增强了纽伦堡国际玩具博览会参与者的忠诚度，在此基础上，提升了纽伦堡国际玩具博览会及举办地——纽伦堡市的形象和知名度。

5. 关注流行趋势，吸引参展商和专业观众

2017 年流行趋势是玩具展专业观众最为关注的热点之一。2 月 1 日—6 日纽伦堡玩具展同往届展会一样，由十人组成的玩具展时尚委员会 Trend Committee 又一次汇集了来自全球各地的流行趋势，并从中找出了三大主要潮流："Body and Mind（身心平衡）""Girl's Power（女孩力量）""Swap & Collect（互换与收藏）"，吸引了全球 60 个国家 2 800 多家展商参展。

（资料来源：http://www.giftbbs.net/html/2007/08-10/8013.html，2007-08-10.）

点评：德国纽伦堡国际玩具展举办多年来，发展成为全球最大的玩具行业的展览会。其成功之处在于政府的支持下，统一协调、整合资源、调动城市各界广泛参与和共同营造气氛，以展会带动旅游，以旅游促进展会发展，实现了城市营销与展会营销的完美融合，将纽伦堡打造成世界的玩具之都。

本章小结

会展市场是开展会展活动的平台。广义的会展市场，涉及会展供给市场和会展需求市场两个方面；狭义的会展市场仅指会展需求市场。会展市场的划分通常是对狭义的会展市场的划分，是进行会展活动的前提条件之一，也是在现代进行目标市场营销的关键所在。对于会展工作人员来说，掌握具体的会展市场运作机制是操作的关键。会展营销是指展览会组织者寻找目标市场、研究目标顾客需求、设计会展产品和服务、制定营销价格、选择营销渠道以及保持良好客户关系等一系列销售活动的总和。会展营销的特点主要体现在 4 个方面：营销主体的综合性、营销内容的整体性、营销手段的多样性和营销对象的参与性。进入 21 世纪以来，国际会展产业经过 20 世纪 70—90 年代期间的快速发展，逐渐走向成熟，在区域分布上分为 3 个层次，即以欧美主要国家为主的会展市场发达地区；以亚洲特别是东亚地区主要国家为主的会展市场发展地区；以非洲主要国家为代表的会展市场后起地区。

复习思考题

一、名词解释

会展市场　　会展市场主体　　会展市场运作机制　　会展营销

二、填空题

（1）会展市场根据地理范围，可分为_____、_____、_____、和_____ 4

个层次。

(2) 会展市场主体主要包括_____和_____两部分。会展市场需求主体一般包括_____、_____和_____。

(3) 会展营销是指展览会组织者_____、_____、_____、选择营销渠道以及_____等一系列销售活动的总和。

(4) 会展营销的特点有_____、_____、_____和_____。

三、简答题

(1) 如何理解会展市场的定义。
(2) 请列举会展市场的参与主体，并说明其作用。
(3) 简述会展市场营销的过程。
(4) 试分析会展营销的各组合要素。
(5) 简要分析国际会展市场的现状及我国在国际会展市场中所处的地位。

四、讨论题

试讨论几种会展市场的运作机制。

第4章 会 议

学习目标与要求

1. 理解会议的定义；熟悉会议的特点；了解会议的功能。
2. 掌握会议的不同类型及其特征。
3. 熟悉会前、会中和会后工作的主要内容。
4. 了解会议策划的概念与方法；熟悉会议策划的内容；了解会议策划应注意的问题；掌握会议基础知识，尝试进行会议策划以把握会议运作及管理框架。

导入案例

首次专业会议组织者论坛举办

专业会议组织者是指为筹办会议及有关活动提供专业服务的公司或从事相关工作的个人，主要办理行政工作及技术顾问相关事宜，依据合约提供专业的人力及技术、设备来协助处理从规划、筹备、注册、现场管理到结案的会议工作，具体工作内容包括会议活动的策划、政府协调、客户招徕、财务管理和质量控制等，在组委和服务供应商之间起到纽带的作用。

第四届中国会议产业大会于2011年12月在国家会议中心隆重举行，备受关注的中国专业会议公司论坛于12月10日召开。此次论坛的主题为"提升综合运营能力 创建中国专业会议公司品牌"，国内外专业会议、会展公司代表及企业和社团的代表均对该论坛表现出了浓厚的兴趣。

专业会议公司是会议产业发展到一定阶段后的产物，在会议产业发展中扮演着十分重要的角色。我国的专业会议公司起步较晚，与发达国家相比还有一定的差距。中国会议产业大会举办本论坛的目的，就是要探讨中国的专业会议公司的发展模式，交流成功经验，鼓励创建中国专业会议公司品牌，使会议公司为我国会议产业的发展做出更大贡献。

4.1 会议概述

当今社会，各种名目的会议每时每刻都在进行着，大到国与国之间，小到家庭成员之间，其目的或是开展政治、经济、科技、教育和文化方面的合作与交流，或是人与人之间协调关系、交流思想、联络感情和解决矛盾。会议已经成为人类社会活动中不可或缺的一种交往方式。会议是人们为了解决某个共同的问题或出于不同的目的聚集在一起进行讨论、交流的活动，它往往伴随着一定规模的人员流动和消费。作为会展业的重要组成部分，大型会议特别是国际性会议在提升城市形象、促进市政建设和创造经济效益等方面具有特殊的作用。

4.1.1 会议的定义及本质

1. 会议的定义

《韦氏新大学词典》关于"会议"的解释是：会议乃一种会晤的行为或过程，是为了一个共同目的的集会。从字义上理解，"会"包含有聚合、会合、碰头和会面等意思；"议"是指商讨、商议、就具体事情（或问题）展开讨论和研究。在飞速发展的现代社会中，会议是人们开展政务、经济、文化以及其他社会活动的一种必不可少的重要方式，所以有了更多的定义。孙中山提出："凡研究事理而为之解决，一人谓之独思，二人谓之对话，三人以上而循有一定规则者，则谓之会议。"沈燕云、吕秋霞认为："凡一群人在特定的时间、地点聚集，来研商或进行某特定的活动均称之为会议。"马勇、王春雷提出："会议是指人们为了解决某个共同的问题或出于不同的目的聚集在一起进行讨论、交流的活动。"

综合以上有关会议的解释，会议是指三人以上的群体为了研究问题、交流信息、获取知识、统一思想等目的中的一个或数个而在特定的时间聚集在特定的地点、按照一定的规则所进行的演讲、发言、讲解、讨论、商议和交流等行为，从而集思广益、达成一定结论的活动。当前会议业在许多国家和地区，被视为一个产业，这足以说明会议举办的数量之多、频率之高、经济效益之大和社会影响之广。现代社会中，我们非常熟悉的会议有最高首脑会议（summit）、聚会（meeting）、专业会议（conference）、大会（assembly）、年会（convention）、代表大会（congress）、年度大会（Annual General Meeting，AGM）、情况汇报会（briefing）、培训会议（training）、奖励会议（incentive）等，尽管使用的词语不同，但其实质构成要素和目标却毫无二致。各种会议活动的目的只有一个，那就是确立某一主题将人们召集起来，面对面地交流思想和信息，在某些特殊条件下进行讨论和洽谈，建立友谊或亲密的商业关系，鼓励个人和组织获得较佳业绩。可见，"会议"是一个意义宽泛的词汇，泛指各种各样的交流活动。无论会议是为了内部交流（如销售会议、培训讲座、领导进修会和年度大会），还是作为与重要听众的交流工具（如新闻发布会、产品推介会、年度大会和一些技术会议等），其已成为现代传播业的前沿。

2. 会议的本质

（1）会议的信息性。

会议是一种信息的传递、交流和创造活动。会议为什么产生？为什么世界上每天有数以万计的会议召开？主要是因为会议能够传递某种信息，人们可以在会议上进行交流，而且在交流过程中通过观点、意见的碰撞，产生新的思想、观念，达成新的共识。所以会议最本质的属性是信息传递、信息交流与信息创造。

（2）会议的社会性。

会议是一种社会活动。人是社会性的动物，人是需要社会交往的。所以马斯洛（Maslow）在其需求层次理论中把"社交需求"归为人类的五大需求之一。会议为人们进行社交活动提供了一个很好的平台。在进行会议活动的过程中，人们相识、交谈、交往、送别等，很多人通过参加会议增强了友谊、树立了良好形象、提升了身份地位、扩大了影响。所以社会性是会议的本质属性之一。这也是电视、电话和网络会议等无法取代一般会议的根本原因。

(3) 会议的积聚性。

会议首先是人流的积聚，与会者都或多或少地带着相关信息到会上与他人交流，这就带来了信息流的积聚。现代会展业的明显特征是展中有会、会中有展，所以会议附设展览的举办带来了相关物流的积聚。与会者的会议注册及其餐饮、住宿、交通、旅游和娱乐等消费活动，必将带来资金流的积聚。可见，会议使得一定的时间内，大量的人流、物流和信息流在一定的空间范围内积聚，相互交汇、碰撞，并带来大量的资金流。

4.1.2 会议的特点

1. 时宜性

会议的召开要讲"时宜"。必须确保适时开会，这样才能使会议有效，因此，就要考虑是否已做好充分的准备、是否需要立即召开、可否提前召开及可否推迟召开。

2. 必要性

召开会议之前，应提出这样的问题：是否非要开会、是否有其他方法可以代替？如果答案是不开会就解决不了问题或解决问题有难度，而且没有其他方法可以替代，那就说明开这个会很有必要。否则就没有必要，可以不开。

3. 合法性

会议的合法性是强调有些会议的召开必须符合法定人数。会议的召集人必须依法享有召开此会的权力。一个会议是否具有合法性，要根据会议召集人的社会身份和职权、会议的形式和内容等因素综合判断。

4. 可行性

会议的可行性是指会议活动在具备了必要性、合法性的前提下，还必须具备召开会议的现实性，而且要确保会议一旦召开就一定要有结果。我们提倡少开会、开短会、开实会。召开会议，要坚持务实、节俭、高效的原则。

4.1.3 会议的功能

德国慕尼黑展览公司总裁门图特曾经就国际会议说过这样一段如今已成为经典的话："如果在我们这个城市召开一个国际会议，就好比有一架飞机在我们头顶上撒美元。"他形象地说明了会议的经济作用。其实，会议的作用不仅仅局限于经济方面。

1. 传递、交流并创造信息

人们召开会议或者参加会议，最基本的、共同的目的就是传递或者获取信息。会议的基本作用就在于沟通信息，其他作用都基于此而发生。以会议的方式来沟通信息，具有面广、直接、灵活和高效的优点，不仅可以当面获得所需要的信息，而且还可以直接传递或反馈有关信息。例如，2017年12月，《财富》全球论坛在广州举行，论坛主题为"开放与创新：构建经济新格局"，200多家世界500强企业参加了此次论坛。各方均就中国和世界的众多问题发表了意见，活跃了参会企业家的思维，重新思考在世界经济激烈竞争的大格局中如何准确把握经济发展的方向。

2. 给举办地的会议业带来直接收益

召开会议，需要会议场所和会议服务，需要会议主办者及会议运营公司的组织安排。会议宾馆或会议中心从会议服务中得到会议场地及会议设施设备的使用费和会议服务费，接待会议主办者获得与会者缴纳的注册费或购买的门票收入和企业支持的赞助收入，会议运营公司从为会议进行组织安排中获得佣金和其他收入。2017年在广州举办的《财富》全球论坛，超过210位全球领先企业的CEO、129家500强企业、30家行业领军企业完成注册确认参会，报名费用为7 500美元（不包括住宿、交通费用），仅论坛的报名费用收入这一项就超过了270万美元。

3. 给举办地的服务业带来间接收益

会议组织者需要做广告宣传、订购会议礼品，与会者需要饮食、住宿、交通、游览、购物、上网和购买保险等，这些活动都给会议所在城市和国家的旅游、商场、金融、广告、媒体、交通、电信、保险和娱乐业等服务业带来间接收益。会议给旅游业、商业等服务业及相关生产行业所带来的间接收益比给会议业所带来的直接收益大得多，后者与前者之比为10∶1，此比例依会议目的地服务业及相关生产行业的发达程度而有所不同。2017年广州《财富》全球论坛年会期间的广告、宣传收入达3亿元以上，广州宾馆业的收入超过8 000万元，机场、航空公司、出租车公司、商场、餐饮和旅行社等行业也获得了不菲的收入。

4. 提升会议举办地的知名度

会议在进行宣传、促销时顺带把会议举办地推向了全国（世界）各地；来自外地（国）的与会者把对会议所在城市（国家）的感性认识传播开来；会议，尤其是高规格的会议，往往能吸引媒体的注意，来自国内外的记者在对会议进行采访报道的同时，也把会议举办地推向了世界各地。所以会议实际上起着"促销"、宣传会议举办地的作用，使会议举办地的知名度得到提升。世界上已有不少城镇因会议而成名或者提高了知名度，如瑞士达沃斯因举办世界经济论坛而名扬世界，默默无闻的海南博鳌因举办博鳌亚洲论坛一举成名。

5. 促进会议举办地的建设和经济发展

高规格的会议是促进会议举办地建设和经济发展的"助推器"。高规格的会议一般要提前数年确定举办地，各申办地为了获得举办权，都要提出一套完善当地环境的计划，取得举办权的申办地为迎接会议的召开，要进行高标准的市政工程建设，提升当地的环境和管理水平，此举还可以拉动当地或所在国的建筑、装修和装饰等行业的发展，并为当地提供一定的就业机会。为迎接2017年12月《财富》全球论坛会议的召开，广州于2016年启动广州港深水航道拓宽工程，建设国际通用码头和国际邮轮母港，加快发展航运物流、航运金融等现代航运服务业和航运总部经济，并开辟更多国内外航线，提升航运要素配置能力，真正地将论坛打造成绿色、务实、高效的全球盛会。

6. 会议是社会民主的重要手段

会议本身就有着民主的内涵。每个与会者都代表着一定数量的社会公众，会议本身赋予与会者发表自己观点、见解的权力。所以会议成为社会民主的有力表现形式，是实现社会民主的重要手段。例如企业的决策机构（董事会、董事局等）及各种社会团体，都实行集体领导原则。会议活动通过集体讨论、投票表决，根据少数服从多数的民主原则做出决定。从这个意义上说，会议活动是保证集体领导原则得以实现的一个重要手段。

7. 会议帮助人们消除隔阂、促进和平

会议可以加强彼此沟通。会议将意见不一致的各方代表聚集到一起，在讨论的过程中充分表达各方意见，逐步消除隔阂，达成一致意见。自古至今的双边和多边会议都在消除仇恨、维护和平方面起到不可估量的作用。

8. 促进目的地社会文明程度的提高

为迎接会议特别是国际会议的召开，东道主城市或国家要对有关接待人员进行礼节方面的培训，甚至对当地居民进行一次文明礼貌知识的宣传教育。"博鳌亚洲论坛"在海南举行，海南很多街道、居民区进行了会议旅游文化的学习。"风景秀丽，气候宜人"的海南被各国人民所知。会议开阔了人们的眼界，促进了居民文明程度的提高，增强了民众的责任感。

成功的会议所取得的成效除了指通过开会达到预期目的外，还表现为会议使所有与会成员得到了有益的促进和提高。因此，成功有效的会议还具有以下功能：增进计划性、提高创造力、提高共同意识、增加责任感、改善人际关系、提高员工士气、培养管理能力和学习工作基本知识等。

4.2 会议的分类

会议活动内容丰富、形式不一，为了便于开展统计与研究工作，我们经常按照不同的标准对会议进行分类。

4.2.1 按会议的性质和内容划分

1. 年会

年会是就某一特定主题展开讨论的聚会，议题涉及政治、经贸、科学、教育或者技术等领域。年会通常包括一次全体会议和几个小组会议。年会可以单独召开，也可以附带展示会。多数年会是周期性的，最常见的周期是一年一次。参加年会全体会议的人员通常比较多，一般要租用大型宴会厅或会议厅。各小组会议上讨论的是具体问题，所租用的是小会议室。

2. 专业会议

专业会议的议题通常是具体问题并就其展开讨论，可以召开分组小会，也可以只开大会。就与会者人数而言，专业会议的规模可大可小。

3. 代表会议

代表会议这个词最常在欧洲和国际性活动中使用。它通常指在本质上同专业会议相同的事件和活动。在美国及其他一些国家，这个词被用来指国会。代表会议的出席人数差别很大。

4. 论坛

论坛的特点是需要经过反复深入的讨论，一般由小组组长或演讲者来主持。它可以有许多听众参与，并可由专门小组成员与听众就问题的各方面发表意见和看法，两个或更多的演讲者可能持相反的立场，对听众发表演讲而不是互相讲给对方听，主持人主持讨论会并总结双方观点，允许提问。

5. 座谈会、专题讨论会

这种座谈会或专题讨论会除了更加正式外，与论坛是一样的。不管个人还是专门小组参加，其方法就是进行一种陈述讲演，听众要事先预约，一般来讲缺少一些论坛所拥有的平等交换意见的气氛。

6. 讲座

讲座的形式更正式、更有组织，经常有一位或几位专家进行演讲，讲座后观众可以提问。讲座的规模可大可小。

7. 研讨会、专家讨论会和讨论会

研讨会、专家讨论会和讨论会这 3 种形式通常有许多听众可参与的活动，出席者有许多平等交换意见的机会，知识和经验被大家分享，研讨会通常是在主持人的主持下进行的。

8. 专题讨论会

专题讨论会仅指处理专门问题或特殊任务的小组会议，在讨论会中互相学习，同时分享新的知识、技能和对问题的看法。它以面对面商讨和参与性强为特征。

9. 培训性会议

培训性会议一般至少要用一天的时间，多则几周。这类培训会议需要特定的场所，培训内容高度集中，由某个领域的专业培训人员教授。

10. 奖励会议

奖励会议是指公司对员工、分销商或客户的出色工作表现进行表彰奖励的会议。

4.2.2 按举办单位划分

1. 公司类会议

公司类会议的规模不一，小到几个人，大到上千人。公司管理者强调的是信息传递，而公司内部信息传递的最基本方式之一便是会议，因此，公司类会议的数量极其庞大。公司会议通常以管理、协调和技术等为主题，具体可分为销售会议、经销商会议、技术会议、管理者会议及股东会议等。

2. 协会类会议

协会类会议在会议市场中同样占有相当重要的位置。协会因人数和性质而互不相同，

它们的规模从小型地区性组织、省市级协会到全国性协会乃至国际性协会不等。协会大致可以划分为行业协会、专业和科学协会、教育协会和技术协会等类型。其中,行业协会被认为是会展业最值得争取的市场之一,因为协会的成员多为业内成功的管理人员。协会类会议常常与展览结合举行。例如,我国定期举行的旅游交易会每次都吸引着大批来自全国各地乃至海外的旅游企业的参与。

3. 其他组织会议

这类会议的典型代表是政府机构会议。我们在电视上经常能看到政府工作会议,镜头中显现的虽然是主会场,但是不难想象背后对小型会议室、套房和宴会等设施的需求。在省市一级,中小规模的政府机构会议召开十分频繁,从而形成了可观的市场。在很多国家,工会同样是重要的会议举办者。

思考案例 4—1

中国的会议组成及发展

中国目前共有一百多万个事业单位,四十多万个社团组织。事业单位每年举办的各类会议多达几百万个,形成一个重要的事业单位会议市场。所以大量事业单位和政府机构的存在,决定了中国会议的主要类型不仅仅有社团会议和公司会议,还有事业单位会议和政府会议的存在。这四大会议市场组成了中国的会议行业。在中国的会议市场中,各类会议数量的排序依次是公司会议、事业单位会议、政府会议和社团会议。

中国的会议发展速度惊人,根据国际大会及会议协会(International Congress & Convention Association,ICCA)的排名,2016年中国接待国际协会会议数量的排名已经跃居第12位;在城市方面,北京排名亚洲第5位,香港排名亚洲第3位,台北排名亚洲第6位,上海进入了全球会议城市30强。

目前,中国会议已经形成了以北京、上海和广州等一线城市为核心的会议梯级结构。北京会议市场的规模最大,政务会议、协会会议处于领先地位;上海则在企业会议方面处于领先地位。北京、上海的领先地位与各自城市的政治、经济和科技实力等有较大关系,是城市综合实力的体现。除了政治、经济和科技等硬实力之外,旅游也是决定会议产业发展的重要指标,依托良好的旅游资源,杭州、大连、成都和三亚等二线城市也成为国内发展较快的会议旅游目的地。

提问:根据案例,请结合你所熟悉的一个城市分析其在我国会议市场中的地位,并思考其打造会议城市的优势与劣势,以及会议市场的开发重点及原因。

4.2.3 按会议参加者的国别划分

1. 国际会议

国际会议是最重要、最有影响力的会议。目前,国际上对国际会议认定的权威组织主要有国际大会及会议协会(International Congress & Convention Association,ICCA)和国际协会联盟(Union of International Associations,UIA)等,由于每个组织所规定的标准有所不同，会造成认定或统计上的偏差，所以，对这些组织标准的明确划分是研究国际会议发展趋势的前提。

（1）ICCA 国际会议标准。

ICCA，即国际大会及会议协会，创建于 1963 年，是全球国际会议最主要的机构组织之一。现有成员已经超过了 720 个，涉及近 80 个国家。在会议领域内，它是最具有国际影响力的协会。北京市旅游局、北京国际会议中心和上海国际会议中心都是它的会员单位。目前，在国内见到的有关国际会议的统计数字，大部分来源于 ICCA 的统计资料。ICCA 规定的国际会议标准有 3 个：①与会人数 50 人以上；②定期组织举行会议（不包括一次性会议）；③至少在三个国家轮流举办。

（2）UIA 国际会议标准。

国际协会联盟创建于 1907 年，是全球国际社团组织最主要的机构组织。北京国际会议中心曾经是该组织的会员单位，后由于某些原因，北京国际会议中心退出了该联盟。现在国内很少使用 UIA 的统计数据，所以这个组织在国内没有什么太大的影响力，但在国际上，它还是一个很重要的国际会议组织。UIA 规定的国际会议标准有 4 个：①人数不少于 300 人；②与会外国人士不少于 40%；③至少在五个国家轮流举办；④最短会期为 3 天。

（3）中国国际会议推展社团组织确定国际会议的标准。

中国国际会议推展社团组织确定国际会议的标准有 3 个：①参加会议的国家（含主办国）至少在两国以上；②与会人数不少于 50 人；③外国与会人数占总与会人数 20% 以上；④采用年会、展览或奖励旅游等形式均可。

2．国内会议

凡来自国外的与会者人数占出席会议总人数的比例达不到国际会议标准的会议均称为国内会议。

4.2.4　按会议规模划分

会议的种类按会议规模可分为以下情况，见表 4-1。

表 4-1　会议种类与规模

会议种类	会议规模
小型会议	出席人数少则几人，多则几十人，但不超过 100 人
中型会议	出席人数为 100～999 人
大型会议	出席人数为 1 000～10 000 人
特大型会议	出席人数为 10 000 人以上，如节日聚会、庆祝大会等

4.2.5　按会议活动特征划分

1．商务型会议

一些公司、企业因其业务和管理工作发展的需要在饭店召开的商务型会议。出席这类会议的人员素质较高，一般是企业的管理人员和专业技术人员。他们对饭店设施、环境和服务都有较高的需求，且消费标准高。召开商务型会议一般选择与公司形象大体一致或更高层次的饭店，如大型企业或跨国公司一般都选择当地最高星级的饭店。商务型会议在饭店召开常与宴会相结合，会议效率高、会期短。

2. 度假型会议

公司等组织利用周末假期组织员工边度假休闲，边参加会议。这样既能增强员工之间的了解，以及企业自身的凝聚力，又能解决企业所面临的问题。度假型会议一般选择在风景名胜地区的饭店举办。这类会议通常会安排足够的时间让员工观光、休闲和娱乐。

3. 展销型会议

参加商品交易会、展销会和展览会的各类与会者入住饭店，住店天数比展览会期长一两天，同时，还会在饭店举办一些招待会、报告会、谈判会和签字仪式等活动，有时晚间还会有娱乐消费。另外，一些大型企业或公司还可能单独在饭店举办展销会，甚至整个展销活动全在饭店举行。

4. 文化交流会议

各种民间和政府组织组成的跨区域性的文化学习交流的活动，常以考察、交流等形式出现。

5. 专业学术会议

专业学术会议是某一领域具有一定专业技术的专家学者参加的会议，如专题研究会、学术报告会和专家评审会等。

6. 政治性会议

国际政治组织、国家和地方政府为某一政治议题召开的各种会议。会议可根据其内容采用大会和分组讨论等形式。

4.3 会议服务与管理

会议规模大小不一，时间长短不同，类型各种各样，性质也有所差别，但是会议工作的内容与流程却基本相似。会议服务与管理工作一般按照会议内容和流程都可分成3个阶段：会前准备阶段、会议实施阶段和评估总结阶段。

4.3.1 会前准备工作

会前准备即对会议的事前计划，它是为了达到会议目标而对各种工作任务所做出的系统安排。会前准备工作一般包括以下内容：会议策划、会议选址、制定营销方案、会议文件及证件制作和预算制订。

1. 会议策划

（1）成立策划委员会。

要做好策划工作首先要有一个机构，即策划委员会，通常由主办组织内部成员构成。策划委员会工作包括以下一些内容：①制定目标。策划委员会要有一个具体的目标并且要以文字形式落实，要明确策划委员会与承办者之间的关系，明确策划委员会应向谁负责，明确策划委员会何时结束使命。②确定人选，即确定策划委员会的成员的来源，是内部选取还是外部指派。③具体运作。策划委员会要有预算，要对会场进行实地考察，其成员要定期聚会，要负责设计评估，策划委员会的工作过程要被记录下来以备将来举办会议时参考。

（2）设计策划方案。

会议策划方案的内容可以概括为5W1H：①谁（Who）。谁被邀请？实际有多少人会出席？其中应该包括客户演讲人、搭档与组织机构，尤为重要的是选择好关键演讲者。在选择演讲者时可采纳同行的推荐。有时使用言论新颖甚至带有争议性的演讲者也会给会议带来意想不到的效果。②什么（What）。会议形式是什么（合作式、协会式还是政府类）？会议的形式将影响预算。③何时（When）。有效的组织会议需要充分的时间，必须考虑到财政年度、节假日和其他时间冲突等因素。④何地（Where）。会议将在哪里举行？应先定一个大范围，然后缩小范围。当然，举办地的交通运输的便捷性是一个关键因素。⑤为何（Why）。会议需要有一个明确的目标，如讨论、发展和互通信息等。⑥如何（How）。这是指具体的会议形式，如是否安排全体大会和分组会议；是否需要附设展览；是否需要安排会议考察活动；是否需要准备特殊会议设备；是否提供相关的城市观光或商业参观服务；等等。另外，由于会议的内容、风格和节奏各有不同，还应该注意合理安排时间，要有足够的机动时间以应急。

2．会议选址

（1）会议地点类型。

会议地点的重要性是不言而喻的。会议地点的设施、环境和工作人员的服务水平对会议的成败起着关键作用。常见的会议地点有以下几种。

① 酒店。现在酒店一般都配备了一定的会议设施，甚至有些酒店定位就是会议型酒店。一些中小型会议多选择酒店进行。

② 会议中心。广义的会议中心泛指任何适合举行会议的场所。一般会议中心应满足以下要求：提供会议所需要的全部设施，包括功能性房间、各类设备、卧室、餐厅及娱乐区；拥有随时为会议承办者和与会者提供帮助的专业人士。狭义的会议中心是为大型会议而专门设计的，一般不设置客房和娱乐区。

③ 大学。大多数学校都拥有学术报告厅等会议设施，有些学校的会议场所也向社会开放，并且具备了与商业会议中心同样规模和水平的设施。

④ 轮船。轮船，特别是一些邮轮也设置会议设施。会议组织者可以包下轮船的一部分，也可以包下整艘船。

⑤ 疗养地。疗养地经常也配备会议设施，可以疗养，也可以开会。

⑥ 主题公园。主题公园有时也配备会议设施，可以满足一部分特殊会议群体的需求。

⑦ 公共建筑。公共建筑是指由国家投资的用于公共事业的非营利性的设施，如博物馆、图书馆等，这些地点也有一定规模的会议设施，可满足会议需要。

⑧ 公司内部的会议地点。很多公司内部有会议设施，不但可以自己使用，而且可以对外租用。

思考案例 4—2

会议酒店与会议中心

近年来,中国的会议设施规模和档次不断提升,据不完全统计,仅北京和上海两地的高星级酒店就拥有30万平方米的会议面积,全国有54家星级酒店拥有超过1 000平方米的单体会议室,北京五星级酒店平均拥有会议面积1 837平方米,上海五星级酒店平均拥有会议面积2 137平方米。根据中国会议酒店联盟2008年的调查,仅在北京、上海、广州三地三星级以上酒店举办的会议数量就达到38.5万场以上。其中协会会议约占20%,企事业单位会议约占49%,政府部门会议约占25%,其他类型会议占6%。中小型会议是酒店会议的主力,100人以下的会议占全部会议的比例为68.3%,参会人数在200人以上的会议仅占3.7%。

图4.1　上海国际会议中心

除星级酒店之外,许多城市的会议中心也纷纷落成,成为高级别会议的举办场所。例如,2009年正式运营的国家会议中心,会议设施总面积达22 822平方米,最大会议室面积达到6 400平方米,可同时容纳5 700人参会;广州白云国际会议中心投资约40亿元,总建筑面积31.6万平方米,拥有各种会议厅65个,是集会议、展览、酒店和演出于一体的大型综合性会议中心。

以举办大型国际会议、商务论坛而蜚声海内外的上海国际会议中心(图4.1)位于浦东滨江大道,1999年8月建成,与东方明珠、金茂大厦一起组成陆家嘴地区的一道著名的景观。从外滩隔江相望,只见国际会议中心乳白色的外墙轻轻地托起两只巨大的球体。大球直径50米,高51米;小球直径也是50米,但高只有38米,一大一小,相映成趣。球体上的透明玻璃拼装出世界地图图形,意为"上海走向世界"。上海国际会议中心的外墙总面积达25 860平方米,采用了微晶银幕墙、花岗石幕墙、金属铝板幕墙和玻璃幕墙等外墙材料,显得凝重高雅。外墙上安装的25只、每只约8吨重的石柱帽更突出建筑物的雄伟壮观。作为上海标志性新景观,被评为中华人民共和国成立50年十大经典建筑之一。上海国际会议中心坐落在浦东陆家嘴东方明珠广播电视塔旁,交通设施方便快捷,地铁2号线近在咫尺。上海国际会议中心总建筑面积达11万平方米,拥有4 300平方米的多功能厅和3 600平方米的新闻中心各1个;可容纳50~800人的会议厅30余个;总统套房、商务套房和标准间近270套;还有高级餐饮设施、舒适的休闲场所和600余个车位。其中,800人多功能国际会议厅除会议及各种学术报告外,还兼具文艺演出和放映数字立体声电影的功能。宴会厅除会议扩声、播放背景音乐外,兼有文艺演出功能。大厅面积4 280平方米,高度为10米,可分成3间独立使用。全场使用26只JBL MS-28全音域音箱,按3个区分布,分散隐藏在天花板中,经Crestron软件控制系统进行分区播出和音量控制。另配有2套音质优美、拆装简易快捷的JBL EON全音域和超低音系统。同时选用CROWN CSL系列功放、Soundcraft K116路调音台等器材组成符合需求的扩声系统。

上海国际会议中心大厦中最具观赏性的是位于11层的屋顶花园和屋顶露天观光长廊。屋顶花园坐落在巨大的球体内,园内种有各种植物,球体内还辟有观光平台,游客在此可一边品茗一边欣赏外滩一带浦江美景。屋顶观光长廊长100米,上层为观光层,下层为休闲层,长廊两头与球体相连。

提问:请根据上述案例材料,结合本章第2节内容思考哪些类型的会议选择酒店为会议地点?哪些类型的会议选择会议中心为会议地点?酒店与会议中心举办会议各有何优劣势?会议中心应具备哪些基本设施?上海国际会议中心蜚声海内外的原因有哪些?谈谈你对上海国际会议中心开发会议市场的建议。

(2) 会议地点的选择。

会议选址一般可以从以下几个方面加以考虑:①距离和交通情况。会议地点与参会者的距离、交通情况(航班、火车和高速公路等),会议地点的各个酒店与会场之间的距离等。②举办会议的历史。③住宿设施及条件。需了解会议地点能够提供使用的客房总数、VIP房间数量、房间设备和管理水平、客房最早进住时间和退房时间。④费用。会议地点的收费情况;是否提供免费使用的房间;是否有淡季折扣;工作日和周末费用是否有所不同;是否需要交纳押金;会议地点接受哪些货币;对取消预订有何规定;是否要求保险,谁将对财产损失负责;是否对某些设施进行特别收费;对附加收费有哪些规定;哪些费用可以延期支付;是否能够保证客房价格;等等。⑤安全。会议地点工作人员的安全意识如何;每个房间是否有烟感报警器和喷淋装置;酒店是否公开了紧急事件逃生程序和明显标记;是否配备了保险箱;是否有常驻医生;等等。⑥会议地点的服务设施。例如,汽车租赁、娱乐活动、商店等。⑦会议地点附近的景点数量及类型。具体在进行会议场所选择时,应将可能适合的场地列在一张表单上,然后实地考察,可以使组织者了解到从宣传资料上无法获知的情况。

3. 制订营销方案

市场宣传对于一个会议的成败至关重要。有效的营销需要有一套营销的方法,更需要对市场需求做深入的分析。从实务上来讲,市场营销需要考虑以下因素:①受众。是否对主体受众有明确定义,希望从受众那里得到什么,目标受众的预期是怎样的。②宣传材料。宣传材料应采用什么风格,是否明确指出了会议的题目,应强调会议的哪些好处,应包括哪些有关会议策划的信息,是否要包括一个注册表格,是否要包括旅行和到达会议城市后的相关信息,应针对费用问题提供什么信息,制作宣传材料是否要有专业人士参与,宣传材料中是否包括照片,关于发言人的信息是否能激起人们的兴趣,得到宣传材料的人是否知道如何反馈,宣传材料能否吸引人们进行反馈,得到宣传材料的人是否能从联系人那里得到更多信息,宣传材料是否应包括一些推荐信息。③邮寄。计划邮寄多少材料,邮寄名单如何获得，什么时候进行邮寄，参展商需要邮寄哪些材料，是否考虑了邮寄成本和反馈率；等等。④广告。是否要使用专业的广告代理；应该在哪些刊物上做广告；除了印刷品广告之外，还有哪些广告形式。

4. 会议文件及证件制作

（1）会议相关文件。

会议文件是提请会议讨论和审议事项的文书材料。它是一种非正式文件，有些是供会议讨论审议的，有些是会议进程中形成的，有些是为保证会议顺利进行而制作的。会议文件的准备是会议顺利进行的重要前提，会议文件，特别是会议主旨文件的优劣，直接影响会议的质量。

会议开始前，要精心印制会议通知、讲话稿、会议日程安排表、宴会请柬、会刊、参会指南、会场指示图和宾馆内部示意图等，并将相关文件及附送的本市交通图等装订成册，注意不要缺页，要便于携带和查阅。印制这些文件要根据与会人数并注意留出足够的份数，以备与会人员遗失文件时用。印制好的文件要根据与会人员不同进行分类整理，以便分发。

（2）会议相关证件。

会议证件，表明与会者的身份、可以享受的权利以及应尽的职责，它可以起到证明身份、维持会场秩序和维护与会者安全的作用。会议证件（图4.2）分为三种：一是证明与会人员身份的，如出席证、列席证和来宾证；二是标明工作人员身份的，如工作证、记者证；三是车证和司机证。

图4.2　中文网志年会会议代表及演讲嘉宾证件

会议证件的式样通常设计成长方形的胸卡或襟牌，横式、竖式均可。会议证件上的内容一般包括会议名称、会徽、参会者姓名、照片、证件种类、证件编号以及会议日期。制作时需要注意的是会议名称必须写全称。法定性会议通常使用比较庄重的字体，如黑体、宋体等。如果是学术会议、庆祝大会等一些非法定性会议，字体设计可以艺术化；不同种类证件应当用不同的颜色和字体加以区别，便于辨认与会人员的身份，即标明"出席证""列席证"等；会议证件的设计风格要与会议的性质和气氛相一致。例如，庆祝会、代表大会的代表证可以采用红色衬底，以体现喜庆的气氛，学术性会议可以采用蓝色衬底；涉外会议证件应用中文和所涉及国家的语言文字或英文制作，外文排在中文下方。

5. 预算制定

控制了会议预算就等于掌握了整个会议。一般认为，作为会议主办者的公司雇主或非营利性公众大会的主办者可能会规定一个总体预算数字，会议承办者则要在这个预算范围内筹办会议。营利性公众大会的主办者在制定预算的时候往往要以一定的收入或利润额为基础。预算的第一步是确认此次会议是盈利,还是保证收支平衡。预算费用包括两类,即固定费用和可变费用。不论与会人数多少,固定费用都是一样的,包括场地设施费,演讲者酬金、旅费和支出,市场费,行政费,视听费,设施设备租用费,展览费,服务费,路标、鲜花和其他用来制造气氛的项目的费用,运输费,保险费,审计费,贷款利息或透支费用等。可变费用因与会人数而变动,如餐饮、住宿、娱乐、会议装备和文件费。无论预算表准确与否以及费用控制得有多好,都会有不可预见费用产生。例如,涨价、会议进程或演讲人变动。总预算中应有10%的机动费用。

4.3.2 会中服务管理工作

会议期间是会议运营最忙的阶段。会议持续短短几天时间,那么多人一下子集中到一个地方,有很多工作要做,主要包括报到注册、设立信息中心、会场设施及相关设备布置与维护,以及食宿、交通和旅游活动的安排工作。只有每项工作都做到位,才能保证会议的成功。会议现场管理是会议能否成功的重要因素之一,会议现场管理工作内容如下所述。

1. 报到注册

会议的现场注册是所有会议代表抵达后,接触到的第一个会议活动,能否从一开始就给他们留下一个良好的印象,注册工作的现场管理起着直接的作用。会议代表对会议现场注册的要求就是注册程序要尽可能简单,注册速度要尽可能快。要达到这个目的,会议组织者要为会议的现场注册做好充分的准备工作:一是注册材料的准备工作要充分,二是要尽可能早地让所有会议代表都了解现场注册的程序,三是注册台搭建要合理,要保证足够大的注册空间,四是注册现场的分工要明确,各司其职。同时要求现场注册的工作人员要有丰富的注册经验,人员要充裕,并随时保留有一定数量的机动人员。

2. 设立信息中心

通常与会者参加会议活动的随意性很大,有时会议的开幕式已经结束,也仍然会有一些会议代表来报到注册,这些代表中既可能包括口头演讲的论文作者,也可能有会议的主持人或特邀演讲人。而且与会者常常是有选择地参加会议中的不同活动,离会时间也不尽相同。所以信息中心要随时提供参会者的最新数据,会议组织者据其随时调整会议的程序,及时修正开(闭)幕式、招待会、宴会、考察和旅游等活动的参加人数,保证会议及各项活动顺利进行。信息中心要采用恰当的形式,安排好相应的工作人员,才能提供实时服务、个性化服务。

3. 会场设施及相关设备布置与维护

会议各种设施和用品的准备工作是很重要的。桌椅、照明灯具、空调、安全通道、消防设施和车辆等能使会议的环境舒适、安全。翻译机、同声翻译系统等,可以使语言不同的与会者在同时同地实现无障碍交流。纸、墨、笔、摄像机和录音机等是记录和传递会议信息的最基本的用品。扩音机、幻灯机和投影仪等设备可以提高会议信息的听觉和视觉表达效果。标语口号、旗帜、花卉和音乐能营造良好的会场气氛。布置不合理或使用不方便,都会分散与会者精力,使之不能很好地专注于会议,严重影响会议进程。

4. 食宿、交通和旅游活动的安排

与会者参会的主要目的是参加会议专业活动进行交流，但如果会议期间食宿、交通和旅游等相关活动安排不合理，将会大大影响与会者的参会效果。例如，会场与宾馆之间车辆安排不足，则会影响部分与会者参加会议；如车辆安排过多，则会增加会议主办方的成本。会议休闲化趋势下，旅游活动的安排更为紧要。丰富多彩的旅游活动可以使与会者劳逸结合，大大提高其参会积极性。

4.3.3 会后总结评估工作

会后总结工作不是独立的业务工作，而是管理工作的组成部分，总结的作用是统计整理资料，研究分析已做过的工作，为未来工作提供数据资料、经验和建议。因此，总结对经营和管理有着重要意义和作用。这一阶段的工作包括会议总结与评估、做好客户回访工作和召开总结表彰会。

1. 会议总结与评估

会议一旦结束，应该立刻进行总结评估。可以通过调查与会人员对场地、进程和服务水平等的看法来获取反馈信息，这些信息对于分析会议成功与否起着关键作用，对计划将来的会议也很有帮助。会后总结一般分为3部分：①从筹备到会议结束的各项工作总结；②效益分析和成本核算；③本项目市场调查，包括本次会议在市场同类项目中所占的市场份额、优劣势比较和竞争情况等。目前国外有许多专业的服务公司，如顾问公司、评估公司等，专门为会议主办单位提供评估服务。主办者投入大量的人力、物力和财力进行筹备工作，每次都会收获很多宝贵的经验和教训，对其系统地进行评估，包括对成本效益的评估、宣传效果的评估和会议影响力的评估等，会有利于发现问题、改进工作和提高效率。

2. 做好客户回访工作

会议结束不久，与会代表对会议的印象仍在记忆中，如果此时进行回访，就可加深与客户的关系。跟踪服务做得越早，效果就越明显。如果在会议闭幕后不迅速联系，目标客户就会失去在会议上产生的热情，这也就意味着可能失去这些客户，因此，要及时做好客户回访工作。

3. 召开总结表彰会

会后应做好感谢工作，对象是所有的会议参加者、重要的支持单位、合作单位，以及给予大力支持的媒体。对于重要的客户，可以采取登门致谢，甚至通过宴请方式表示谢意。此外，还应表彰会议服务人员。会议服务是一项复杂的系统工程，会议公司、酒店等各部门都可以召开表彰会。做好媒体跟踪报道，主要是对会议进行一个回顾性的报道，将有关情况、有关统计数据资料提供给媒体，进一步扩大会议的影响。会议的各类统计数据包括会议参加人数、专业程度和观众的反馈意见等。

思考案例 4-3

大移动国际业务讨论会会后调查问卷

由ARCH举办的大移动国际业务讨论会已经圆满结束。我们想通过本问卷听取您对

本次会议目的、议题、议程以及会务工作的意见，以改进我们的工作，将大移动国际业务讨论会越办越好！

1. 您认为通过本次会议在以下哪些方面对您有帮助？［多选题］

  A. 加深客户关系，便于日后沟通

  B. 推进现有项目开展

  C. 与客户沟通需求，改进现有服务

  D. 挖掘客户需求，提升现有系统功能/效率

  E. 头脑风暴，挖掘未来市场机会

  F. 从客户处了解竞争对手信息、当地市场信息

  G. 其他___请注明

2. 您认为本次大移动国际业务交流会对工作帮助程度有多大？［程度1～5逐级递升］

  A. 没有帮助　　B. 1　　C. 2　　D. 3　　E. 4　　F. 5　　G. 帮助很大

3. 对于下次会议，哪种会议形式对您提升参会效果有帮助？

  A. 小型峰会（10人以下）　　　　B. 精品研讨会（10～20人）

  C. 群组研讨会（20～50人）　　　D. 宣讲大会（50人以上）

4. 您希望在工作讨论会上更多接触哪些职能人员？［多选题］

  A. 客户服务方面　　B. 市场方面　　C. 企业规划方面　　D. 法律方面

  E. 业务支撑方面　　F. 研发方面　　G. 商务方面　　H. 其他_请注明

5. 对于讨论会时间，您认为下一次会议发言时间与自由讨论时间的比例应该如何？发言时间：自由讨论时间为_____。

6. 对于本届讨论会内容，您对哪个议题最感兴趣？［最少选择1项］

  A. 中国移动防欺诈管理工作：现状与总结

  B. 中国移动国际业务介绍

  C. 客户服务和风险控制的平衡：香港公司漫游和IDD的精细化管理

  D. 发挥特定市场优势：香港公司一卡多号业务分享

  E. 对集团级统一资费的探讨与期望，以及巴基斯坦市场简介

  F. 共同成长，深化发展：ARCH业务运营工作总结与未来展望

  G. 开放互联，共享未来：新业务概念展示

7. 您对下一届讨论会的议题内容有何建议？_____

8. 您对会务工作的满意度评分是

对餐饮安排评分	1　2　3　4　5
对会场安排评分	1　2　3　4　5
对车辆接送安排评分	1　2　3　4　5
对接待工作评分	1　2　3　4　5
对会刊评分	1　2　3　4　5

提示：1—很不满意；2—不满意；3—没感觉；4—满意；5—很满意。

9. 您对下一届会议会务工作有何建议？_____

10. 您希望下一次会议在哪里举办？_____

谢谢您的参与与配合！

（案例来源：http://www.sojump.com/jq/500208.aspx，2019-03-15.）

提问：会后调查是做好会后总结与评估工作的基础，而问卷调查是最为常见的一种方式。仔细阅读上述问卷，回答以下问题：①分析并总结此问卷涉及和忽略了会议的哪些工作内容；②考虑此调查问卷的格式合理与否以及问题类型的设计合理与否。

4.3.4 会议工作分工

会议工作按照会议筹办机构内部的设置及会议的实际需要进行明确的分工协作，主要通过设立若干不同种类的工作小组来实现（见表4-2）。下述分工可根据会议的需要做适当的增减、合并和调整，工作小组的名称也可以根据实际分工来命名。

表4-2　会议工作小组及任务分工

工 作 小 组	任 务 分 工
文件组（秘书组）	主要负责各种会议文件的准备、起草、印发、清退和立卷归档工作
组织组	主要承办代表资格审查工作和选举方面的工作，如起草代表资格审查报告和选举办法，编制代表名册、选举程序，设计和印制选票，印发候选人情况介绍或简历等
联络组	主要负责会议主席团与各代表团之间的传达、反馈等联络工作，有时也负责做会议记录
提案组	主要负责受理会议期间与会者提出的各种提案和议案
宣传组	主要负责会议的对外宣传工作，包括制订会议的宣传与公关工作计划并组织实施，组织、安排和协调记者的采访活动，统一向媒体提供会议的新闻稿，承办新闻发布会或记者招待会，负责会议音像资料的录制和管理工作等
简报组	主要负责编写和印发会议简报、快报
会务组（接待组）	主要负责会议的接站、报到、签到、票务、食宿、参观游览、文娱活动、车辆调度、会场安排与布置、设备保障、用品发放与管理、经费预算与筹措和财务管理等方面的工作
保卫组	主要负责会议期间的安全保卫工作
其他	有时还根据具体需要设置这样一些临时小组：大会发言组，负责受理与会人员在大会上做口头即兴发言的要求和提交的书面发言；翻译组，负责为外国人或少数民族代表提供翻译服务；选举组，负责有关选举、投票和表决等事宜

4.4　会议策划

4.4.1 会议策划的概念与方法

1. 会议策划的概念

（1）策划的概念。

"策划"一词最早出现在《后汉书·隗嚣传》中："是以功名终申，策画复得。"其中，

"画"与"划"相通互代,"策画"即"策划",意思是计划、打算。"策划"一词在古代有谋划、筹划、计划、计策和对策等意思。目前我们讲的策划,应该说比古代的理解更为深刻。策划是针对未来要发生的事情做当前的规划。换言之,策划是找出事物因果关系,衡度未来可采取之途径,作为目前策划之依据。亦即策划是预先决定做什么、何时做、如何做和谁来做。策划如同一座桥,它连接着目前之地与未来要经过之处。

因此,策划是一项立足现实、面向未来的活动。它是策划者依靠自身理性并根据收集到的各种信息来判断事物变化发展的趋势,全面构思、设计和选择合理可行的行动方式,以实现特定目标的活动。策划是一个综合性系统工程,其中目标是策划的起点,信息是策划的基础和前提,创意是策划的核心。它作为一种以发挥人类智慧为条件的高级思维活动,始终与人类社会相伴而行。

(2) 会议策划的概念。

会议策划是对会议进行管理和决策的一种程序,它是一种对会议活动的进程及会议活动的总体战略进行前瞻性规划的活动。它是在会议活动开始的最初阶段就要进行的,有时甚至要贯穿于会议活动始终的一种优先的、提前的和指导性的活动。

在会议的策划过程中,由于会议的组织机构不同、所针对的问题不同、会议项目的选择不同,策划的程序也就不尽相同。大型会议如以国际组织、国家政府部门、贸促机构、工商会和集团公司等为主办者的会议,他们大多有相应的部门或人员专门从事会议工作并有固定的决策程序,会议策划的环节相对也比较规范合理。对于小型的公司会议和连续举办的系列会议,会议策划环节相对简单。对于初次举行的会议,组织型者应该充分调研,全面考虑,慎重选择。

2. 会议策划的方法

(1) 头脑风暴法。

头脑风暴法是一种群体策划方法。它是美国创造工程学家奥斯本(A.F.Osborn)于1939年创立的,开始主要用于创造发明学,后来逐步引进策划领域,成为重要的群体策划方法之一。头脑风暴法的实施分为会前准备、会议召开和加工处理3个步骤。

会前准备主要有四个环节:第一,确定会议主题。也就是确定策划所要集中解决的问题。第二,选择主持人。主持人必须十分熟悉会议的主题,熟练掌握BS(头脑风暴)技法,同时要求其性格平易近人、头脑灵活、健谈幽默,善于启发和提示,善于制造气氛和保持气氛。主持人不一定是群体中最高权威者或最高领导者,可以是群体中地位、资历和学识居于中等程度但符合以上标准的人员。第三,组成专家小组。小组成员可以是各方面的人员,一般以8~15人为宜。专家小组最终应由下列人员组成:①方法学者,即策划领域的专家;②设想产生者,即专业领域的专家;③分析者,即专业领域的高级专家;④演绎者,即具有较高逻辑思维能力的专家。第四,确定会议时间。经验证明,一次头脑风暴会议的最佳时间长度要控制在20~60分钟。

会议召开程序如下:第一,会议开始,主持人宣布讨论课题,申明头脑风暴法四项原则。第二,自由发言。必须把自由和集中统一起来。自由指的是会议气氛轻松,大家言论无拘无束;集中是指要有重点、有针对性,而不是漫无边际地夸夸其谈。如果出现冷场,主持人可抛出事先准备好的设想,抛砖引玉。自由发言要遵循互不批判、自由奔放、数量最大化和借题发挥四大原则。目的是消除每个与会者的心理压力，创造一个融洽而轻松的气氛，保证思维的发散性和流畅性，以便提出各种新颖、奇特的构想，并鼓励对他人的设想加以改善，从而提出更加新奇的设想，促成思维的连锁裂变反应，最终获得最大数量的设想。第三，随时公布方案。应有两名记录员参加会议，一人做书面记录，另一人将发言随时整理，利用黑板或投影仪反映出来，以相互启发、相互激励。第四，适时宣布休会。会议已达到预期效果或已超过预期时间，要适时宣布散会，同时请大家继续思考，有了新的构想后予以补充。

会议结束后加工处理，会议主持人和记录员要及时把会议讨论的问题归纳分类，进行全面的技术性分析、可行性论证、评估及系统化处理，有的方案还可以建立数学模型，然后一并送策划者优化选择。

（2）KJ法。

KJ法是日本著名创意策划大师川喜田二郎先生所发明的，将本来众多的个别资料或要素加以整理而形成易懂的体系的方法。KJ法先从团体创意中收集各类意见，再将每一个意见写于名片大小的卡片上，而后将卡片如扑克牌般排列在大桌上。其中，将创意有相似之处的卡片聚成一处，则桌面上会形成一个个卡片的小集合。并以简洁的文字，浓缩每一堆卡片的意义，在每一堆卡片的最上面，放上一张以一行字代表其内容的卡片。然后，将数张一行字的卡片，按其相似处编成中集合，再把中集合编成大集合。最后，把这些大集合中的小卡片，在大张的纸上展开做成相关图或是构造图，再贴上各自所属的卡片，形成各个体系的体系图。经这些过程做成的体系图，可使最初杂乱无章的数十种甚至数百种创意一目了然，并能突出问题的关键要素，对实施计划的探讨及评价非常方便。

（3）纸牌法。

纸牌法是由日本新力公司的小林茂先生命名的，这个方法是KJ法的变形，即更简便的纸牌式集体创意法，简称纸牌法。纸牌法的操作方式为：事先分配好数张卡片，请参加人员在每一张上写一个创意。然后决定一名主持人，主持人将各成员的卡片全部收集起来，以洗纸牌的方法，将卡片均匀混合，再将卡片分给每一位成员，每人获得的卡片数目也大致相同。大家仔细阅读手中的卡片，若有不明白之处，可向原作者提出疑问。假如手中的卡片有相似之处，就自行先予以归类。从主持人的右侧开始，每个人将自己手中卡片的内容一一念出来，而且当场放在桌上。在座的成员，若听到与自己手中内容相似的卡片时，也拿出来与之归于一处。如此经过一轮之后，放一张封面卡片在上面，标明这些相似内容卡片的共同特点，再放到主持人那儿。重复进行这种程序，之后会形成数个集合以及仅有单独一张的单独卡片。对单独卡片和整堆的封面卡片，再重复以上程序，最后会形成四五堆集合，接着就与KJ法一样做关联图。纸牌法的作者曾表示，这不单是收集创意的创意法，参与者通过对一个题目利用纸牌法探究的过程，会产生各种讨论而帮助了解。最后做关联图时，会激发所有成员的团队精神，并强烈地关心问题的解决或实行方式。因此，作者又将其命名为组织复苏法。

（4）策划树法。

策划树法是现代策划中常用的有效方法之一，用于策划过程中带有不确定性的风险型策划问题的策划分析。策划树就是从一个基点出发，将各种可能性全部标注在一个树状的图示中，从而对在策划过程中由于主客观条件所造成的各种可能性进行分析，在此基础上再对最终的策划方案做出选择。策划树表现为一个树状的图示，图示上的各个节点称为策划环节。策划树上的策划环节有两种情况：一种是可以由策划者凭主观意志做出选择的策划环节，称为主观抉择环节，在策划树中通常用方形表示；另一种是不能由策划者主观意志选择的策划环节，称为客观随机抉择环节，在策划树中通常用圆形表示。对于由策划环节出发可能出现的可能性，在策划树中通常用箭头表示，这个箭头将指向下一个策划环节。这样可以将各种可能性全部连接在一个树状的图形中（见图4.3）。最终，策划树将一系列具有风险性的抉择环节联系成为一个统一的整体，为策划者提供了一种通观全局的描述。

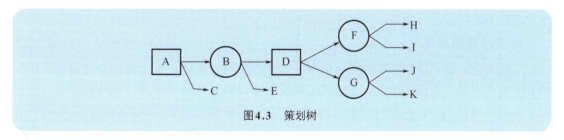

图4.3 策划树

4.4.2 会议策划的内容

1. 会议目标的策划

会议的目标是会议组织者的期望，是会议发挥应有功能的体现，会议目标清晰是有效策划会议其他活动的基础，所以提出的目标切合实际。开会就是为了解决问题、协调关系和推动工作，因此，会议的目标一定要切合工作实际和人们的思想实际。目标过高或者太低，以及目标空洞、虚幻，具体任务不明确，不仅无助于会议的成功，有时甚至还会造成负面效果。而且一个会议根据实际需要往往有多个目标，这时要处理好目标层次之间的关系。第一，处理好总目标与具体目标的关系。有的大型会议需要解决的问题较多，在总目标之下需确定一些具体的目标。但总目标与具体目标之间是统率与被统率的关系，总目标统率具体目标，具体目标必须服从于总目标。第二，处理好主要目标和次要目标的关系。有些工作性会议常常需要讨论解决几个不同性质的矛盾和问题，举行这类会议首先要明确会议的主要目标，处理好主要目标与次要目标的关系。同时还要适当控制次要目标的数量。

2. 会议议题的策划

会议目标决定会议议题，反过来，任何一种会议目标都必须通过会议的具体议题来体现。议题应当在会议召开之前与目标一起确定。议题对会议的效率有直接的影响，因此，凡拟提交会议讨论的议题必须是必要的，避免让那些没有必要性的问题分散精力和占用会议时间。一次会议的议题要适量，避免因议题过多导致会议时间冗长，会议效率下降。而且要分清议题的主次轻重，明确中心议题或主要议题，以保证与会者能够把主要精力集中于最重要和最需要认真思考的问题上。另外，议题的准备要充分。在拟定议题的同时，还要提交相关的背景材料，有的还要形成两个以上的备选方案，以便在讨论和决策时参考，

最大限度地提高会议的决策质量。

3. 与会人员的确定

与会人员与会议类型有关，一般应当依据会议的目的、性质、议题以及议事规则来确定。例如，纵向性会议（如表彰会、经验交流会等）和部分横向性会议（如调查会、联谊会等）的与会人员一般由会议的组织者或领导者确定，即由会议的组织者、领导者根据会议的目的、性质和议题来确定。各种法定性会议（如党代表大会、人民代表大会、政府会议和董事会议等）的会议成员都是根据组织章程或议事规则产生的，即会议的与会人员是由法律、法规和会议的组织章程、议事规则本身规定的，不能随意取消。会谈和谈判、国际多边会议等由会议的发起者、主办者或成员之间根据会议目的和议题，通过平等协商确定各方参加会议的代表人选。

4. 会议规模的策划

一般来说，决定会议规模的主要因素是参加会议的总人数多少。策划会议的规模必须综合考虑以下几个方面的因素：①会议的规模与会议的效果密切相关。有的会议保密性较强，必须严格控制与会人数和会务人员。有的会议要求造成声势，扩大影响，需要尽量吸引与会者参加，达到一定的会议规模。②会议的规模直接制约会议的效率。会议人数越少，会议所花的时间就越少，会议效率就越高；反之，会议人数越多，意见越不容易集中，会议时间也越长，效率就越低。管理学家经研究发现，出席会议的人数超过 12 人，其中就可能出现懒于思维者。因此，除了法定性会议和必须举行的大规模会议之外，要尽可能地控制与会人数。③会议规模与会议成本两者构成正比关系，规模越大，成本越高。在确定会议规模时，要做到量力而行。

5. 会议方式的策划

在确定了会议的目标、议题、性质、对象和规模之后，就可以确定会议的方式。确定会议的方式应当综合考虑以下几个方面的问题：①会场的座位格局。会场的座位格局也就是与会者座位的摆放形式，它同会议的目的、性质和会议的效果有着密切的联系。例如，座谈会应当将与会者的座位摆放成围坐式，以增加轻松和谐的气氛；报告会应当突出报告人的地位，需要设主席台，座位格局以上下对应式为宜。②会议气氛的渲染手段。怎样运用宣传手段和会场布置创造会议的特定气氛以达到会议的目标，是会议方式的重要因素。不同的会议需要根据会议的目标、性质采用不同的手段渲染会议的气氛。有些特殊的会议，还需要运用传播的手段给会议创造良好的社会氛围。③会议的技术手段。运用现代技术手段举行会议是现代会议的主要特征。例如，运用电视、电话、计算机及其网络系统召开的远程会议，由于快捷方便，大大提高了会议的效率，降低了会议的成本，日益受到人们的青睐，成为现代会议方式的亮点。

6. 会议时间与地点的策划

（1）会议时间的策划。

会议时间的策划涉及召开时间的合适性及会期的长短两个方面的问题。例如，会议的主要领导人、嘉宾和演讲者是否能在这一时间参加会议，会议的各项组织和准备工作是否能够完成，学术性会议、招标性会议、论证会和听证会等的与会者是否有足够的时间准备提交相关文件或发言材料等。如果是多边会议、联席会议，或者会议是共同主办的，应当与各方协商确定时间。对所有会议而言，会议召开的时机是策划会议时间应当重点考虑的因素。会议召开的目的是解决问题，那么解决问题的时机成熟与否，直接决定了会议效果能否实现。而会期的长短要依据会议的实际需要来确定，即会议的各项议程是否能够完成，会议的发言是否充分，与会者能否充分表达意见。另外，权衡会议成本和效率的关系。在满足需要原则的前提下，适当、合理地压缩会议的时间，是降低会议成本、提高会议效率的有效手段。

(2) 会议地点的策划。

会议地点的策划包括两方面的含义：一是选择合适的地区，如国际性会议要考虑选择在哪个国家或地区以及哪个城市举行；二是选择合适的场馆（包括会场、住宿的宾馆、饭店等）。会议除了给举办地带来经济效益，还将产生不同程度的政治影响、文化影响及社会影响。尤其是一些重大的国际会议，往往会给主办者带来巨大的政治利益甚至经济利益，提高主办者的国际地位。因此，会议的地点选择已经越来越具有浓厚的政治和经济色彩。

选择会议地点时，不仅要考虑举办地区的自然环境、基础设施条件、专业设施条件以及旅游景点等问题，更要考虑会议地点能否突出会议的主题、提高会议的效果并有利于实现会议的目标。例如，举办2017年《财富》全球论坛会议时，《财富》全球论坛选择落户广州，不仅仅因为广州是与全球五大洲超过200个国家和地区建立了经济往来的贸易中心，更因为广州在促进投资贸易便利化方面的改革创新举措对跨国企业有着极大的吸引力。《财富》500强企业中，已有超过半数在广州投资或设立了办事机构，大有继续扩张的潜力和良好的发展前景。《财富》全球论坛愿意加强与中国特别是广州的合作，共同推动经济发展。

7. 会议名称的策划

会议名称是指会议的正式称谓，是会议基本特征的信息标示。凡举行会议都应当事先确定会议名称。为区别各种不同的会议，除了策划反映会议的主题、性质和范围等基本特征的信息的会议名称，还要制作美观、寓意深刻的会标，悬挂于会场内醒目之处。

会议名称一般采用揭示会议主要特征的方法：①揭示会议主题特征。有的会议名称揭示的主题比较具体，如"国际性金融危机防范对策学术研讨会"；有的会议主题则比较宽泛，如"纪念建党70周年座谈会"。②揭示会议主办者特征，如"中国科学院知识创新试点工作咨询座谈会"。③揭示会议功能特征，如"×××审批大会""×××产品鉴定会""×××表彰大会""×××总结交流会"等。④揭示与会者身份特征，如"××公司股东大会"。⑤揭示会议出席范围特征，如"第四次世界妇女代表大会""×××国际学术研讨会"等。⑥揭示会议时间和届次特征。年度性会议和系列性会议必须揭示时间和届次特征，如"2010年×××市先进工作表彰大会""第22届万国邮联大会"。⑦揭示会议地点特征，如"上海国际贸易洽谈会""广州商品交易会"等。⑧揭示会议方式特征，如"×××座谈会""×××茶话会"等。一次会议的名称所揭示特征的多寡，应当根据会议的实际情况来确定。会议的目的、要求不同，会议名称所揭示的特征也各有侧重，如"第11次上海市市长国际企业家咨询会议"这一名称就揭示了会议的主办者、与会者身份、范围、届次和会议功能等若干特征。

4.4.3 会议策划应注意的问题

1. 策划前期信息的收集及策划人员的选择

无论何种类型的会议,其召开总是要达到一定的目标。因此,第一个重要步骤就是围绕会议目标收集相关方方面面的信息,通过对信息的筛选、分析和归类,可以指导制定出详细缜密的计划纲要。另外,必须建立专门的筹备小组与策划小组,其工作效率直接体现了主办单位的工作水平,对公司形象的树立有十分重要的影响,因而会议的策划者一定要选择精干而有丰富经验的专业人员担任。

2. 明确开会的目的与必要性

没有目标的会议就没有必要召开,有些事情即使有目标也不一定非要开会来解决不可。进行具体策划之前,应该跟与会者和参加者进行深入的沟通与交流,考察其对此会议的意见建议。在设定会议目标时要用书面方式列明,有助于目标内涵的澄清及各目标之间关系的协调。含糊笼统的目标极难成为会议行动的指南,会议目标设定必须明确具体、可以量化比较并富有可操作性。

3. 合适与会者的选择

参加会议的人数并非越多越好,具体人数应视情况需要合理确定。一般来说,对实现会议目标有潜在贡献的人和能够因参加会议而得到好处的人这两种人应当与会。例如,政府类、企业类会议,应该遵循少而精的原则,必要人员出席会议,相关人员列席会议,这样做的原因在于节约成本、增加与会人员的发言机会,而且易于沟通和组织。而对于协会类、学术类会议而言,召开目的主要在于知识交流,交叉学科、边缘学科人员的参会很可能激起其他与会者思想智慧火花的碰撞,与会者越多越有利于会议影响效果的提升。

4. 会议日程安排要全面而紧凑

编排会议日程要充分考虑会期、会议议程以及各活动的方式等情况,一般可将大会进行阶段划分,对每个阶段的议程及主要活动做出初步规划,再设立具体的日期安排。程序性较强的会议日程应安排得紧凑些,使其有条不紊,环环相扣;反之,则应尽可能把时间安排得充裕一些。大会日程基本内容一般应包括时间、会议内容、地点和主持人等,其编排要明确、具体、一目了然。

5. 重视会议的营销与宣传

会议的营销与宣传工作是关系到会议财务和社会综合效果的重要环节,现在已发展成为衡量会议成功与否的一个重要标准,是现代会议策划必须认真考虑的一个问题。出色地做好各种渠道的宣传营销工作,不仅可为主办方带来利润与声望,更是对会议有关各方的巨大贡献。

6. 突发事件与风险的策划与管理

和做任何事情一样,会议策划也可能遇到意外。因此,对于风险的处理应急方案也必不可少。事前我们应做好预测,准备几套切实可行的预案;考虑问题要周全严密,统筹兼顾。突发事件到来时要做到处变不惊、临危不乱、灵活应对,力求将损失降低到最小。

案例分析 4-1

第十届中国会议产业大会
The 10th China Meetings Industry Convention (CMIC)

1. 大会简介

中国会议产业大会（CMIC）是由北京会链接网络科技有限公司发起的，北京市旅游发展委员会、中国会展经济研究会联合主办的中国会议与奖励旅游产业最具规模和影响力的年度盛会，是会奖产业链各方观点交流与业务合作的高层次平台。CMIC的参会者，几乎囊括了中国会奖产业链当中的所有重要机构：近40家政府机构，包括旅游局、会奖局、会展办公室等；近300家专业会议公司（PCO）；约400家目的地管理公司（DMC）；超过1 000家全国性协会；500家各种类型的企业；400家会议酒店、会议中心；等等。中国会议产业大会每年第四季度在北京举行，至今已成功举办过九届。

第十届中国会议产业大会（CMIC2017）将于2017年12月4日—6日举行，预计将有来自境内外会议与奖励旅游产业链的近3 000人与会，会议期间将举办超过30项活动。CMIC主要聚焦在业务对接、培训、观点分享、社交、激励等几个方面，其中会议与奖励旅游产业链之间的业务合作是核心。

中国会议产业大会（CMIC）整合国际国内会奖资源，通过展览会、专场洽谈会、推介会、论坛等环节加强会议采购各方的互动与交流，促进项目合作落地。会议期间，为全方位展现云南作为国际会议目的地的优势，让更多的会议采购人、会议策划人了解云南会议资源与设施。中国会议产业大会（CMIC）将通过大会平台全方位为云南提供展示形象、扩展市场更灵活多样的舞台。进而推动云南会展业向更高更深层次发展。

大会主题：会奖十年——成长与超越
主办单位：北京旅游发展委员会
　　　　　中国会展研究会
承办单位：北京市怀柔区商务委员会
　　　　　《会议》杂志社
　　　　　北京会链接网络科技有限公司
联合承办：北京市怀柔区商务发展促进中心
　　　　　北京雁栖湖国际会展中心
　　　　　会议采购中国委员会（MPC-China）
支持单位：国际大会及会议协会（ICCA）
　　　　　美国社团管理者协会（ASAE）
　　　　　上海会奖精英俱乐部（SMCC）
战略合作伙伴：中国会奖旅游城市联盟（18家）
　　　　　　　国际会议协会（ICCA）
　　　　　　　美国社团管理者协会（ASAE）
　　　　　　　上海会奖精英俱乐部（SMCC）

2. 大会日程安排

日　　期	时　　间	会议及活动安排	地　　点
12月4日（周一）	14:00—17:00	2017中国会奖旅游城市联盟专题活动	三层311
	13:00—18:00	供应商注册及布展	L层大会议厅
	16:00—18:00	外埠买家注册	
	17:30—19:30	会议城市嘉宾交流晚餐会	
	18:00—20:00	外埠买家晚餐	
12月5日（周二）	08:00—09:00	参会者、买家、嘉宾注册	L层大会议厅A
	09:00—17:00	会议与奖励旅游展览会 新技术新体验互动体验展	L层大会议厅
	09:30—12:00	开幕会议	二层大宴会厅
	12:00—13:00	买家+嘉宾午餐会 简餐	一层多功能厅 一层101
	13:00—16:00	城市新政策与新资源推介会	L层大议会厅 会议室1
	13:00—17:30	特邀买家展位约谈对接活动	L层大议会厅 会议室2
	14:30—17:30	怀柔会议产业发展研讨会	三层311
	14:00—17:00	中国城市会展业发展圆桌论坛	L层大会议厅
	13:30—15:00	企业会议采购专题对接会（上半段）	L层大议会厅D
	15:00—16:00	企业会议采购专题对接会（下半段）	L层大议会厅D
	16:10—18:00	会议采购中国委员会（MPC-China）闭门讨论会	三层309
	18:00—20:30	MICE STAR"会奖之星"颁奖盛典与交流酒会	二层大宴会厅
12月6日（周三）	09:00—17:00	会议与奖励旅游展览会及洽谈会	L层大会议厅
	09:00—12:00	会议新技术论坛	L层大议会厅 会议室1
	09:30—11:30	全国性社团会议专题对接会	L层大会议厅D
	09:30—12:00	第三届中国DMC大会	一层多功能厅A
	10:00—12:00	2018会奖采购走势分析会	L层大议会厅 会议室2
	11:50—13:50	"流金岁月"——2017中国社团会议专家联盟年会	二层大宴会厅C
	12:00—13:30	买家+嘉宾午餐会	二层大宴会厅AB
	12:00—13:00	简餐	一层10
	16:30	大会结束	

点评：根据案例内容，第十届中国会议产业大会结合当前我国会议产业发展现状，审时度势，选择确定会议主题为"会奖十年——成长与超越"，契合了当前会议产业各领域共同面临的突破发展问题。以此为基点，结合会议产业包括的内容，设计论坛日程安排，并拓展了会议内容。为增强与会者的积极性与互动性，此次会议推出了研讨会、对接会、洽谈会等众多内容。增强了会议的信息性特征，取得了很好的交流效果，与会者满意度非常高。每一次会议（或活动）的策划和举行，都有着相当明确的目的性，必须紧紧围绕着这些既定目标去组织会议内容、策划活动项目，并为此做好充分的准备，才能取得整体的圆满成功。

本章小结

会议业是会展业的重要组成部分。在当前信息化社会中，会议成为人们开展政务、经济、文化以及其他社会活动的一种必不可少的重要方式。对于参会者来说，会议的主要功能在于传递、交流并创造信息。对于组织者而言，会议带来经济效益的同时，在提升举办地形象、创造社会效益等方面具有特殊的作用。因此，我们在理解会议的定义、本质的基础上，熟悉不同类型会议的活动特征，以掌握会议不同阶段活动的服务与管理工作规律，才能更好地运营并管理好会议的每一项活动。有了大量运作不同会议的经验，掌握了会议基本理论，策划者才能根据收集到的各种信息来判断事物变化发展的趋势，全面构思、设计和选择合理可行的会议方式，以实现特定目标的活动。

复习思考题

【拓展练习】

一、名词解释

会议　年会　专业会议　国际大会及会议协会　策划　会议策划

二、填空题

（1）会议最本质的属性是_____，具体体现为会议的信息传递、信息交流与信息创造功能。另外，会议是一种社会活动，_____是会议的本质属性之一。

（2）UIA规定的国际会议标准有4个：①人数不少于300人；②与会外国人士不少于_____%；③至少在五个国家轮流举办；④最短会期为_____天。

（3）会议分工中_____主要承办代表资格审查工作和选举方面的工作，如编制代表名册、选举程序，设计和印制选票等；_____主要负责会议主席团与各代表团之间的传达、反馈等联络工作，有时也负责做会议记录。

（4）会议名称一般采用揭示会议主要特征的方法："国际性金融危机防范对策学术研讨会"揭示了_____特征，"中国科学院知识创新试点工作咨询座谈会"揭示了_____特征，"浙江省级工业新产品鉴定会"揭示了_____特征。

三、简答题

（1）简述会议的功能。

（2）简述会议的类型及其特点。

(3) 会前一般需做好哪些准备工作？
(4) 会中服务与管理工作主要包括哪些内容？
(5) 一般会后总结包括哪些内容？
(6) 会议策划的方法有哪些？它们各自的特点是什么？
(7) 会议策划的内容有哪些？

四、实务题

(1) 分组讨论并设计一份会议策划书。
(2) 根据所给材料，写一则带有回执的会议通知。

××市2017年的军队转业干部安置工作已经结束，明年的工作即将开始，为了部署明年工作，××市委组织部和××市人事局2017年10月15日下发通知，决定召开会议：11月18日开会，会期1天，开会的地点为万豪温泉谷酒店。各县市区出席会议人员11月17日下午到万豪温泉谷酒店报到；市直各单位出席会议人员11月18日上午8：15直接到万豪温泉谷酒店开会。参会者为市直各单位人事科科长和各县市区人事局局长。

五、案例题

(1) 大型会议的晚会内容。

关于大型会议的晚会内容如何确定，方秘书先请示分管这项工作的领导黄副主任，黄副主任定为"举办电影晚会"。黄副主任没有说要再往上请示，而方秘书自认为再请示一把手贾主任也许会更好办事。在请示贾主任时又没有把已请示黄副主任所定的意见告诉贾主任，一把手贾主任的批复定为"观看戏剧演出"。一个晚会出现两种不同安排的领导意见，这让方秘书左右为难。最后秘书组研究决定按一把手贾主任的意见执行。由方秘书向黄副主任作自我批评，说明拟按贾主任的意见办，请黄副主任谅解。分析回答：

① 方秘书的工作中有什么失误？
② 最后秘书组研究决定按一把手贾主任的意见执行，这样做对吗？为什么？

(2) 会议通知。

致：各部门经理

定于12月16日（星期三）下午1：30在公司会议室召开会议，讨论公司人员编制和工作绩效评估问题。此次会议内容重要，请有关人员务必准时出席，您能否参加，请于12月14日（星期一）之前打电话告知秘书陈红，联系电话：51426398。

分析这个会议通知中包含哪些信息？应该采用什么方式进行通知？

出现问题：对上则会议通知，秘书陈红没有向各主管发送通知，她想反正是内部会议，只要在公司布告栏上贴一张通知就可以了，可是她忽视了一个问题，此次会议是临时召开的重要会议，并非公司例会。有些主管因为一直在工程现场，未能及时看到通知，因此造成了3位主管未能准时到会。待发现时，已是星期三的中午，陈红只得匆忙用电话通知3位主管迅速赶到开会地点。其中销售经理王宾接到电话后不满地说："这么重要的会，为什么不早下通知？我下午约客户，会议只能让我的助手去开了。"陈红急忙说："那可不行，总经理特别指示，有关人员务必准时出席。"王宾说："可是我已通知了客户，改期已来不及了，你说怎么办？"陈红无话可说。分析出现问题的原因是什么？正确做法是什么？

(3) 会议资料准备。

某董事会召开会议讨论从国外引进化工生产设备的问题。秘书陈红负责为与会董事准备会议所需文件资料。由于多家国外公司竞标，材料很多，时间仓促，陈红就为每位董事准备了一个文件夹，将所有材料放入文件夹。有3位董事在会前回复说将有事不能参加会议，于是陈红就未准备他们的资料，正式开会时其中的两位又赶了回来。结果会上有的董事因没有资料可看而无法发表意见，有的董事面对一大摞资料不知如何找到想看的资料，从而影响了会议的进度。

分析出现问题的原因，如何解决？

(4) 会议设备准备失误。

会务组会前起草的"大会开幕式程序（送审稿）"中列有"奏《国际歌》"一项。大会秘书处一位负责人审稿时，拟把此项放在大会闭幕式时进行，于是把此项目在开幕式程序中删掉了。大会秘书处主要负责人定稿时，又把该项圈了回来。会务组凭印象认为开幕式已经删掉了"奏《国际歌》"这项程序，而对后来又被圈回一事，未加注意，因此对于在大会开幕式上"奏《国际歌》"一项事前未做准备，当主持人在大会上宣布"奏《国际歌》"时，无法奏出，一时冷场。会务组长急中生智，立即上台挥拍领唱，这样才圆了场。

分析本案例中操作错误的地方，再分析现场解决方式是否妥当。

第5章 展　　览

学习目标与要求

1. 了解展览的概念和功能。
2. 了解展览的主要分类。
3. 熟悉展览的主要组成。
4. 了解开幕式的主要程序和注意事项。

导入案例

被展商遗忘的角落——休息区

展台作为展览的视觉体现形式，是企业实现参展目的的主要途径，它所承载的内涵应该是非常重要而且广泛的。不仅要实现最基本的物质功能——承载展品与艺术功能——吸引注意力，还要有利于工作人员的宣传、调研，与观众交流和洽谈，观众的休息，以及宣传材料的储藏等。这些工作都有各自的性格特点，都需要相应的空间、位置、设备和氛围。因而，设计师在设计时总是根据展览的实际需要来合理规划展台内部空间，以满足不同的空间需求。其中，如何在展台内部营造一个良好的休息区域也是设计师应充分考虑的方面。

一、休息区是整个展台设计必不可少的重要部分

展台就其功能、性质来分一般可分为接待区、展示区、洽谈区、休息区和储藏区等几个区域。其中，展示区、洽谈区无一例外地被参展商、设计师所重视，将大部分精力、财力消耗于此。而对于其他几个区域则避重就轻，特别是对于休息区的设计，很多展台在具体设计时不过是辟出其中一小块地方略加点缀，象征性地有所表示，有的干脆不设休息区。在部分参展商眼中，展示区作为展品展示呈现、信息集中传递处；洽谈区则是进行贸易谈判、交流合作实现商业目的的场所，在设计上倾注大量的精力去体现、完善是符合展览需求的。与此相比，休息区的重要性似乎要大打折扣，甚至被视为多此一举。其实不尽然，休息区的有无，设计效果的优劣，对整个展台效果、展览效果有着至关重要的作用。

1. 迎合观众生理需求，并影响其情绪

一般大型展览，其展出面积都在几万平方米以上；展出企业近千家；观众人数有几万乃至几十万；其参观路线实际长度可达几公里。在这样一个相对封闭、拥挤、空气流通不畅和视觉刺激强烈的环境里，人是极易疲劳的。而在这个时候，若能恰如其分地为其提供了这样一个得以消除疲劳并做适当调整的理想场所，满足其生理、心理需求，那么观众必然会从内心对此给予肯定，自然地产生一种亲和力，对展台产生好感并影响到展品。人的行为总是受感情因素的影响，对有好感的事物特别眷顾，这正是实现参展目的的好机会。

2. 观众彼此交流意见的理想场所

观众在对展会进行综合了解之后，往

往需要对所了解的情况做一个总结,与家人、同事、同行进行交流、商谈以便做出更加合理的判断、选择。例如,参加"房地产交易会"的观众,总是与家人一起看房,在对整个楼市进行了解之后,需要大家冷静下来一起讨论诸如房价、地段、面积、户型、小区环境和物业等相关问题。在综合考虑各方面的因素与个人的意见之后,再就是否购房、购买哪一处房源做出决定。显然,这个时候他们需要一个较为安静又不受干扰的小天地,而休息区正是他们所想要的。

3. 人性化的服务意识,体现企业真诚、周到的工作态度

"诚信"是企业得以发展的基石与保证,热情周到、处处为客户着想的人性化服务同样是企业发展必不可少的条件。在展台这一小块天地中让观众感受到企业的真诚、周到,有一种宾至如归的感觉,这将为企业带来无尽的利益。

4. 传递信息的好地方

静逸的环境能很好地排除观众内心激烈、活跃的心绪和身体机能的疲劳,形成平静、和谐的心态。此时的观察、识别和记忆能力是最强的,如果不失时机地在其视觉范围内适当出现一些相关信息,将更容易被其接受。同时,这也满足了观众视觉需求的需要。因为此时的休息并非深度休息,其视觉、心理活动并不停止,观众需要有适当的信息来填补这个空白。

5. 展台工作人员的休息需要

展台工作人员主要负责接待、介绍、指示、发放宣传材料和清理展台等相关工作,是展览取得成功的重要部分。在展台工作人员的整个工作流程中,基本上都处在一个精神高度集中、紧张的状态且为全程站立的工作方式,对于身体、精力的消耗是相当大的。因而,必须有一个可做适当调整的场所,以便在观众量较少的时候(如午间)稍做休整,以精神饱满的形象迎接下一位观众。

6. 形成展台系统完整性的需要

优秀的展台设计应该是美观、和谐和秩序井然的。参观—洽谈—休息—参观……在这个循环过程中始终贯穿着刺激—休息—刺激……的活动规律,符合人的生理规律。展示、洽谈和休息等几个区域的设置是当今国际上大型展览基本遵循的设计方式,这样的设计有其合理性,不宜将其打破。

二、休息区在设计布置上的若干要求

休息区的设置,重点在于为观众提供一种人性化的服务,为观众创造一个放松、休整的理想场所。因而,它在设计上与展示、接待等区域有较大的区别。一般而言,可以从空间位置、照明、色彩基调、环艺布置和绿化点缀等途径来进行设计体现,从而形成区别于其他区位、体现自身区位特性具有良好视觉效果的空间环境。

1. 空间位置应以相对独立、安静为宜

展台休息区在设计时要给置身其中的观众提供一个相对安静的环境,同时又不能影响到展台的展示、演示等。一般休息区总是设置在展台的一边,利用展板、有机玻璃隔出一个相对独立的封闭、半封闭空间,若该展台是双层式的,那么休息区一般设在二楼。有时设计师考虑到展台面积,以及休息区与洽谈区存在的共通性而将休息区与洽谈区放在一起,这在展台面积相对较小的情况下不失为一个合理利用资源的办法。

2. 灯光设计应着力于营造柔和、静谧的空间环境

一般性展览都在室内进行,对于自然光的运用较少。就一个展台而言,休息区的位置总是选择相对较为封闭的内部,其环境氛围主要靠灯光来营造。灯光与自然光相比有着极大的自由度,可以根据照明的具体需要来确定光照,可以通过改变光源的性质、位置、颜色和强度使之产生符合休息区需要的格调、情趣和气氛。这主要是通过调节光的照明度和色光两种手段来达到目的的。

(1) 从色光出发,以柔和、舒适为宜。

色光是展示色彩设计的重要组成部分,弥漫于整个展示空间,影响立体空间氛围,同时对展台当中的天、地、墙等附着色产生一定的影响。其色性应服从于整个区域特性需求,与之相协调。休息区的色光设计应尽量避免诱发兴奋、亢进的情绪,形成利于趋向平静、温和和舒适的气氛,促进思想、情绪的放松,达到消除疲劳、清晰思路的作用。一般而言其色性应为适当偏暖的中性色为宜,如淡黄色、白色等较为洁净的色彩。

(2) 从光照强度出发,以中低强度为宜。

强烈的光照、明艳的色彩关系容易使人产生兴奋、激动,也容易产生视觉疲劳。在休息区灯光设计时应根据观众的生理需要,以较低亮度的间接照明、半间接照明形式为最佳,光线均匀柔和、无眩光,没有明显的阴影。一般休息区的光照强度在150~300勒克斯范围内较为合适。

色彩是最直观、最易感染人心理的视觉因素,观众进入休息区的第一感觉主要是由色彩营造的空间氛围。可见,色彩设计在整个休息区设计中占有十分重要的位置。休息区的色彩基调主要由环境色(天、地、墙)、装饰色(展品、道具)和色光等几大部分来共同构成。

休息区需要宁静、柔和和舒适的环境氛围,一般选用类似的暖色调、中明度和低纯度的色彩。使人感到和谐、心情舒畅,能产生最大的放松感。同时,要兼顾展览季节、室内气温方面因素。展览季节的寒暑及温度的差异性,导致在色彩设计上有所偏重。例如,冬季展览中,室外寒冷,整个休息区内的色彩关系应以偏暖色调为主,给人心理以"温暖感、热烈感",与人的心理需求相吻合;在夏季举办的展览中,户外温度很高,设计应以偏冷色调为主,给人以宁静、凉爽之感。观众在这样一个环境中稍做休整,自然会感觉良好。

3. 空间布置应简洁大方,切忌烦琐

就视觉一般规律而言,烦琐的情景往往容易使人感到刺激、紧张;反之,简洁的情景能使人感到轻松、愉悦。因而,在休息区的空间布置上,应以简洁大方的布置为主,切忌烦琐、累赘。几张靠背椅或一排沙发,一张桌子或一张茶几,几盆绿色植物点缀其间就足够了。

4. 巧妙利用绿色植物作点缀

绿化景观的设计是展台设计的一个重要环节。利用花草树木等自然界的植物在展示空间进行美化装饰,与空间布置相配套,可以丰富、协调展示空间的表现力。在休息区合理布置绿化,使其内部增加一种自然气息,使视觉更舒适,利于缓解疲劳,放松情绪,调整展馆内紧张气氛。同时可改善空间环境,绿色植物能调节、净化空气,吸收有害气体,减少噪声,调节温度、湿度,改善局部小气候。这些,都有利于观众消除疲劳,达到休息区设计意图。

第5章 展　览

5.1 展览概述

5.1.1 展览的概念

"展示"（display）一词来源于拉丁语的名词"diplico"和动词"diplicare"，表示思想、信息的交流或实物产品的展览。展览业常见的术语有展销会、展览和博览会。从《辞海》《简明不列颠百科全书》到政府有关部门的统计报告，再到各类书籍报纸等，对展览会的定义也是千差万别。《辞海》中对展览会的定义是，"陈列物品，于一定时间内供人观赏的集会。"美国《大百科全书》的定义是，"展览会是一种具有一定规模、定期在固定场所举办的、来自不同地区的有组织的商人聚会"。

因此，展览会是一种具有一定规模和相对固定的举办日期，以展示组织形象或产品为主要形式，以促成参展商和贸易观众之间的交流洽谈为最终目的的中介性活动。从广义上讲，它可以包括所有形式的展览；从狭义上讲，展览会可以指贸易和宣传性质的展览，包括交易会、贸易洽谈会、展销会、看样订货会和成就展览等。

从展览会的内涵来看，主办单位、参展商、专业观众和服务商是构成一般展览会的四大要素：第一，对展览公司而言，参展商是展览会价值的主要体现，同时也是展览会收入的主要来源；第二，尽管专业观众带来的直接现金效益较少，但其质量和数量将直接影响参展商对展览会的满意度，最终影响展览会的效益；第三，参展商与专业观众相互促进、相互吸引，专业观众是参展商参加展览会获得收益的最终来源；第四，服务商与展览公司签订合同，并同时为参展商和专业观众提供各种服务。

综上分析看出，展览会四要素之间既相互带动又相互限制，任何一方失衡都有可能造成展览项目的中断。因此，展览会主办单位应当多关注专业观众的组织，而不是一味重视参展商的数量。展览会的性质和特征见表 5-1。

表 5-1 展览会的性质和特征

名　称	性　质	特　征
博览会	综合性	内容广、规模大、展出者和参观者多的现代形式的展览
展览会（含交易会、看样订货会）	贸易	由一个或数个相关的行业参与，规模多为中小型，以贸易和宣传为主要目的的现代形式的展览
展销会	消费	由一个或数个行业参与，规模为中小型，以零售为主要目的的现代形式的展览
庙会（含灯会、花会等）	消费	内容繁杂，集贸易、零售、文化和娱乐等为一体，以零售为主，在城镇举行的传统形式的展览
集市（含集、墟、场等）	消费	以交流农副产品、土特产品和日用品为主在乡村举行的传统形式的展览

（资料来源：林宁．展览知识与实务［M］．北京：经济科学出版社，1999.）

5.1.2 展览的功能

1. 展览的基本功能

（1）展示功能。

展示是展览最基本的功能，展览就是为产品和企业提供展示与推介的平台，展览展示最大的特点就是直观。这里的产品除了实物外，还包括服务、技术成果、新工艺、观念和理念等。企业参展就意味着在行业内和市场上的亮相，越来越多的企业希望利用展览会树立并提高形象、扩大影响。对于贸易类和消费类的商业性质的展览，通常侧重于实物产品、服务、技术成果和新工艺的展示与交易；而宣传性质的展览，则侧重于观念、理念的展示与宣扬。

（2）联系和交流的功能。

展览会可以向展出者提供与客户进行联系和交流的机会。这种联系和交流具有量大、面广和效果好的特点。在短短几天的展出期内，展出者通常可以接触整个行业或市场的大部分客户，可能比用常规方式一年所接触的客户还多。采用任何其他人际交流方式（如打电话、推销员或推销组登门访问等）都不可能在如此之短的时间内接触如此之多的客户。对客户来说，参观展览会是一种主动行为，到展览会就是为了接触、交流、收集信息和洽谈贸易，因此，客户处于心理开放的状态。在这种状况下，与客户进行交流就容易得多。由于展览会提供的是一种面对面的双向而直接的交流方式，其交流效果优于单向的、间接的交流方式。

（3）传播信息，沟通产销。

展览会能比较全面地反映某个领域的状况，全方位地传播某个领域的相关信息。一位美国专家称，充分地了解一个展览会，就基本上可以了解这个行业和市场的基本情况。因为在展览会上，不仅可以展示几乎所有的产品，包括推销人员无法随身携带、报纸期刊电视广告无法全面反映的笨重或复杂的产品，而且展览会上所传播的信息是全感观的（视觉、听觉、嗅觉、味觉和触觉），参观者能获得全面、真实的感受。当今科学技术发展一日千里，产品日益复杂，仅靠单向、单感官（听、看等）获取的信息，不足以使客户全面地了解产品。面对面的交流、实际的操作示范和多感官的了解，能使客户深入地了解产品，增加对产品的兴趣与信心。数据显示，54%的专业参观者会在展览期间签订合同，沟通产销。

2. 展览的辅助功能

（1）加速流通的功能。

在远古时代，展览是唯一的交换形式。在中古时代，展览是流通的主要形式，其作用仍然是巨大的。到了近现代，商业成为流通主渠道，但是展览仍发挥着相当大的作用。在流通范围上，商业等流通方式在消费品包括耐用消费品流通方面起着主导作用，而展览则在资本货物的流通上发挥着重要作用；在流通层次上，商业在零售方面起主导作用，而展览则在批发方面发挥重要作用。

据美国一份调查报告显示，在制造、运输等行业以及批发业，2/3以上的企业将展览作为流通手段。金融、保险等行业虽然只能展示资料和"人"，但是仍有1/3以上的公司将展览作为交流和流通手段。美国不同行业使用展览的情况见表5-2。

表 5-2　美国不同行业使用展览的情况

行业名称	使用展览的比例（%）
制造业	85.1
运输业、通信业、公共事业	75.0
批发业	78.7
零售业	37.8
金融业、保险业、不动产	57.6
服务业	34.4
广告业	33.3

在展览会上，展出者（卖方）可以在有限的时间内最广泛地接触客户，而客户（买方）可以在有限的空间里最广泛地了解产品，买卖双方可以完成介绍产品、了解产品、交流信息、建立联系和签约成交等整个推销买卖过程。这些优势使展览能在流通领域发挥很大的作用。在有的国家，展览甚至是流通的主渠道之一。

（2）集中市场，指导消费。

通过厂商的商品或科技成果的展示，广大消费者可以发现以前未曾有的消费品种和信息，可以实现消费结构的优化和重组，提高自己的消费福利水平；同时，众多的供给者和需求者聚集在一起，供给信息和需求信息直接交流，信息被充分地披露，是一个近似完全竞争的市场，市场价值规律可以发挥其最大的作用，产品的销售价格接近生产成本，消费者可以购买到价廉物美的产品，消费者剩余可显著提高。

（3）降低成本，增加利润。

在特定时间、特定地域空间，各个厂商集中到一起参与展览活动，可大大节约营销成本和信息成本，从而使供给成本与市场交易成本降低。可以说，展览是展出者进入所在行业最核心市场的最经济、最佳的途径。因为通过展览，不仅能就地做生意、开展商务活动，而且还能更多地了解客户和市场的需求与发展前景；容易得到客户对于公司生产的产品的反馈；有利于建立和扩大公司数据库；有利于找到可能的代理商及分销商，探讨经济合作、合资经营的可能性等。

（4）促进（国际）贸易交往与技术交流。

展览活动，特别是大型的跨国界的展览活动，有利于打破不同国家间、区域间和民族间的隔阂、封锁与垄断，增加国际贸易与投资，促进全球消费与投资需求增长。

企业参加展览会也就意味着在行业内和市场上的亮相，越来越多的企业希望利用展览会树立并提高形象，扩大影响，因此，在展览会上展示的产品和技术往往是最先进、最具有代表性的。特别是随着展览专业化的发展，许多展览会还常常有专门的技术交流活动或研讨会，探讨行业的发展趋势与技术发展方向。

3. 展览的扩散功能

（1）辐射与联动功能。

举办展览，需要其相关行业的配合，如交通、运输、旅游、休闲、娱乐、百货、宾馆、餐饮、宣传、媒体、广告、装饰、网络和通信等。而举办展览，又可以促进这些行业的发展，产生经济的辐射和产业的联动。据有关组织统计，展览业收入每增加1元，就会拉动其他相关产业收入增长5~10元。

（2）加快城市建设功能。

举办国际性大型展览会或其他大型活动，对举办地的城市建设将起到积极的作用。例如，厦门岛东部因历史的原因，一直是军事禁区，而通过修建厦门国际会议展览中心，带动了东部整个区域的城市建设步伐，一个新兴的城市副中心由此诞生。再如，因为举办第29届奥运会，北京市乃至周边地区的城市建设步伐和效果有目共睹。

（3）促进就业功能。

据有关资料显示，每增加1 000平方米展览面积，大约可为100人提供就业机会。

5.2 展览会的分类

5.2.1 根据展览的内容分类

根据展览内容的不同，国际展览业协会将展览会分为3类，即综合性展览会、专业展览会和消费展览会。

（1）综合性展览会。综合性展览会涉及多个行业，又称为水平型展览会或横向型展览会，如上海工业博览会、西博会等。

（2）专业展览会。专业展览会具有鲜明的主题，又称垂直型展览会或纵向型展览会，主要展出某一行业或同类型的产品，如礼品展、汽车展。专业展览会的突出特征是常常同时举办讨论会、报告会，用以介绍新产品、新技术等。一般来说，专业展览会的规模小于综合展览会，但在展览业发达的国家，大型综合展览会基本让位于专业展览会。综合性展览会和专业展览会一般都属于贸易展览会，是为工业、制造业和商业等产业举办的展览，展览的主要目的是交流信息和洽谈贸易。

（3）消费展览会。消费展览会的展品基本上都是消费品，主要对公众开放，目的主要是直接销售。

5.2.2 根据展览的出席者分类

根据展览会的两个主要类型，即贸易展览和消费展览，可将出席者相应地分为两类：贸易展览的出席者（客商）、消费者展览的出席者（顾客或参观者）。

贸易展出席者具有以下特征：①一般都是出于业务原因。②在大多数情况下，其费用由所在的公司承担。③通常都有具体的"任务"，即，有参观展会的特殊的目的和目标。他们可能是随意看看产品或竞争情况，或者是收集详细的统计资料，甚至有可能只是作为一个"到场者"代表自己公司出席。④贸易展览的每个出席者都需要预先登记，大多数情况下要支付相关费用，并且在展会上佩戴代表证。

消费展出席者具有以下特征：①出席展览是出于娱乐的目的。②可能考虑购买展览上某一有特色的产品或服务，会对各商家的产品进行比较，征求展览经理和参展商的意见，然后去购买。因此，参加消费者展览的生产商围绕展会的出席者而展开的竞争，实际上与其他娱乐活动，如电影、体育项目和购物等的竞争是一样的。所以有效的促销活动是非常重要的。

5.2.3 根据展览的营利性分类

现代展览会根据其营利性的不同大致可分为两大类，即公益性展览会和商业性展览会。

公益性展览会经过策划、设计和组织布展，在一定的空间里用各种形式把信息、物品展现出来，以期达到宣传、推广的目的，其最大的特点是展示和信息交流，不进行货币交易。

商业性展览会组织者通过策划、组织和招商以出售展台和服务而获取利益，参展者则通过参展展示自己的形象与产品，并在展会中获取市场信息和购货订单合同，达到参展目的。商业性展览会最大的特点就是在最短的时间和在最小的空间里，用最低的成本做最大的生意。商业性展览会又可以根据展览的内容、展览的性质、所属的行业、开放对象，以及展览规模、时间和地点等的区别而有所不同。

5.2.4 根据展览的参展商分类

展览活动会吸引为数众多的参展商，不同参展商往往在目的、参展行为等方面存在明显的差异。

1. 国别类型

对于展览组织机构和展览主办国家来说，根据参展商所属国别的不同，可以将参展商分为国内参展商和国外参展商（或境外参展商）。国外参展商占所有参展商的比例是衡量和评价一个展览国际化程度及其影响力的重要指标。随着各国尤其是发达国家展览产业的日趋成熟，展览产业的国际化也逐渐成为各国拓展展览市场、提升展览产业影响力的重要的手段。

2. 联合程度

根据参展商参展联合程度的不同，可以把参展商划分为独立参展商、联合参展商和团体参展商等。独立参展商，就是以独立身份单独参展的企业、组织或个人。联合参展商通常是由两个或两个以上的参展商组成。这种参展行为一般更适用于中小参展商，由于各种资源的限制，采用联合参展的形式可以更好地减少投资，降低风险。在一些跨地区或者国际性的大型展览活动中，很多参展商还可以组成参展团一起参展，这样有利于增强参展商的竞争力，提高参展的影响力和参展效果。

3. 行业地位

不同的行业和系统都存在一些规模庞大、实力雄厚的龙头企业或组织，它们在行业内拥有强大的号召力和影响力，通常扮演着行业领导者的角色；另外还有一些处于成长阶段、发展潜力强劲的行业赶超型企业；更多的则是那些实力较差、规模相对较小的行业落后企业。展览活动中行业领导者能够引领行业发展潮流、展示最新技术和公布权威信息，这类企业的参展有利于提升展览的品牌效应，增强展览活动影响力；行业赶超型以及行业落后企业则可以通过展览展示自己的经营特色和市场优势，它们是展览活动参展主体中的主力军，对展览活动的规模构成重要影响。

4. 提供服务

根据展览提供服务内容的不同，可以将展览服务提供商主要划分为以下各类，见表5-3。

表5-3 展览服务提供商的主要分类

主要分类	参展目标
展览场馆提供方	大部分展览场馆的所有权主体比较单一，多数归政府所有，或归政府与相关投资者共同所有，委托专业机构逆行管理和经营。组展机构对展览场馆完成考察、谈判以后，由双方签订租赁合同，于展览期间交付使用
信息服务提供商	展览过程中的物流、销售和客户关系等各类信息的管理，需要专业服务提供商或者其提供的产品给予支持，如电信服务运营商、邮政部门和会展信息管理软件开发商等
媒体、广告服务提供商	为了达到相应的组展规模和组展效果，需要借助各种媒体形式，如电视、报纸、互联网和户外广告等，是各展览主体实现会展目标的重要工具和有力保障
物流服务提供商	负责展览前后各类展品及辅助用品的运输、仓储、保管、包装、加工，以及由于展品销售而发生的其他物流活动等
设计、搭建、安装服务提供商	展厅的设计、搭建和安装工作，一般可以委托给专业的展位建造工程公司、普通广告公司或室内装饰设计师；各项工作也可以捆绑承包给某个承建商
旅游服务提供商	主要包括各种酒店、旅馆、宾馆、旅行社、目的地管理公司以及娱乐场所等，以组织各种类型的宴会、酒会、娱乐节目和景点旅游等活动
物业管理服务提供商	场馆物业管理机构除了对场馆进行管理维护外，同时对周围环境、清洁卫生、安保和车辆停放等实施专业化管理，并向主办方、参展商及参观者提供综合服务

5.2.5 根据展览的地域范围分类

与会议的划分一样，以地域范围为标准，可以将展览会分成国际、全国、地区和本地（通常是一个城市）4个层次。其中，国际性展览会的参展商和观众来自多个国家（在展览业发达国家，著名品牌展览会的国外参展商所占比例一般都在40%以上），如汉诺威工业博览会、汉诺威信息技术展览会和中国出口商品交易会。本地展览会的规模一般较小，面向的专业观众主要是当地及周边地区的企业或市民，如上海别墅展览会、上海房地产展览会等。全国性和地区性的展览会则介乎其间。

5.2.6 根据展览的功能分类

按照展览功能的不同，可以将其分为4类，即观赏型，如各类美术作品展和珍宝展和民俗风情展等；教育型，如各类历史展、宣传展和成就展等；推广型，如国家推广型（由国家主管部门主办的各类科技、教育成果展和建设成就展等）、商业推广型（由行业主管部门主办的新材料、新工艺和新产品等成果展，最终刺激社会消费与招徕订购）；交易型，如展销会、交易会、洽谈会和博览会等。其中，按照展览性质的不同，交易型展览会又分为贸易型和消费型两种，同时具有这两种性质的展览会被称为综合性展览会。在会展经济不发达的国家，展览的综合性倾向比较重；反之，展览的贸易和消费倾向比较重。

5.2.7 根据展览的手段分类

按照展览手段的不同，可将其分成实物展览会和虚拟展览会两类。实物展览就是在展览场地直接展出实物产品的展览，展品是实实在在的实物产品。在展览的发展过程中，实物展览一直是展览的主要形式。虚拟展览又称在线展览，是通过互联网，使用虚拟技术组织的展览。虚拟展览没有真正的场地，没有展品实物，没有工作人员，参观者利用计算机，通过互联网进入虚拟展览会，参观屏幕里的"展台"，了解屏幕里的"展品"。

5.2.8 根据展览的时间分类

根据展览时间的不同，可以将展览会划分为定期展和不定期展。定期的展览有1年4次、1年2次、1年1次和2年1次等；不定期的展览视需要而定。或者也可以根据时间将展览会分为短期展、长期展和常年展等。

5.2.9 根据展览的地点分类

根据展览地点是否固定，可分为固定展览与巡回展览。在专用展览场馆举办的展览即为固定展览。有些展馆有室内场馆和室外场馆之分。室内场馆多用于展示常规展品，如纺织展、电子展等；室外场馆多用于展示超大超重展品，如航空展、矿山设备展等。在几个地方轮流举办的展览被称为巡回展览。比较特殊的是流动展，即利用飞机、轮船、火车和汽车作为展场的展览。

5.2.10 根据展览的举办模式分类

按照办展模式的不同，展览可分为自办项目和他办项目，即德国式办展和美国式办展。德国式办展模式是指展览场地和展览设施的所有者不仅向专业展览组织者出租展览场地，而且有自己的展览项目，可以同时是展览会的主办者和组织者。美国式办展模式是指展览场地的所有者与展览的组织者截然分开，展览场地的所有者只出租展览场地和设施，没有自己的展览项目；而展览的组织者一般没有自己的展览场地，办展时需要从展览场地的所有者那里租用展览场地和相关设施。

5.3 展览活动的人员组成

展览活动的主要组成人员包括：展览经理、参展商、展馆经理和员工、展会服务承包商、观众。

5.3.1 展览经理

展览经理可以理解为这个团队的指挥者。比起其他的角色，他或她必须更加具有创造

能力，以便使展览会对于参观者和参展商来说都是独一无二的、可以获得更多利益的。

展览经理的职责主要是确定展览主题、协调各方的关系、与合作者签订合同、组织参展商和专业观众、展后评估。

1. 确定展会主题

要成功举办一届展览会，第一步就是进行科学的立项策划，对所开发的展览会搜集各种信息资料进行综合分析，发现行业市场的变化规律，进而为办展方进行项目决策提供依据，在纷繁复杂的市场环境中，选定行业，设计合适的会展项目，确定展会主题。

2. 协调各方关系

展览经理面临着来自外部与内部的诸多方面的要求，只有协调好与各方的关系，才能确保展览活动的顺利进行。展览经理的具体协调内容见表5-4。

表5-4 展览经理的协调关系运作表

协调对象	主要关系
主办机构	展览活动的主办机构可以是政府部门、公司以及社区，主办机构不同，目的和要求也不同。展览经理在为其组织举办展览活动时，应搞清楚主办机构的目的
主办社区	主办社区包括居民、工商、交通管理、消防和救护队等公共事务主管部门。展览活动会对主办社区产生影响，展览经理应积极协调好和主办社区的关系
赞助商	展览经理应准确地确定赞助商想从所赞助的活动中得到什么，以及自己能够提供什么，并将赞助商当作伙伴来对待
媒体	媒体报道对展览活动的宣传，可向社会提供具有公信力的东西。展览经理应考虑不同媒体集团的需要，把他们当作活动的重要一员来咨询，当作潜在的伙伴来对待
合作者	展览经理需要挑选展会服务承包商、正式的合作者、为展会现场服务工作提供帮助的咨询员和自由职业者（零工），需要吸引并挑选参展商
客商及参观者	展览经理必须时刻想着客商及参观者的需要，包括其物质需要，以及对舒适、安全保险的需要

3. 与合作者签订合同

办展方应根据不同的合作对象签订不同的合同。签订合同的过程包括5个主要步骤：意向、谈判、达成初步协议、同意各个条款和签字。如果使用标准的合同样本，在签订合同时应根据具体情况当场修改一些特别条款，经谈判协商供双方签订。

4. 组织参展商和专业观众

对于展会的办展者来说，最大利润来自展位的销售，对参展商的招展显得尤为重要，但是专业观众的组织也不能忽视。举办展览会的逻辑顺序绝对不是先有展览会，继而招徕参展商，然后才有专业观众。参展商和专业观众之间应该是双向互动的关系，办展者必须弄清楚：高质量的专业观众可以提高展览会的影响力和质量，能吸引更多的参展商参展；

高质量的参展商所展示的产品更多、技术更新，所提供的商业机会增多对更多的专业观众也是一种吸引。所以组织参展商和专业观众是展览会发展的两翼，两者相互吸引、相互影响。因此，办展者应重视招展工作和专业观众的组织。

5．展后评估

办展者在展后要对展会进行总结评估，重要统计指标包括专业观众人数、参展商的数量及代表性、达成的意向成交额和参展商及观众满意度等。总结本次组展的经验和教训，评价本次展会的得失，并对参展商和重要的观众进行展后跟踪，加深他们对办展方的印象，同时也是为下一届展会做宣传。

5.3.2 参展商

对于参展商而言，参加展览是一个低成本的推销活动。他们可以面对面地向对他们的产品有兴趣的客户进行介绍，这比直接派遣销售人员进行销售更为便宜和有效。同时，展览也是获取知识和信息的来源。参展商可以通过展览来了解别人的新产品，甚至可以从与会者的对话中获取哪种新产品或技术应该被开发或研究的信息。

1．参展目的

具体地说，参展商参展目的在于以下几个方面。

（1）推介新产品。
（2）赢得更多的潜在顾客。
（3）进行市场调研。
（4）树立公司形象，进行品牌培育。
（5）培养顾客、潜在客户和经销商。
（6）贸易成交。

2．研究选择展会

目前，可供企业选择的展会很多，但是，企业并不是参加所有的展会都能达到参展的目的和预期的目标，正确选择展览会对企业来说非常重要，选择展会应注意以下几点。

（1）认真分析展会资料。

对展会组织方的实力进行多方面的了解，衡量展会的宣传规模，根据以往展会展出面积、参展总数、专业观众总数和成交额等的具体数据，了解展会质量。

（2）探寻同业看法。

向竞争厂商及其他参展者探寻对该展会的看法及所碰到的问题，包括服务、展位布置和问题处理等。

（3）选择合适地点和时间。

展览会举办地点的选择，可以从两个方面考虑：一是从贸易角度考虑，即展览地点是否是生产或流通中心；二是从差旅角度考虑，即展览地点吃住是否便利，这牵涉到企业参展的预算和精力。对于展览会时间选择有多方面考虑。首先是考虑订货季节，大部分产品都有订货高峰期，在此时间内举办的展览会，成交可能性大。其次要考虑的是企业自己的日程是否安排得开。

(4) 仔细分析研究结果。

在对展会做了细致的分析之后，接下来就是做出决定是否参展，是要大展位还是小展位，是参观考察做市场调查还是收集有关信息。

3. 决定参展的基本工作程序

(1) 报名。

参展按要求填写"参展申请表"，通过邮寄、传真或电子邮件方式送交办展方，确认后，将参展保证金汇入指定账户。

(2) 选择展位。

标准展位和特装展位的选择，好位置和偏僻展位的选择，不同面积展位的选择等。参展商应根据企业实力与参展目标及展会的具体情况，选择适当的参展面积和展装形式。

(3) 确定展品和展示方式。

客户所关心的是最新或质量最好的产品，应选择针对性、代表性和独特性的展品。针对性是指展品应符合展出的目的、性质和内容；代表性指所展示的产品体现一定的技术水平、生产能力及行业特点；独特性指展品要有自身的独特之处，以便和其他同类产品区分开来。选择合适的最具吸引力的展示方式展现产品，引起参观者的兴趣，增强他们的购买欲。展会期间我们常见到的产品展示形式有现场讲解、演艺、图片资料、LED显示屏、参观者亲自体验和现场品尝等。

(4) 展台设计。

展台的设计应当能够反映出参展企业的形象，吸引参观者的注意，提供展台工作的功能环境。展台设计是为了突出展品，通过色彩搭配、照明设计和展台摆设等引起参观者、目标客户的广泛注意，加深印象。

(5) 广告宣传。

参展商也应进行展前参展宣传，可通过专业媒体、广告和邮寄等方式进行宣传，给客户群留下深刻印象，吸引他们莅临展位参观了解展品。

(6) 赠品制作。

恰当的赠品会给展位带来活力，建立品牌认知度并招徕目标顾客，保持更长时间的宣传效果。常用的办法是准备一些可以一分为二的赠品，把其中之一在展前寄给想邀请的参观者，让他们必须到你的展位上才能凑成一份完整的礼品。

好的赠品应具有这样3个特征：合理性、纪念性和实用性。

(7) 公共关系。

越来越多的企业在展览会期间同时举行各种新闻发布会、研讨会或招待酒会等活动，因为展览期间观众量大且集中，这些公关活动与展览同时举行，影响大且能节约开支。

(8) 参展工作人员的配备与培训。

为展会配备足够的工作人员，并进行培训。展位工作人员代表了企业形象，应显示出较强的业务素质和专业接待素质，培养高效率、重服务的一流参展队伍。

(9) 展后总结评估。

展会结束后，应把收集到的名片或登记的客户信息及时录入电脑，并对客户所需信息进行及时回复，对客户进行研究分类，对重点客户、潜在客户及时跟进联络。就本次参展的各项工作执行情况和任务完成情况进行一次全面总结，找出成功与不足之处，促进提高以后的参展水平和参展成效。

(10) 检视、调整企业发展战略。

根据展后所掌握的行业发展趋势和业内动态，企业应注意寻找自身存在的差距和不足，尽快调整、优化生产结构、管理水平乃至发展战略和目标任务。

知识链接 5-1

如何在展会里有效地提高公司的知名度

在一定规模的展览会里，几百个展位堆在一起，也许有上万名参观者蜂拥而至，如何让更多的参观者注意到自己的公司确实要花一点心思。以前很多参观者是到了现场才临时决定参观什么展位，那么布置新颖的展位确实能吸引这类参观者的注意。但现在，越来越多的参展商会事前大概定好要参观的展位，如不事先做好准备，这些参观者也许就会与自己擦肩而过。据调查，参观者参观那些曾经在展前寄发过邀请函的参展公司比参观其他公司展位的机会大4倍，可见展前做好宣传十分有效。但除了发邀请函外，还有其他一些办法可以更有效地提高公司的知名度，不妨一试。

最常用的办法是准备一些可以一分为二的礼品，把其中之一在展前先随邀请函寄给想邀请的参观买家，让他们必须到展位上才能凑成完整的一份礼品。事实证明这种办法确实能有效地提高参展商对某个展位的访问率。在美国有一家公司在展览前制作了一大批印有自己公司名字的用于装爆米花的纸袋，随邀请函一起提前寄给该公司的新老客户，说明凭此邀请函可以免费进入该展会参观，而凭纸袋可以在该公司展位上获赠免费的爆米花。这一方法使该公司成为那次展会中参观者最多的展位，更由此有效提高了该公司的知名度。

现在有很多展览的入场证是用挂绳挂在使用者的脖子上，一些参展商十分巧妙地在这上面做文章，制作印有自己公司标志和名称的挂绳在现场免费派发给参观者，由于这些挂绳通常都制作精美，所以大部分参观者得到这些挂绳后都很乐意换在自己的入场证上。参观者佩戴着这些醒目的挂绳在场内走动，等于许多流动的广告牌在免费为该公司做宣传。

更有花心思的参展商制作一些小册子，介绍展会当地的交通、旅游、食宿和风俗等情况，免费派发给展会参观者。由于相当一部分参观者远道而来参加展会，参展之余确实想在展会当地和周围四处走走，这些小册子正好能帮上大忙，所以十分受欢迎，这也间接地使参观者对印制和派发这些小册子的公司产生好感。

5.3.3 展馆经理

展馆（展览场地）经理的主要职责如下所述。

(1) 为所在的展馆或会议中心增加收入。

(2) 在降低成本的同时提供给顾客高质量的服务。

(3) 开拓新业务。

(4) 了解顾客和员工的需求。

(5) 保留和管理高水准的员工。

(6) 吸引高质量的项目和展览会。

这些职责之间的联系显而易见，展馆或会议中心经理总是通过一定的方式，在员工的积极配合下，完成自己的职责。

展览经理在选择展览地址时有许多考虑，展馆经理也必须了解这个进程，以便能够回答展览经理所提出的问题。其中一个最重要的问题是适于展示的空间的大小以及空间的布局，所以展示设计示意图是一项重要的工作。

5.3.4 展馆部门员工

展馆（会议中心）员工不仅要对所办的展览有足够的了解，还要了解展馆所在的地区。当展馆员工向客户推销其展馆时，应该做好充分的准备向客户解释为什么自己所在的展地更适合某种展览。例如，是因为提供的展示空间更便宜，还是因为当地的劳动力价格比较低，或者说是因为有宜人的气候，或者说是因为当地对这一展览的关注度高等。总之，展馆员工必须牢记展馆所在地独特的竞争力。

各个展馆（会议中心）对部门有不同的划分方法，常见的如行政部、市场营销部、财会部、人力资源部、项目协调部、工程部、保安部和内务部等。这些部门的构成以及职责见表5-5。

表5-5 展馆（会议中心）主要员工及职责

员工类型	主要职责
行政部	总经理负责制定举办地和员工的远景目标及实现的政策等，副总经理负责监督每天的运营情况并协调其他员工间的关系等
市场营销部	说服展览经理在自己所在的展地举办展览会，最终目的是与展览经理建立良好的业务关系，以使其成为固定客户
财会部	财会部主要负责协调处理展馆（会议中心）所有的财务事务
人力资源部	特别是在贸易和消费展接近开幕时，员工总是需要临时的或者大量的帮助
项目协调部	项目的协调者必须一直和展览经理保持密切的联系，了解展览会详细设计安排和日程表
工程部	工程部的员工对举办地的建筑负责，他们维护展馆内外的建筑物，保证展览会能够安全、顺利地进行
保安部	保安部的员工责任重大，他们要保证所有的与会者和员工的安全
内务部	内务部员工主要负责清理建筑物的垃圾，包括所有的公共场所、地毯、窗户和休息室等

5.3.5 展会服务承包商

随着会展业的发展，对展会的要求也越来越高，要求有更多的服务商为展会提供各种服务，逐渐地展会服务承包商应运而生。

1. 服务承包商的职责

按照惯例，会展场地提供基本的展览场地，可附带设施，以及提供其他的租赁服务。办展方一般会选择一家展览服务公司作为正式展会服务承包商。为办展方和参展商双方提供服务，并以合同的形式确定下来。服务承包商的常规工作包括以下方面。

（1）参展商品以及展览材料的装运、处理以及储存。
（2）为参展商提供展示设计示意图案。
（3）提供整套装潢设备，包括地毯、帷帐以及其他展览附加用品。
（4）安装和拆除展台，包括为用户定制设计和搭建展台。
（5）提供人员搬运、陈列展品、设备、产品展台等。
（6）满足视听方面的要求。
（7）提供平面设计图，安排植物摆放、模型和摄像师。
（8）更多其他服务。

实际上，展会服务商对于展会的顺利举办起到重要作用，他们从展前策划、展台搭建、展厅清洁到展会撤展，都要与办展方并肩合作。他们要与各类供应商签署合同，如花商、视听产品经销商等；还要提供现场管理人员来监督指导展位的安装与拆卸等。总而言之，服务承包商的职责就是为展会提供一流的、专业的服务。

2. 办展方与服务承包商的合同

办展方与参展商的合同是按照参展商服务手册实施的。服务手册应包括信息、价格、家具租赁和物品运输等。通常，展会承包服务商还要将一些服务，如鲜花、餐饮以及视听服务分包给专业承包商。一般情况下，参展商根据自身需要与展会服务承包商就所需服务直接签署合同。

5.3.6 观众

观众是展览会构成的要素之一，会展观众可以分为专业观众和普通观众。专业观众是指有可能成为直接用户或潜在用户的买家；普通观众是指一般的消费者和对展会有兴趣者，希望从展会中获取新信息、体验新感受，但不是参展商最主要的目标客户的一般参观者。

不同的展会因其类别的不同，对观众的需求亦不相同。有些展会只对专业观众开放，不对普通观众开放，如广交会；有些展会对专业观众和普通观众的开放时间会有所区分，如北京国际汽车展持续5天，一般在前三天对专业观众开放，后两天对普通观众开放。大型综合展销会需要大量观众，因为每个人都是潜在消费者。

国际上衡量一个展览是否成功的标志，就是它的参展商与专业观众的数量与含金量。专业观众对于展会有着非常重要的意义，参展商的存在以专业观众的存在为前提。专业观众代表了行业商品的目标市场，目标市场的存在是吸引参展商参展的重要因素。专业观众的数量与质量是展会成功的重要标志。展会的品牌和观众质量是成正比的。因此，办展方只有充分认识专业观众对展会成功的重要作用，切实有效地开展专业观众的组织工作，才能为会展的成功举办打下坚实的基础。

知识链接 5-2

功课做足事半功倍——参观者观展技巧

参观展会，特别是参观大型展会，可谓劳心又劳力。要想在有限的时间里获得更多的有效信息，就要在参观展览前做好以下功课。

尽快取得参展商的分布图，设定参观路线。

携带足够的名片，省去填表的麻烦。

穿上舒适的鞋子和衣物。在展览馆参观是很疲劳的，垫上鞋垫走路可以减轻足部的疲劳，令脚舒服些。在准备行李的时候，要预留空位，方便回程时有足够的地方容纳参展商的资料。带上一个轻便的旅行袋，塑料袋通常既不美观又不舒服，甚至会割伤手。

提前预订机票和酒店，以便取得折扣优惠。

尽量选择靠近展会的酒店，这样可以节省往返时间和方便休息。

列出你准备参观的厂商清单，并将他们分成两部分：一个是"必须参观"的，另一个是"想要参观"的。

确定你参观整个展览会要花费的时间，甚至停留每个摊位所要花费的时间。

明确你需要从参展商那里了解的信息，区别各个展商的不同之处，然后准备好到时要提出的问题。

设计一个产品/服务信息收集表，以便准确地比较不同参展商之间的异同。

预约想要约见的参展商。

计划好准备参加的研讨会或参观的产品陈列室。

事先做好登记并提前30分钟到场，避免排长队浪费时间。

直接告诉参展商你的行程紧张，不希望浪费时间闲聊，希望可以单刀直入进入正题。

寻找建立商业网络的机会。与业界人士交谈，在产品陈列室里向周围的人介绍自己，分发收集名片。

避开太拥挤的摊位，应在展台参观人数不多的时候再折回拜访。

带上笔和便条，随时记下重要的信息，甚至可以用小型录音机做记录。

每隔一段时间需休息一下，恢复精神，呼吸新鲜空气，补充水分（不要喝汽水和啤酒），防止虚脱。每一站都做好行程记录，每晚总结一下。想办法取得参展商不想回答的问题的答案。避免与不相关的厂商进行洽谈。

提前30分钟离场，避免等车的麻烦。对所收集的材料进行整理、归类，并作进一步联系。

跟进在展会上要求邮寄的印刷品和样品。

上述参观展会的准备和计划虽然简单，但却是事实证明行之有效、事半功倍的办法。只要注意到这些细节问题，便可达到预期的效果。

5.4 现场管理

5.4.1 开幕式的举行

开幕式是展览会的重要仪式。举办开幕式的主要目的是制造气氛、扩大影响。如果展览会已经有很高的知名度，就不一定要举行开幕式。

1. 开幕式的筹备工作

开幕式台上的活动可能并不复杂，但是筹备工作却非常烦琐，需要认真去做，并及早着手。具体工作主要包括以下几方面。

（1）前期准备。

筹办工作的第一项就是要确定人员、事项、时间和预算等管理方面的因素，以及开幕的时间、地点、规模和程序等基本事项。人员包括后台的筹办人员和前台的司仪、发言人和剪彩人等。内部人员应及早确定，落实后就要分配任务。开幕式通常安排在展览会的第一天，但有时也可安排在其他时间。例如，如果邀请国家或地区的高级领导出席开幕式，就要根据重要人物的时间表安排开幕式。如果场地需要预约租用，就要尽早联系、协调。地点安排好之后，就可以开展其他工作了。

（2）邀请出席人。

要先拟定邀请范围和名单，编印请柬。要根据当地的邀请出席率计算寄发数量；对于重要的邀请对象，可以在寄发或直接送达请柬后用电话再次确认；根据需要和条件，在请柬上注明"请确认"或附上回执。

（3）布置现场。

开幕式的现场布置要围绕既定的方案，从硬件和软件两方面着手。首先要对所使用的场地进行布置，包括开幕式的横幅、开幕舞台及背景板和环境气氛的布置，横幅及背景板的用词、尺寸和颜色等都要认真考虑。现场使用的扩音设备、照明设备和空调设备等，要安排专人负责控制。需要准备好剪彩用具和人员，用具主要有立杆、彩带、剪刀、手套和托盘，人员有持彩人、托盘人和引导人，建议选择外形气质较好的女青年，并进行适当的培训。出席开幕式并登台的贵宾的位置要事先在开幕舞台上标记好，或由专人引导就位。要在适当的位置设置记者拍摄位置，方便记者拍摄或采访。若需要乐队或表演队，也要安排出适当的位置和设置临时更衣室。

2. 开幕式的程序

开幕式的程序一般是司仪宣布开幕仪式开始，主宾按顺序致辞、剪彩和参观展台。参观展台的路线要事先安排好，计算好时间，并通知相关展台。参观过程中要安排引路、解说和陪同人员。重要人物都要有人陪同，但也不要冷落其他人。隆重的开幕式还会有表演、放烟花等节目，这些一般都由专业机构进行，展览组织者要做好各方面的协调工作。

5.4.2 开展后的现场管理

开展是指布展结束、开幕式后正式展出的开始。开展后的现场管理，主要由组织者和场馆工作人员及其他相关人员依照各自分工和职责协调进行。组织者的主要职责是对参展商、观众之间以及他们与场馆和其他相关工作人员的总体协调、控制；而场馆和其他相关工作人员则负责具体的现场和后续配套服务和管理。现场应该设客商报道中心、服务咨询中心和消费者投诉中心等。随时处理各种问题、投诉和突发事件；维持整个展场的秩序，安排工作人员现场巡逻，帮助参展商和观众解决不时之需；加强保安工作，消除各种安全隐患，保护参展商和观众的人身和财产安全；做好开馆时的参展商入场、闭馆时的清场和撤展的疏散工作。另外，还要做好后勤配套工作。维护展馆的交通秩序，以使观众正常进出会场；提供充足的餐饮场所，并检查和监督餐饮卫生，以防食物中毒；保持展场的卫生，尤其是厕所要有专人随时打扫。

除了这些常规工作外，最为重要的是要建立对突发事件的处理机制。对于会展这样的人员众多和程序复杂的大型活动，会展组织者必须建立完善的危急事件处理机制，事先为可能发生的所有紧急事件制定相应措施，以防措手不及。其主要包括以下3方面的工作。

（1）紧急医疗。

展会的参展商和观众可能会因为气候、饮食、疲劳和其他意外情况突然生病，对此组织者应有各种预防和应急措施。场馆工作人员要负责搞好饮食卫生和环境卫生。环境卫生一般不会有大的问题，而餐饮卫生要复杂一些，要慎重选择餐饮合作对象，并搞好卫生监督与检查，以防食物中毒或腹泻，否则将会给主办城市和主办单位带来无可挽回的负面影响。会展组织者还应当通过当地有关部门或机构协助成立一个紧急医疗救护系统，在现场安排医疗人员，并与当地医院联系，一旦有紧急病人立即安排救护。

（2）火灾防范。

组织者和场馆工作人员应做好展前和展中的消防检查，要重点检查场馆消防设施的配备和完好情况，如是否有自动灭火系统、灭火设备是否完好、安全出口是否通畅等。另外还要检查场馆的电气系统，组织者有责任要求参展商和观众按照场馆关于消防的有关规定严格执行，如布撤展时不按规定进行焊接作业、动用明火、携带易燃易爆物品进场、随处吸烟等，都应及时制止，以消除火灾隐患。组织者还应该向与会者提供预防火灾方面的资料，告知火灾应对措施、逃生步骤和紧急逃生出口。可以编印活页手册，放在资料袋中提供给与会者。

（3）防盗窃。

防盗工作应该是展览会加倍关注的问题，尤其是珠宝展一类的展会。盗窃事件的发生会给参展商留下极为不良的印象，使其对组织者的办展能力产生怀疑。会展组织者应组建高素质的保安队伍，加强安全检查，并与当地公安系统协调工作。另外，应以书面和广播等形式向与会者告知相关的防盗事项。

案例分析 5—1

展览＋增值服务＝平面扩张

增值服务是差异化竞争时代企业构建其竞争优势的重要手段。会展产品就其本质而言，属于服务类产品，在其他条件相同或相似的情形下，会展产品消费者的最首要考量，是展览会主办方所提供的价值诉求。伴随着我国对外开放力度的进一步加大，以及大量国际主办机构的涌入，未来展览会所提供增值服务的内容、品质及其创新元素，将直接影响到展会主办方的效益，甚至是存亡。品牌传播学理论指出，受众对于品牌的态度，决定了该产品的品牌价值。而建立品牌的目的，是要形成对竞争对手的一种"不公平"。这是"差异化竞争"的重要基础。

目前，我国会展仍处于"粗放式"经营阶段，存在不少问题，突出表现在展览会数量迅猛增长，规模上不去，质量没保证，效益欠佳。尤其低层次重复办展严重，既浪费了资源，又使我国会展业整体缺乏国际竞争力。相比之下，海外跨国展览公司经过多年的发展，积累了丰富的办展经验。他们拥有较完整的营销网络，充足的资金、人才,以及先进的经营管理理念。假设国内的会展业在基础硬件设施上与海外品牌具有同等竞争力,那么竞争的焦点就集中在服务上,具体说应该是服务的创新上。会展企业核心竞争力是会展品牌形成的基础,而会展核心竞争力的形成是以会展服务为依托的,因此会展品牌实质上是一种服务品牌。

ITE集团是英国三大展览公司之一。公司主要业务集中在俄罗斯及乌兹别克斯坦、塔吉克斯坦等中亚国家,是上述区域的市场领导者。公司驻中国代表处商务发展区域总监尼古拉表示,商业配对是展会增值服务最重要的方面。在欧洲,旅游类展会通常有一种特别服务,就是在展会期间,主办方会安排专门的洽谈间供参展者进行"配对"。主办方在展前会利用其掌握的资源调查买卖双方的兴趣所在,进行"撮合",等到展会开始时,专业买家或参展商可以在"洽谈间"等候,每隔半小时,都会有一批专门安排的"配对对象"到来。他们会直奔主题,免去寒暄等诸多不必要环节,如果合适,双方可立即进行洽谈;如不合适,"配对对象"会马上进入下一个洽谈室进行"配对"。据萨斯诺娃介绍,该举措已在欧洲实行多年,对促进展览会成交效率有不可估量的效果。

环球资源(Global Sources)是在美国纳斯达克上市的国际贸易媒介机构,与国内众多展会不同的是:环球资源拥有一个专业的市场推广网络,包括9个行业网站、13个地区入口网站杂志、专业光盘、专用目录及技术展览活动。环球资源一直重视并强调"增值服务"这个概念,以其所提供的专业的买家见面会为例,公司依托其庞大的客户资源,对行业内的供应商和买家进行专业化细分,并且根据供求双方不同的需求和相应的级别,事先帮助买卖双方进行书面的沟通,为买卖双方牵线搭桥,最后通过会展期间的"买家高峰会议",让具备基础条件的买卖双方"相亲",从而让买卖双方的贸易成功率大大提升;对供应商做"与买家如何沟通"的培训,如给参展商制作《参展商公共关系手册》,协助供应商总结并提升自身的卖点;同时也对买家进行沟通方面的培训。此外,帮助客户解决一些突发事件,为客户提供其预期之外的服务,常常会给客户带来惊喜。

在"互联网+"的热潮下,2016年的中国国际食品和饮料展览会(以下简称"中食展")以创新的精神,把"互联网+"融入传统的展会当中,为展商提供更多的线上线下服务。展会服务不仅限于开展期间,在开展前或开展后,广大展商可以通过线上服务平台获得展会服务。北京爱博西雅展览有限公司市场总监巴雯女士对此次增值服务做了介绍。①在线商务配对系统(Match-Making System):在线商务配对系统能够智能化的导入展商在系统内已经填写提交的信息,无须再次填写,有效节省展商和观众的宝贵时间,提升用户体验。②数字化平台:数字化平台是中食展为展商提供的全新客户体验服务,其以产品为导向,通过互联网平台实现365天贸易不停歇,为展商及观众带来更高的附加价值。③丰富的配套服务活动:中食展与五大主题馆相辅相成的8场高水平、高规格的配套服务,将为现场专业观众带来最直接的"食"听感受。

综上所述,我们可以把会展组织者开发增值项目的途径大致分为两种:一是开发一些新的增值服务项目,顺应时代潮流,加强科技与展会服务相结合,如中食展将"互联网+"这一热点名词与展会相融合;二是可以通过常规项目的升级,提供个性化细节服务,从而获得顾客的认同,如环球资源以其庞大的客户资源为支撑,为买卖双方提供更为深入的交流与合作。无论哪种方法，会展组织方都是以创造差异化，最终树立会展品牌，获得竞争对手无可比拟的竞争优势为目的，在为顾客增加价值的同时，也为自身创造了商业价值。

会展活动就要着眼全面，服务细节，通过点点滴滴的细节服务体现个性化的"贴身"服务，把参展商和顾客的利益放在第一位，通过贴切的服务和深切的体验保证了参展商和顾客的利益，从而使展商、顾客和主办者之间形成良好的关系，利于会展活动连续、定期地举办。

（资料来源：http://news.foodmate.net/2016/02/354121.html 等，2016-02-17.）

点评：增值服务，暂时没有统一的定义，但其核心内容是指根据客户需要，为客户提供的超出常规服务范围的服务，或者采用超出常规的服务方法提供的服务。在展览业迅猛发展的今天，各展览公司不断推陈出新，为参展商和观展者提供各项增值服务，以提高自己的服务水平，树立自己的品牌。

本章小结

本章简述了展览的概念，归纳了展览会的性质和特征；描述了展览所具有的基本功能、辅助功能与扩散功能，并按展览会的分类标准对展览会进行了具体分类；详细描述了展览的组成；最后介绍了现场管理，在展览的现场管理方面则要做好开幕活动等安排和开展后的现场日常管理，并建立对突发事件的处理机制。

复习思考题

一、名词解释

展览　　专业观众　　现场管理

二、填空题

（1）展览业常见的术语有展销会、_____和_____。

（2）根据展览内容的不同，国际展览业协会（UFI）将展览会分为3类，即综合性展览会、_____和_____。

（3）展览活动主要组成人员包括：展览经理、_____、展馆经理和员工、展会服务承包商、_____。

三、简答题

（1）展览的功能。

（2）展览的主要分类方法。

（3）展览经理的主要职责。

（4）参展商参展的基本工作程序。

四、实务题

（1）课余时间上网查找、浏览有关展览活动的案例。

（2）如果由你策划的展会即将开展，请问你将如何进行开展后的现场日常管理。

（3）按不同标准将下面展会进行分类，如下表所示。

【拓展练习】

展会名称	性质	内容	面积	展览方式	时间	UFI 的分类
世博会						
广交会						
CeBIT						
大学生用品展						
长春丝绸展						

（4）到材料市场实地了解展台搭建不同类型材料的特征，到工程中观察不同类型材料的应用方法、连接方式、搭配形式等。分析具体工程中材料的应用，体会不同材料应用带来的效果变化。

五、案例题

上海佳佳展览有限公司决定在浙江设立会展分公司，主营小商品和机械产品的展览项目。目前的关键是相关客户群的地域分布和需求特征情报收集。该公司下属的会展分公司认为在小商品和机械产品领域举办网上会展利润空间大，加之该领域的浙江企业产品多为外销，应该有众多参与企业。

要求：（1）请列出该公司情报收集的可能渠道。（2）小商品和机械产品都适合网上办展吗？请说明理由。

第6章 节 事

学习目标与要求

1. 掌握节事活动的内涵。
2. 掌握节事活动的特点及意义。
3. 了解当前我国节事活动存在的问题。
4. 掌握节事活动策划的原则；了解节事活动策划书的写作方法。

导入案例

青岛国际啤酒节（以下简称啤酒节）始创于1991年，由国家有关部委和青岛市人民政府共同主办、青岛市崂山区人民政府承办，是融旅游休闲、文化娱乐和经贸展示于一体的国家级大型节庆活动，每年八月中旬的第一个周六开幕，为期16天。啤酒节是国内规模最大的酒类狂欢活动，在国内外具有较广泛的知名度和影响力，被誉为亚洲最大的啤酒盛会。

啤酒节以"青岛与世界干杯！"为主题，通过举办开幕式（图6.1）、啤酒品饮、嘉年华娱乐、艺术巡游、饮酒大赛、经贸展示和闭幕式晚会等活动，营造浓郁、热烈的喜庆氛围。节日期间，青岛的大街小巷装饰一新，举城狂欢。占地近400亩、拥有40余项世界先进大型娱乐设施的啤酒城更是酒香四溢、激情荡漾。节日每年都吸引近50个世界知名啤酒品牌参与，也引来300多万海内外游客相聚狂欢。

【更多彩图】

图6.1 青岛国际啤酒节开幕式

2006—2010年，啤酒节五度荣膺中国节庆产业年会"中国十大节庆活动"称号，并位列榜首。2008—2009年，啤酒节蝉联中华文化促进会组织评选的"节庆中华十佳奖"。2009年啤酒节荣获人民网"年度最受关注的十大节庆"称号，并位列榜首。2010年，在全国休闲标准化技术委员会、中国旅游协会休闲度假分会联合主办的颁奖典礼上，啤酒节荣获"休闲节会创新奖"和"休闲、旅游营销创新奖"；在商务部国际经贸研究院和中国会展经济研究院共同主办的首届中国会展业年会暨北京国际会展产业高峰论坛上，啤酒节获得"2010年度中国十佳节庆活动"荣誉。2011年5月，由人民网主办、中华节庆研究会协办的第二届中国节庆创新论坛暨2011中国品牌节会颁奖盛典活动在北京举行，青岛国际啤酒节荣获"2011年度中国十大品牌节庆"殊荣，并位列榜首。

啤酒节期间的活动有：啤酒品饮活动，"慕尼黑主题日"活动，中心舞台文艺演出，艺术巡游，饮酒大赛，啤酒节文化展览系列活动等。
(资料来源：https://wenku.baidu.com/view/bdd5d2a00622192e453610661ed9ad51f11d5418.html，2019-04-09.)

6.1 节事活动概述

节事活动作为一种重要的会展活动形式，在我国各城市的飞速发展中扮演着越来越重要的角色。它集旅游观光、购物娱乐、经贸洽谈和科技文化等多种活动于一体，具有在短时期内集中展示主办地自然及人文资源独特魅力，强势推销城市目的地并迅速提高其国内外知名度，以及繁荣城市经济、文化的作用。

6.1.1 节事活动的内涵

1. 节事活动的概念

美国乔治·华盛顿大学节事活动管理专业创始人戈德布莱特（Goldblatt）博士在其专著《现代节事活动管理的最佳实践》中将节事定义为："为满足特殊需求，用仪式和典礼进行欢庆的特殊时刻。"还有学者认为："节事是指在日常生活体验选择之外的休闲、社交或文化等方面的体验机会。"卢晓则认为节事是"能对人们产生吸引，经过精心策划，有可能被用来开发成娱乐、休闲和旅游等参与性的消费形式的各类庆典和活动的总和"。

通过以上对节事活动的介绍，本书认为节事是具有广泛的群众参与性，依据特定主题并经过精心策划后举行的日常生活体验以外的群体性消费、娱乐或休闲活动。

2. 节事活动的内涵

（1）举办目的。

节事活动的举办可以达到庆祝节日、文化娱乐和市场销售等目的，同时又可以提高举办地的知名度和美誉度，树立举办地的良好形象，促进当地旅游业的发展，并以此带动区域或经济的发展。举办一次节事活动可以带来诸多好处，因此，当前各地都在大力发展节事活动。

（2）主题内容。

节事活动一般都具有浓郁的文化韵味和地方特色，立足于当地的自然资源或者人文资源，经过精心策划实施，既实现了节事活动的目的，又能从众多的节事活动中区别出来。当前我国节事活动面临的一个比较大的问题就是主题雷同，优秀的节事策划创意是当前最需要的。

（3）表现形式。

节事活动要求生动活泼，具有亲和力，大多数的参与者都是想通过这一活动达到休闲和娱乐的目的，节事活动的编排要严谨、环环相扣、切合主题。

（4）实现功能。

节事活动不仅是一种文化现象，更重要的是一种经济载体。节事活动应围绕经济活动的开展而做适当的调整，以达到文化价值与经济价值同时实现的目的。这样才能保证节事活动延续下去。

（5）活动实质。

节事活动的实质是商业活动，举办期间大量的人流不仅使服务性行业收入迅速增长，还会促使交通、贸易、金融和通信等行业的发展，这一点和会展业对其他行业的带动特点类似。

6.1.2 节事活动的类型

节事活动的分类可以按照活动的属性、影响、组织者、主题和涉及的内容等多种方式进行，本书只介绍按照节事活动的主题进行的分类。在按照主题的类型进行划分时，通常有商贸、文化、自然景观、民俗风情、宗教及其他综合性的节事活动。

1. 以商贸为主题

这类节事活动是以地区的工业产品、地方特色商品和著名物产特产为主题，辅以其他相关的参观活动、表演活动等而开展的节事活动。商品节事活动除了可以起到商品交流、经贸洽谈等经济功效以外，还可以为举办城市带来很多社会效益。例如，青岛国际啤酒节、安徽淮南的中国豆腐文化节（图6.2）（后改为淮南豆制品展销会）等。

图6.2 安徽淮南第二十届中国豆腐文化节

2. 以文化为主题

文化节事活动依托于当地文脉，是依据该区域在历史上或现存的典型的、特质性的地域文化类型而开展的节事活动。这类节事活动文化底蕴深厚，对游客吸引力强。常常与当地特色文化的物质载体相结合，开展丰富多彩的观光、文化活动。例如，中国曲阜国际孔子文化节（图6.3）始创于1989年9月，其前身是孔子诞辰故里游，该活动主要是以纪念孔子、弘扬民族优秀文化为主题，达到纪念先哲、交流文化、发展旅游、促进开放、繁荣经济和增进友谊的目的，融经济、文化、旅游、艺术、学术、经贸和科技活动于一体，文化特色显著，乡土气息浓郁。

图6.3　山东曲阜国际孔子文化节

【更多彩图】

3. 以自然景观为主题

自然景观节事活动是以当地具有突出特点的地理自然景观为依托，综合展示地区旅游资源、风土人情和社会风貌等的节事活动。这类节事活动与自然景观的观光旅游活动有相似之处。不过自然景观仅仅是该类节事活动的主打产品而已，不是全部。因此，在节事活动中，除了突出自然景观的主体地位之外，还有很多其他的相关活动为依托。类似的节事活动有中国哈尔滨国际冰雪节（我国历史上第一个以冰雪活动为内容的区域性节目），菏泽、洛阳牡丹节，云南罗平油菜花节（图6.4）等。

图6.4　云南罗平油菜花节

【更多彩图】

4. 以民俗风情为主题

民俗风情节事活动就是以本民族独特的民俗风情为主题，涉及书法、民歌、风情、风筝和杂技等内容的节事活动。我国是多民族的国家，各民族的习俗各不相同，可以作为节事活动的题材非常广泛，因此该类节事活动也就非常多。例如，潍坊国际风筝节（图6.5）、南宁国际民歌艺术节等。

【更多彩图】　　　图6.5　山东潍坊国际风筝节

5. 以宗教为主题

宗教文化是中国传统文化的重要组成部分，宗教文化内容丰富、风格多样，宗教节事活动就是基于宗教对于游客的吸引力而创办的。宗教节事活动（图6.6）吸引的游客大多是宗教信仰者，这类游客由于信仰的关系，对宗教节的参与热情程度很高，并且重游率很高。

【更多彩图】　　　图6.6　北京天开寺祈福法会

6. 其他综合性的节事活动

综合节事活动大多是综合几种主题在大城市举办。这种节事活动一般持续时间较长，内容综合、规模较大，投入较多，相应地取得的效益也会比较好。在我国的许多大城市都有此类节事活动，如每年举办的上海国际旅游节（图6.7）。

由于节事活动包含的范围比较广，内容比较丰富，用某一种分类方法涵盖所有的节事活动尚有困难，需要我们对节事活动更好地理解和把握。

第6章 节 事

图6.7 上海国际旅游节

【更多彩图】

6.1.3 节事活动的特点

1. 大众参与性

节事活动常被人称为"有主题的公众庆典""平民参与的节日",也就是说节事活动往往需要吸引众多的民众参加。无论活动现场气氛是热闹喜庆或是严肃庄重,参与活动的人数往往比较多,没有众人参与的节事活动,往往失去其举办的意义。让节事活动举办地大部分人参与是节事活动策划必须注意的,节事活动的魅力就在于人们聚集在一起,亲临其境感受其间的节事气氛。大众性是节事活动的前提,也是节事的重要特点之一,如果所举办的节事活动不具备大众色彩,其效果及影响力就无从谈起。节事是对社会大众开放的,在所有的会展活动中,其参与面最广。

2. 文化性

文化性是节事活动的生命力所在。与其他会展活动相比,节事活动的文化性更明显。节事活动的策划必须以文化为依托,它充分体现了举办地的文化特色和文化内涵,一个历史人物、一个历史故事都可以策划为一个节事活动;一些刚发掘出来的节事活动要想生存下去,也要有不断的文化积淀。

一些传统的节事活动之所以经久不衰并且历久弥新,其关键就在于节事活动本身就是一种文化、一种文明。任何节事活动的生命力在于其自身的文化内涵,在于其厚重的文化积淀,节事活动只有根植于丰富的文化底蕴之中才能焕发出生机和活力。例如,青岛国际啤酒节已经依托青岛的啤酒成为一种城市文化、一种啤酒文化。节事活动的举办基础就是文化,节事活动本身也是一种文化活动。

3. 经济性

从本质上讲,节事活动也是一种经济活动,良好的经济效益和市场效果是节事活动受到关注并不断发展的重要原因。节事活动产生的大量需求能刺激消费,其大量人群流动与汇集所产生的需求可以带动当地经济发展。节事活动的投入一般都比较大,因此,良好的经济回报也是节事活动生命力的所在。

4. 地域性

节事活动一般都带有浓郁的地方特色,大部分的节事活动在地域上都有一定的范围,参与者可能来自地域上相邻的城市,或者风俗习惯上相同的民族等。有些节事活动已经变成为地域的名片,而少数民族节日更是独具地方特色。例如,2011年7月举办的新疆薰衣草文化旅游节,必须依托薰衣草的产地伊犁河谷才可行。

5. 多样性

节事活动的内涵广泛、举办的形式多种多样、参与的主体多元化、开展内容丰富多彩,因此,节事活动呈现多样性表现形式。例如,节事活动的功能已经从原来单纯的一个节日和庆典活动,发展成为多重功能和目的的行为。塑造和提升城市形象、保护和彰显民族文化和加速经济发展等,这些也成为节事活动的最主要的功能。"节事搭台、文化点缀、经贸唱戏"是对这3种功能的最好诠释,凸显了节事活动多样性的一个特征。

6. 时效性

对于大部分节事活动,都有一个时间和季节的限制,并且都要在事先计划好的时间段内举行。策划一个节事活动举办的时间一般要考虑当地的天气气候、交通状况、节假日和旅游淡旺季等,做出翔实的可行性规划。

7. 投入巨大

由于场地和人流量的原因,节事活动举办所需投入的人、财、物巨大。一般的节事活动的投入少则几十万元,多则上百万元,甚至上千万元。从资金来源来看,获得节事活动资金的渠道主要有政府拨款、自筹资金及一些市场化的手段,如门票收入、赞助收入、活动冠名和广告招商等。从中可以看出,对于大型群众性的节事活动,政府的支持和投入是节事活动成功举办极其重要的因素。

会展故事 6—1

演唱会新型盈利模式分析

2014年8月2日晚,汪峰"峰暴来临"演唱会在北京"鸟巢"体育场举行;时隔一月,"90后"人气歌手华晨宇也在北京万事达中心举行了"火星"演唱会。为搭上新媒体快车道,两场演唱会的主推方——乐视TV与芒果TV都创新地采用"场馆演唱,现场直播"的方式进行演绎,不仅给现场观众提供了巨大的震撼体验,更为线上歌迷呈现了身临其境的音乐魅力。

汪峰"峰暴来临"演唱会线上门票预售自7月31日起至8月2日结束,3天内累计销售虚拟门票4.8万张,实现销售收入144万元,直播付费人数共计7.5万人,日均门票销售量为1.6万张,实现销售收入48万元/日。华晨宇"火星"演唱会线上门票预售自9月1日起至9月6日结束,6天时间内累计销售虚拟门票超过12万张,若按照9月1日至9月5日20元/张的售价,此次共实现销售收入240万元(因9月6日将售价提升至30元/张,故实际数额应超过240万元),日均销售量达2万张,实现销售收入40万元/日。

乐视 TV VS 芒果 TV 销售情况对比

(单位：万元/万张)

	累计销售收入	累计销售门票	日均销售收入	日均销售门票
汪峰"峰暴来临"	225	7.5	75	2.25
华晨宇"火星"	240	12	40	2

虽然在总量类指标（累计类）上芒果 TV 略占优势，但相对量指标（日均类）却明显低于乐视 TV。值得注意的是，汪峰演唱会线上门票预售期仅有 3 天，而华晨宇演唱会的预售周期达 6 天之久，这意味着从时间效率角度来说，乐视 TV 较芒果 TV 高，短期内实现了较大的销量，并且缩短了网站运营及维护成本。造成上述情况的原因主要有如下几点。

（1）消费者（需求）因素：汪峰的受众群体主要为"70 后""80 后"及部分"90 后"，此类人群的支付能力相对较高，并且对明星的忠诚度牢固，因此有效需求比较强烈；华晨宇作为新生代偶像，其受众群体主要为"90 后"，支付能力有限，粉丝稳定性仍处于上升期，因此有效需求还有待加强。

（2）播出平台差异因素：乐视 TV 率先推出 O2O 模式概念，推出后市场反应较大，销售情况较好，而更重要的是，此次汪峰演唱会采用的是移动端、PC 端、互联网和电视端"四端同步"的呈现方式，几乎涵盖了目前所有线上消费模式；而芒果 TV 还未将移动端口纳入播放，因此用户群体相对而言有所限制。

（3）宣传效应因素：媒介推广情况的好坏将直接关系到演唱会的宣传效果，并最终对销售收入产生影响。从发稿数量来看，25 日内（7 月 22 日—8 月 15 日）汪峰演唱会的新闻发稿量为 54 条，日均发稿量为 2.16 条；华晨宇演唱会在 17 天的宣传周期内实现新闻发稿量 44 条，日均 2.58 条，略高于汪峰演唱会。同时，稿件转发数量也实现了全面超越，以 944 篇的总转发次数、日均 55.53 次的转发量超越汪峰演唱会。

从内部环境来看，目前芒果 TV 具有 O2O 模式复制、资源背景优良、艺人市场广阔、集团政策利好的内部优势，但同时也存在品牌知名度相对较低、运营成本较高、艺人选择空间受限等劣势。从外部环境而言，机遇主要表现在用户消费方式转变、新媒体行业兴起以及政策逐渐放开，而潜在威胁主要来自行业竞争、市场风险和政策风险三个方面。

（资料来源：孙梦如，鲁佑文. 演唱会新型盈利模式分析与启示——以芒果 TV 与乐视 TV 首场 O2O 网络演唱会为例 [J]. 艺海，2015，(6)：90-92.)

6.1.4 节事活动的意义

节事活动具有强大的产业联动效应，可使参与者在停留期间具有较多的参与机会。它不仅能给城市带来场租费、搭建费、广告费和运输费等直接收入，还能创造住宿、餐饮、通信、购物和贸易等相关收入。更重要的是，节事活动能汇聚更大的客源流、信息流、技术流、商品流和人才流，对一个城市或地区的国民经济和社会进步产生促进作用。它还具有丰富人民精神生活、弘扬民族文化和扩大旅游市场、提升目的地旅游形象、降低目的地旅游季节性、调整旅游资源和提高管理水平等特殊作用。

1. 促进城市基础设施建设，优化城市环境

举办节事活动，可以极大地促进城市的交通、通信、城建和绿化等基础设施建设的步伐，优化城市环境，尤其是对于交通条件的改善具有很大的推动作用。在实际工作中，各城市在举办节事活动之前，都十分重视交通等城市基础设施的完善工作。例如，作为历年冰雪节的一项重要内容的哈尔滨灯饰亮化工程，使松花江南岸沿江一带环境得到了极大的改善，形成了两岸霓虹遥相辉映的壮美景观。

2. 促进相关产业的发展

任何一次城市节事活动都具有一定的主题，配合这一主题的生产厂家或者说整个产业都可以在节事活动中获得经济收益。例如，每一届的大连国际服装节，都迎来了大量的海内外服装厂家、商家、设计师和模特的光临，各类表演活动、发布会、展览会和洽谈会，为本地服装业及其相关产业、生产厂商提供了巨大的商机。

3. 塑造城市形象，提升城市知名度

城市形象是一个综合的形象塑造系统，需要花费大量精力和进行很长时间的宣传，才能塑造成功，此外，城市整体形象是通过对各种形象要素的整合实现的，其宣传工作难度很大。而城市节事活动的开展，往往能够对城市主题形象起到很重要的宣传功效。参加者可以通过节庆活动的各项内容，全面了解城市的自然景观、历史背景、人文景观和建设成就等内容，从而对城市形象产生感性认识。另外，节事活动本身就是目的地形象的塑造者，举办节庆活动就是目的地形象的塑造过程。

4. 塑造和传播优秀文化

二十大报告指出，要"传承中华优秀传统文化"，城市节事活动对于弘扬中华传统文化，彰显传统文化的丰富内涵和个性，对于进一步密切国内外文化交流与合作，促进文化的传承、发展和经济社会全面进步，具有积极而深远的影响。

5. 具有很强的后续效应

节事活动给城市带来的效应，不仅限于当时所创造的效应部分。对于主办城市的人们来说，通过节事活动掌握了大量的信息，挖掘了大量的商机，可以当作是参加了一次免费的交流会；对于主办城市来说，通过举办节事活动，改善了当地的基础设施，优化了社会环境，创造了良好的投资环境，给参加节事活动的人们留下了好印象，创造了一批潜在的投资家。这些效果不一定在当时就能够看得出来，也许会经过很长时间才能显现。因此，举办节事活动创造的效应具有持续性、后续性。

6.1.5 我国现阶段节事活动存在的问题

举办"以节招商、文化搭台、经济唱戏"的地方节事活动，来推介具有地方特色的旅游资源和产品，塑造地方整体形象，促进地方经济和社会事业的加速发展，已在全国形成了热潮，并渐渐形成了一种政府显示政绩的"时尚"。在我国城市节事活动层出不穷、愈演愈烈的时候，不难看到其中的"泥沙俱下"以及"鱼龙混杂"的状况，综合分析，我国的节事活动中存在以下主要问题。

1. 总体数量众多，但品牌知名度不高、国际化的节事活动少

目前在我国，大到北京、上海这样的直辖市，小到各地的行政区县，几乎都有节事活动，而且举办的数量和次数还呈逐年增加的趋势。这说明城市都已经认识到举办节事活动能够带来的诸多积极效益。但是纵观我国目前举办的名目繁多的城市节事活动，尤其是与国外比较成功的节事活动相比，不难看到我们的节事活动品牌知名度低，举办时间不长，能持续举办并发展成为国际节事活动的则更是凤毛麟角。目前，我国高规格、大规模、高品位、高档次并已经成为城市的形象工程和著名品牌的节事活动，仅有为数不多的几个。例如，菏泽国际牡丹花会（2013年后更名为菏泽国际牡丹文化旅游节），自1992年起每年4月中旬举行，为期20天，至2017年4月已成功举办26届，累计共接待中外游客3 000多万人次，有600多位中央、国家部委的领导人到菏泽视察。经济贸易成交额达900多亿元，签订利用外资合同近700项；对外合作领域涉及第一、第二、第三产业的40多个行业门类。

2. 地域分布不均衡，东部多、西部少

节事活动的举办与社会经济的发展有着密不可分的关系。我国社会经济的发展在地域上存在着较大的差异，使得节事活动在空间上也出现了分布不均衡，呈现出东部多、西部少的格局。

3. 主题选择上"撞车"现象比较多，特色节事活动较少

特色原则遵循得不够，是导致很多城市节事活动寿命短或效益不好的首要原因。对于节事活动的参加者来说，活动的主题是否具有特色是产生吸引力的根本所在。节事活动要做响，市场要做大，靠的就是独特的主题。而现在我国的节事活动在主题选择上大多雷同。例如，光是以茶文化为主题的节事活动，就有日照茶博会暨茶文化节、中国重庆国际茶文化节、中国安溪茶文化节、蒙顶山茶文化节、普洱茶文化旅游节和湖北国际茶文化节等几十个。

地理相邻的地域由于自然条件、地理环境和历史文脉等方面的共通性，从而导致了在资源方面的相似性。各地市选择节事活动的主题上本身就存在着一定的困难，但这也不能成为主题选择过于雷同的借口。例如，只要是有点规模的桃树种植基地，都在举办桃花节，上海在举办、常德在举办、湖南桃源也在举办，千篇一律、毫无特色。

4. 政府干预太多，市场作用不显著

从根本上来说，节事活动是一种经济现象，在实行市场化运作上，应当遵循"资金筹措多元化、业务操作社会化、经营管理专业化、活动承办契约化、成本平衡效益化和管节办节规范化"等市场经济的基本规律和原则，否则，真正的市场化运行机制，以及以此为基础而取得的节事活动绩效就无从谈起。

目前我国节事活动的运作与市场经济的要求有许多不相符的地方。政府在其中所起的作用过于重要，管辖的范围过于宽泛。节事活动往往由政府部门牵头主办，上指下派，按行政方式运作，较少考虑由企业承办。这样就造成节事活动成本过高，政府财政负担过重。而且一旦牵扯到政府指派，节事活动就容易"变味"，商家企业对于"遵旨"办事，难免会有抵触情绪，从而极大地影响了商家企业主动性和积极性的有效发挥。

在目前的节事活动举办中,企业能够参加的筹资方面大都集中在广告宣传、捐赠和赞助上,由于投资回报机制尚未建立,企业的投资回报率往往较低。此外,由于政府办节往往更注重政治影响,经济意识不足,同时在活动的开幕式与闭幕式上耗资过大,也导致政府财政压力过大,但却是华而不实,节事活动效益不显著。

5. 节事活动经济文化结合力度不够,文化内涵尚待挖掘

节事活动与社会经济发展相结合是其生命力所在。现在的节事活动几乎无一例外地以"文化搭台、经济唱戏"为宗旨。但是,在追求经济效益的同时往往忽略了文化内涵的挖掘。例如,传统的节事活动中加入了过多的商业炒作成分,以中秋为旗号策划的节事活动实际变成了月饼大战,以重阳节为旗号的节事活动忘记了登高和赏菊。不管什么主题的节事活动,大多有一些模特大赛、演唱会等与主题相关性不大的活动。这样的活动虽然热闹,能够吸引人,但是缺乏深厚的文化内涵。节事活动里过多地包含相关性不大的活动,短期之内可能会增加亮点,但长远来看会有损节事活动的主题和生命力。

6.2 节事活动的策划与实施

6.2.1 节事活动的策划

节事活动的策划是一项系统工程,需要利用各种资源、各种知识,运用科学、周密和有序的方法,对节事活动进行调研、分析、创意、设计和整合,然后利用形成的策划方案,形成各项目标、手段和策略,最终通过严格的实施达到预期目标,从而产生巨大的社会和经济效益。节事策划一般是指依据一定的资源条件和经济发展水平,通过对节事活动的主题、内容和举办形式等进行事先的谋划,最后做出科学决策的一个理性过程。

节事活动的策划也具有一定的必要性。它是由节事产品所依赖的资源条件和资源特性所决定的。首先,节事活动需要以独特的创意为灵魂。据不完全统计,2010 年全国的节事活动达 5 600 多个,千事一面已成为一种普遍现象,有创意、有特点、能从众多节事活动中脱颖而出的少之又少。在这样的大环境下,更需要有敏锐的分析能力和大胆的创意,才能够提炼出节事的独特卖点和新颖的节事活动运作模式。其次,节事活动需要的资源具有潜在性。节事活动往往是一个地方的地方精神、人文特色或者自然资源的具体和集中体现,是一种特殊的产品,必须经过深入细致的开发策划,才能充分挖掘当地潜在的资源价值。再次,节事活动是一种社会文化的仪式化表达。在现代商业社会,好的节事活动策划可能带来大量的经济、环境和社会效益,若策划或者运作不当,也可能带来较大的不良效应,造成不好的社会影响,浪费大量的人力、财力和物力。

6.2.2 节事活动策划的原则

1. 大众化原则

大众性是节事活动得以成功的魅力所在,大众的关注度和参与性是节事活动的生命线。节事活动的魅力不在于安排多少项活动,而在于有多少人能亲临其境感受其中的人文气氛,节事活动要的就是群众扶老携幼、结伴前往的这种普天同庆、万民同乐的节日气氛。大众化也是节事活动营销的前提,为此,应该努力改变目前我国许多节事活动带有较强的"官方色彩"的现状。另外,节事活动首先应吸引本地居民积极参与,而后才会对旅游者产生吸引力,通过节事活动促进旅游业的发展。

2. 确定性原则

节事活动虽然是一种动态的吸引物,但又必须在动态中寻求某种确定性和规范性,它们是招徕四方游客的先决条件,也是著名节事活动获得巨大效益的成功秘诀。

例如,西班牙奔牛节共有156项活动,在长达4个世纪的历程中,每年7月8日—14日,这些活动分布在潘普罗纳市固定的时间和地点,从早晨8时至深夜24时,年复一年,百年不变。潘普罗纳市政府为此印制大量的日程表和节目单,将节事的活动安排见诸各类媒体,公布于众,即"有组织的无政府状态"。这种严谨周密的管理和确定性是塑造节事主题的关键,也是节事活动产品化的基本条件。

3. 市场化原则

节事活动进入市场化运作必须遵循市场规律,注入"成本与利润""投入与产出"的理念。众所周知,源源不断的资金来源是节事活动历年不衰的阳光和土壤,也是节事活动营销得以传承的基础,但资金来源不能依赖政府的财政投入,应建立"投资—回报"机制,同时,逐步提高知名度和影响力,吸引大企业、大财团以及媒体的参与,形成"以节事养节事"的良性循环发展模式。

4. 产业化原则

要围绕节事活动,从项目策划、集资、广告、会务、展览、场地布置、彩车制作和观礼台搭建到纪念品制作,都以招标投标、合同契约的有序竞争方式进行,并逐步形成新兴的"节事经济"和"节事产业",节事产业化更能促进营销的深入和发展。

5. 系统性原则

要把节事活动策划作为一个整体来考虑,在系统整体与部分之间的相互依赖、相互制约的关系中进行系统综合分析;强调系统性原则,就是强调节事活动策划的整体性、全局性,对系统中的各个部分做一个统筹安排。因此,策划时必须协调好各部门的关系,综合考虑各方面因素,确保整个策划活动热烈、圆满、安全和有序。

6.2.3 节事活动策划的流程

1. 策划调查需求

收集有关活动的资料,包括图像、文字和资料等,对收集的资料进行分类整理、归档,进行调查和可行性研究。国家有关节事活动的政策法规、公众关注的热点,历史上同类活动举办的情况,场地状况和时间的选择性等,都需要精心调查研究。调查是策划的基础,不是建立在调研基础上的策划就像没有根基的建筑,不会稳固。当然也不需要迷信数据,还要结合经验并且用发展的眼光进行策划。

2. 确定策划的目标

有了目标才能有的放矢,确定目标是策划的起点。节事活动的目标不明确或者目标太多都会导致策划失误。明确目标的过程中，应建立在以下基础之上：一是选择目标市场，通过市场分析，确定最终的目标市场；二是确定活动定位，通过对组织者和参加者来进行分析确定活动的最终定位。有些节事活动注重的是社会效益，而有些节事活动重视的是经济效益。只有明确了目标市场和活动定位，才能更好地确定策划的目标，策划活动才能合理有序地进行。

3. 收集策划信息

策划的基础和素材来自信息。成功的策划是创造性思维的结果，是策划者头脑中多种信息、多种经验的组合碰撞后的创意、灵感。好的策划方案是在融合了大量的信息后经过反复修改讨论后形成的。因此，相关策划信息的收集工作显得尤为重要。

4. 激发策划创意

创意团队经常采用头脑风暴法来进行节事活动的策划。通过对已有材料的梳理和策划人员思维的碰撞，才有可能产生新的创意。

5. 拟订初步的策划方案

（1）确定主题。

主题是节事活动的核心思想，节事活动的策划和开展必须围绕主题来进行。节事活动的主题设计要考虑主题口号和主题物品两方面。主题口号应是反映主题的句子，应该达到显著的信息传播效应；主题物品应是与主题相吻合的具体实物。

（2）确定日期。

提前确定一个合理可行的日期，以供节事活动相关人员提前安排自己的工作，节事活动操作过程中也有足够的时间去筹划安排。日期的确定一般要考虑公众节假日、交通流量、天气气候和旅游淡旺季等。

（3）确定地点。

地点的选择要考虑可能参与的公众的分布情况、节事活动的性质、参与的人数和活动的经费等诸多因素。

（4）预估人员数量。

通过对以往节事活动的调研以及对当地居民数量等因素的分析，尽量得到一个可能参与的人数，为后续的工作打好基础。

（5）费用预算。

计算好活动的成本和收益，在确保一定的预算的基础上实现节事活动综合效益的最大化。

（6）筛选策划方案。

为了避免节事活动的雷同化现象，从节事活动的目的和意义到节事活动的形式和内容，都要有独特的创意。从策划案中筛选出最合理、最具创意性和可行性的方案。

（7）策划方案的反复修改。

对选定的策划方案进行再次修改，将节事活动可能遇到的问题继续进行梳理，对策划方案进行调整和修正，满足节事活动举办的需求。

（8）实施方案。

按照策划方案进行节事活动的具体实施，确保节事活动在策划方案的范围内实施。

(9) 后续工作和评估总结。

对后续的工作进行补充、对节事活动举办过程中的经验和问题进行总结，确保下次节事活动能更进一步。

6.2.4 节事活动策划书的写作

节事活动的策划就是为了保证节事活动顺利有序地举行，是对节事活动的全局、整体的一个规划。它是从构思、分析、归纳、决策，到制定方案、选择方案、实施方案再到最后的总结的过程。把策划过程用文字完整地记录下来，就是节事活动策划书的写作。

节事活动策划书的种类很多，写作方法也很灵活，写作结构也不拘一格，因此，下面只简单地论述策划方案的基本结构和基本要求。一般节事活动策划书的结构如下。

1. 标题

节事活动策划书的标题通常包括两部分：策划的对象名称和文种，如青岛国际啤酒节策划方案。

2. 文头

在标题下方依次排列以下内容：策划书的名称、策划者的姓名（所属单位、职务也要写明）、策划书完成的日期（包括是第几次修改）和策划书的目标（要求尽量明确具体）。

3. 正文

正文由策划书的前言和策划书的文本两个部分组成。正文前面一般要加上目录，以方便审阅。

（1）前言。

前言包括策划的原因、相关的背景以及节事活动创意的关键点。

（2）策划书的文本。

策划书的文本包括基本事项、策划设计、宣传和推广、预算、策划时间进度表、相关人员分工、策划所需要的场地及物品等。策划书的文本内容重在实用性，是策划书最重要的部分，因策划的类型不同，内容可以适当变动，但应避免大而空洞，而要注重内容的具体性和可操作性。具体内容一般包括以下几方面。

① 市场环境分析。分析市场的需求，市场的热点。

② 活动分析。活动特性分析，以此来为节事活动确定基调。

③ 节事活动的目的。节事活动的目的是现场销售、传达信息、创建节事品牌、展示活动还是其他目的要明确。

④ 主题及形象。节事活动的主题和口号要切合节事特点，阐释节事活动的内涵。

⑤ 组织结构及任务分配。明确活动实施过程中需要哪些部门参与，各自的职责是什么，需要掌握什么样知识的人员，做到各司其职，确保活动顺利举行。

⑥ 宣传推广计划。节事活动需要一个什么样的影响范围，结合预算，选择合适的宣传途径，如电视、报纸、网络、广播、公交传媒、楼宇广告等。

⑦ 预算。将节事活动的收入和支出做出一个详细的计算，做到花最少的钱取得最佳的效果。通过预算的制订可以确定门票、展位费等的价格。

⑧ 时间进度表。将每项工作和工作结束对应的日期放到表格里，确保部门负责人和员工都了解，严格按照时间来做工作。可以使用甘特图来制作时间进度表。

⑨ 现场执行。这部分内容包括现场的布置、各部门的具体职责，物流、安全和保卫等现场工作的管理如何安排执行。

⑩ 节后总结评估。对照节事活动的目标，明确哪些工作已经完成，哪些没有完成，遇到的困难有哪些，为以后的节事活动积累经验，最好形成文字材料，以备保存。

6.2.5 节事活动的具体实施模式

1. 政府包办的模式

政府包办模式曾是一些城市特别是一些小城镇在举办节事活动中采用较多的运作模式。这种模式的特点是政府在节事活动的举办过程中身兼数职，扮演着策划、导演和演员等众多角色。节事活动的主要内容由政府决定，活动场地、时间由政府选择，参加单位由政府行政指派。这种运作模式给政府带来很大的财政负担，而节事活动给城市、社会和当地民众带来的经济效益、社会效益等却大打折扣。

2. 各部委、局及协会主办或与政府、地区联合主办的模式

这种模式是目前许多专题城市节事活动采用较多的模式，它具有政府包办模式的一些特点，但也在不断地加入市场化运作的一些成分。

例如，淄博的齐文化节，由淄博市人民政府、山东省文化厅、山东省旅游局主办，临淄区人民政府、淄博市文广新局、淄博市旅游局承办，其他支持单位包括淄博市文化广电新闻出版局、淄博市旅游发展委员会等。2017年的第十四届齐文化节以"泱泱齐风"为主题，围绕"祭姜、蹴鞠、寻古、探宝、招商、闻韶、惠民"七大主题板块，举办一系列节俭实效、内涵丰富、特色鲜明、雅俗兼顾的活动项目。

桐庐富春江山水节，提出了"区域联动、行业联合、企业联手、产品联体"合力办节的模式，成功的商业化运作模式，突出的群众参与性、全民办节、全方位联动的方式，使山水节成为提升当地旅游业的重要原因。

3. 市场化运作模式

城市节事活动首先是一种经济活动，举办的重要目的之一就是要获得良好的经济效益和市场效果，因此，无论是节事活动举办的需求还是供给方面，都应当遵循一定的市场规律，把节事活动纳入市场经济的轨道，进行市场化运作。可以说，市场化运作模式是节事活动走向市场化的终极模式。市场化运作模式，一来可以节约成本，在节事活动举办过程中，时间地点选择、广告宣传方式等方面完全按照市场的需求来做，可以极大地节约成本，避免因行政力量介入造成的不必要的浪费。二来可以做到收益最大化，这里的收益包括参加企事业的收益、政府的形象收益和给当地带来的其他社会效益。

目前，中国城市节事活动运作模式正在走向市场化，市场规律在节事活动举办中正在发挥着越来越重要的作用。例如，南宁国际民歌艺术节从2002年起，实行政府办节、公司经营、社会参与的运行机制。目前，民歌节全部按商业运作，财政不再拨款。

4. 政府引导、社会参与、市场运作的模式

政府引导、社会参与和市场运作是一种比较适合中国国情的城市节事活动运作模式，这种模式显现出来的优越性、带来的效益，正在越来越多地被各方面所认同。这种运作模式的特点包括以下几方面。

（1）政府仍旧是重要的主办单位，政府引导作用主要体现在确定节事活动的主题及名称，并以政府名义进行召集和对外宣传。

（2）社会参与就是充分调动社会各方面的力量来办好节事活动。社会力量主要体现在节事活动主题选择时的献计献策、节事环境氛围的营造和各项活动的积极参与等方面。

（3）市场运作则是将城市节事活动的举办过程，交给市场来运作。例如，节事活动的冠名权、赞助商和广告宣传等方面，都可以采用市场竞争的方式，激励更多的企事业单位参加。这样做一方面可以为企事业单位提高知名度，另一方面还可以节省大量开支。

例如，青岛国际啤酒节、哈尔滨国际冰雪节、中国潍坊国际风筝节、广州国际美食节和南宁国际民歌艺术节等几个国内著名的大型城市节事活动就是按照"政府引导、企业参加、市场运作"的模式来运作的。

实践证明，由于我国还处在社会主义初级阶段，尤其是目前城市节事活动还带有一定的公益性质，完全走市场化运作的模式还行不通。城市节事活动采取"政府引导、社会参与、市场运作"的模式，是比较适合我国大多数城市实际情况的。为此，政府在节事活动的举办中，必须把好关，同时还要为节事活动的举办提供种种优惠政策。

案例分析 6—1

中国兰州啤酒节策划书（部分）

一、策划背景分析

21世纪是充满挑战和机遇的世纪，改革开放以来，随着我国社会主义市场经济体制的建立和完善，经济全球化的相互渗透和融合发展，市场经济体制在不断地推陈出新。随着人民生活质量的提高，休闲文化活动已成为现代人追求完美生活的体现。

兰州是甘肃省省会，地处黄河上游，位于中国陆域版图的几何中心；市区南北群山环抱，东西黄河穿城而过；气候宜人，冬无严寒，夏无酷暑。兰州市现辖三县五区，总面积1.31万平方千米，其中市区面积1631.6平方千米，居住着汉、回、满、藏、裕固和东乡等38个民族，总人口280万人，其中非农业人口150万人。

第××届中国兰州啤酒节已被中国兰州投资贸易洽谈会办公室确定为2016年中国兰州投资贸易洽谈会（以下简称兰洽会）的一项活动内容，为进一步提高啤酒节的辐射力、影响力、规模效益和甘肃省啤酒企业知名度，推动地产企联手打造企业品牌，实现强强联合，将此次啤酒节办出特色，办出水平，使之成为啤酒文化鲜明、庆典色彩浓郁、高水准、万众参与和万民共欢的庆典活动。中国兰州啤酒节坚持以"交流、发展"为宗旨，抢抓西部大开发机遇，积极借助这次兰洽会对兰州市经济发展带来的推动作用，充分发挥本市以及全省的整体经济优势，努力扩大活动的深远影响，确保"会节"期间的内容新颖、健康，广告真实、合法、多样，遏制虚假、

违法广告出现，加强企业形象宣传和产品宣传，提高企业知名度，为各地企业、商家提供良好的广告服务环境。共同打造都市名片。围绕啤酒文化展示兰州独特的民俗风情及陇原风貌，以兰州特有的人文景观及旅游资源为活动主题，通过啤酒节的多种宣传手段得以实现。

二、策划宗旨

（1）迎接省内外市场新的机遇和挑战，推动西部大开发战略实施。

（2）为兰洽会创造节会气氛，为"会节"聚集人气。

（3）进一步提高中国兰州啤酒节的影响力，打造都市名片。

（4）同时提高省内整体品牌形象，推动旅游业、餐饮业及相关服务业的发展。

（5）为省内啤酒企业和相关产业打造品牌，扩大产品覆盖面。

（6）为建立市场良性竞争创造环境。

三、策划案执行周期

执行周期：2016年6月20日—2016年8月10日

第一阶段：2016年6月20日—2016年7月10日

第二阶段：2016年7月10日—2016年7月20日

第三阶段：2016年7月20日—2016年8月10日

四、策划执行阶段的媒体选择

（1）报纸：《兰州晚报》《兰州晨报》《甘肃广播电视报》《甘肃日报》。

（2）电台：甘肃广播电台交通广播·都市调频。

（3）电视：甘肃有线电视台、兰州有线电视台、甘肃卫视。

（4）POP类：户外场地、活动场地、宣传彩页、礼品。

五、策划第一执行阶段的媒体策划（略）

六、开幕式及活动执行方案

（一）第××届中国兰州啤酒节开幕式庆典活动草案

1. 组织安排

活动时间：2016年7月25日8:30—10:30举行开幕式。

活动地点：东方红广场兰州体育馆。

2. 场景布置

（1）主席台。

（2）充气拱门。

（3）签到台。

（4）气球。

3. 准备工作

（1）礼仪小姐：若干名（暂定）。负责迎宾、引导和剪彩。

（2）军乐队：若干名，排列在主席台左前侧。

（3）胸花：若干朵，供来宾佩戴。

（4）花篮：若干个，置于大门进出口处。

（5）签到系列：供来宾签到。（签字本、签字笔）

（6）剪彩系列：供来宾剪彩。

（7）主席台盆花：围绕主席台摆放。

（8）音响：开幕式专用音响。

（9）贵宾室：开幕式前贵宾休息处。

4. 开幕式程序

（1）主席台于开幕式前一天布置完毕。

（2）签到、剪彩系列和胸花于开幕式前一天准备完毕。

（3）开幕式当天。

08:30 所有庆典人员到位。

08:50 各表演队按指定位置站好。

08:55 乐队开始奏乐。

09:45 引领出席开幕式的领导及嘉宾就位。

09:50 主持人宣布仪式开始,介绍领导及嘉宾,介绍第××届中国兰州啤酒节的重要意义及深远影响及参展单位等情况。

10:00 奏乐。

10:02 请甘肃省商贸委领导致开幕词。

10:07 请组委会领导致欢迎词。

10:12 请(甘肃省人民政府领导)宣布大会开幕。

同时抢锤敲鼓、放飞信鸽和气球。

10:20 剪彩仪式。

10:30 仪式结束。

(二)活动内容

各分会场同时进行以下活动。

(1)专题文艺会演:体现"啤酒文化"和"民间地方特色文艺会演"。

(2)拳坛争霸大赛。

(3)垒啤酒瓶大赛。

(4)评选啤酒先生(女士)。

(5)啤酒小姐服装秀。

(6)召开理论研讨会。

(7)举行新品品尝招待会。

(8)招商洽谈供货会。

(9)"星光灿烂"狂欢啤酒之夜。

七、招商计划(略)

点评:《兰州啤酒节策划书》体现了本章中所列举的策划书的写作步骤和写作结构。每本策划书的结构可能不全相同,但大体可以分为以下3个方面。首先是对节事活动的态势进行分析。例如,当前节事的举办情况如何,我们当地有没有这些资源,有没有这些市场,所涉及的主要行业是否是政府重点扶持的行业,所要引入的展览活动是买方市场还是卖方市场,行业竞争态势如何。其次考虑办节资源是否充分。在节事活动策划和筹备阶段,需要预先投入一部分资源,包括资金、人才、物化资源(如办公设备和通信工具、网络等)、信息及社会关系,还要考虑节事活动所在地的区域位置、交通状况等。社会关系也是非常重要的一个方面,如和政府及主要媒体的良好关系,在节事活动举办中都起到至关重要的作用。最后要对节事活动进行经济可行性分析,通过制订翔实的预算等测算节事活动的盈利水平。

本章小结

节事活动作为中国会展业的重要组成部分,对我国国民经济的发展和人民物质文化生活水平的提高起到了重要的作用,本章旨在通过简单的介绍使读者对节事活动有一个大体的了解。通过对节事活动概念、内涵的阐述使读者明确什么是节事;通过对节事活动特点和意义的阐述,使读者了解节事活动是如何对社会经济的发展贡献自己的力量的;通过对节事活动策划原则及节事活动策划书的学习,明确策划节事活动时应该如何去创新,才能举办一个优秀的节事活动,实现节事活动参与各方的共赢,而不是劳民伤财。当然,对于节事活动的管理、营销和评估本章没有做介绍,读者可以自己去学习。例如,节事活动的管理涉及人力资源管理、时间管理、财务管理、物流管理、风险管理和现场管理等多方面的知识。通过本章的学习,一是希望读者能将会展业和节事的关系理清;二是希望读者能多思考,为我国尚不成熟的节事产业今后的发展贡献自己的力量。

复习思考题

一、名词解释

节事活动　　节事活动策划　　城市形象

二、填空题

（1）节事活动按照主题的类型划分，通常有＿＿＿＿＿、＿＿＿＿＿、＿＿＿＿＿、＿＿＿＿＿、＿＿＿＿＿及＿＿＿＿＿六大类型。

（2）从资金来源来看，获得节事活动资金的渠道主要有：＿＿＿＿、＿＿＿＿及＿＿＿＿等。

（3）节事活动能汇聚更大的＿＿＿＿＿，对一个城市或地区的国民经济和社会进步产生促进作用。

三、简答题

（1）节事活动的特点。

（2）节事活动的意义。

（3）节事活动策划的原则。

四、实务题

（1）利用媒体、网络等手段获取有关全国各地冰雪节的资料，筛选出你认为精彩的冰雪节主题。

（2）利用媒体获取国内外节事活动策划案例。

（3）以小组为单位，任选一个题目，完成任务。上课时，用PPT讲解所选的题目（请多查资料，准备充足）。

① 商品特产类节庆活动（如宁波国际服装节、青岛啤酒节等），自选一个具体案例，分析该节庆活动与产业的关系，节庆的意义。

② 民俗风情类（如地方或少数民族的节庆活动），自选一个具体案例，分析节庆活动策划的缘由及对本地经济和社会的影响。

③ 自然景观类（如长春净月潭瓦萨国际滑雪节、桂林山水文化旅游节等），自选一个具体案例，评析其策划成功之处和意义。

④ 宗教类（如各类庙会、寺庙节庆），自选一个具体案例，分析其活动的经济和社会意义。

⑤ 娱乐文化类（如"奥斯卡金像奖"颁奖晚会等），自选一个具体案例，分析其市场定位、运作过程及盈利模式。

⑥ 体育赛事类（如奥运会、世界杯足球赛），自选一个具体案例，分析其对该城市的影响力及盈利模式。

五、案例题

1999年11月首届南宁国际民歌艺术节期间，成功举办了大型广场文艺晚会《大地飞歌》、中国（南宁）民族服饰博览会、广西民族风情展演等系列文化活动。南宁国际民歌艺术节因此一炮走红。它以浓郁的民族风情、开阔的国际视野和强劲的现代气息，赢得了社会各界人士的赞誉。

潍坊是风筝的发祥地。早在20世纪30年代，潍坊就曾举办过风筝会。新中国成立

第6章　节　事

后,特别是改革开放以来,潍坊风筝又焕发了生机,多次应邀参加国内外风筝展览和放飞表演。1984年4月1日,在美国友人大卫·切克列的热心帮助和山东省旅游局的大力支持下,首届潍坊国际风筝会拉开帷幕。1988年4月1日,第五届潍坊国际风筝会召开主席团会议。与会代表一致通过,确定潍坊市为"世界风筝都"。1989年第六届潍坊国际风筝会期间,成立了由美国、日本、英国、意大利等16个国家和地区的风筝组织参加的"国际风筝联合会",并决定把总部设在潍坊。

请分析:广西南宁一年一度的国际民歌艺术节、潍坊国际风筝会等成功节事活动为何能一届比一届火,一届比一届办得有特色、有声势。

第7章 奖励旅游

学习目标与要求

1. 了解奖励旅游的特点、分类和作用等，了解奖励旅游的发展历程、现状与发展趋势。
2. 掌握奖励旅游的含义、奖励旅游产品的策划以及整个奖励旅游运作流程。
3. 熟悉奖励旅游运作机构与模式。

导入案例

奖励培训市场正逐渐成为旅游业内新的业务增长点

"去年单一个外资企业的奖励培训团的团费就高达700万元，由于其市场空间大、利润回报稳定，奖励培训正逐渐成为旅游业内新的业务增长点。"广之旅国际旅行社股份有限公司（以下简称广之旅）负责人接受采访时如是表示。

1. 人均消费3 000美元

一些有实力的企业为了更好地激励员工，开展奖励培训时常常不惜血本。各大旅行社的有关统计数字显示，一个豪华奖励培训团的营业收入通常是一个普通旅游团的5倍。例如，北京某旅行社接待了美国某保险公司400人参加的奖励培训团，不到10天的消费高达400万美元，人均消费10 000美元，令人瞠目结舌。

据"国际奖励旅游管理者协会（Society of Incentive & Travel Executives，SITE）"的研究报告，一个奖励旅游团的平均规模（人数）是110人，而每一个客人的平均消费（仅指地面消费，不包括国际旅行费用）是3 000美元，远远高于普通游客的消费额。

由于不少企业已经意识到奖励培训所产生的积极作用远比金钱和物质奖品的刺激作用要强得多，而且可以在此过程中对员工进行企业形象、企业理念的培训，因而奖励培训市场的前景非常可观，其增长速度很快，正逐渐成为旅游业内的新的业务增长点。

前国家旅游局规划发展与财务司司长魏小安也认为，实行奖励旅游制度会产生多方面功能：同事结伴出游可以培养团队精神，是企业的一种培训方式；如果规模较大、人数众多，组团旅游也是企业的一种广告宣传方式。

2. 奖励培训市场增幅较大

广之旅从事奖励培训业务的负责人蔡亮表示："去年我们全年的奖励培训营业收入达1 751万元，毛利高达150万元，接待人数达4 500人，分别比同期增长了50%、23%和45%。"据此测算，奖励培训的毛利高达9%，而且每一个奖励培训团都有200人左右，对旅行社的整体贡献比较大。广之旅负责人表示，与一般的旅游团相比，奖励培训的利润率非常稳定，不像传统旅游产品那样受到季节性的影响波动很大。而且奖励培训在季节上错开了旅游旺季时期，从而成为旅行社淡旺季调节器，这对于旅行社的健康发展非常有利。

此外，奖励培训还可以大大增加旅行

社的"额外"收入,据介绍,一个奖励培训团少则上百人,多则上千人,如此庞大的客户群体除了团费以外,还会带给旅行社"额外"的营业收入。例如,这些人需要先从全国各地会集,在旅行过程中,奖励培训企业还会选择"点菜"式服务,回到广州之后再分散到全国各地等,这些都会增加旅行社额外的营业收入。

3. 奖励培训门槛高

郑烘指出,相关企业对奖励培训业务的要求非常高,目前旅行社开展奖励培训业务的并不多,而且企业对奖励培训市场的开发也并不容易。据了解,奖励培训需要旅行社专门为企业设计线路、培训方案等,非常专业化,这不仅需要依托旅行社的订票、订房系统,还要求旅行社有庞大的资源优势,并需要相关的专业人才作为支撑。

(资料来源:http://www.mbachina.com/html/mbachina/201806/39061.html,2010-01-15.

7.1 奖励旅游概述

随着旅游消费需求的多元化和旅游竞争的加剧,细分市场已成为国际旅游业发展的一项重要策略。奖励旅游(incentive tour)作为现代高端旅游市场的一个组成部分,日益受到国内外旅游部门与旅游企业的重视和关注,因而增长迅速。

据了解,奖励旅游起源于20世纪的美国,之后逐步扩展到全世界。目前美国很多企业都采取奖励旅游的方式激励员工;在法国和德国,也有超过半数的企业实行奖励旅游方式;在英国,企业2/5的奖励资金以奖励旅游的方式支付给员工;在东南亚一些国家和地区,如新加坡等,奖励旅游非常流行,已成为企业奖励员工的主要方式。而在我国,尽管奖励旅游市场的开发刚刚起步,但已表现出巨大的潜力和强劲的发展势头,许多旅行社已开展相关业务。

7.1.1 奖励旅游的概念

不同机构、不同研究人员对奖励旅游有不同认识和理解,他们从不同角度对奖励旅游进行了不同的定义与解释。

新加坡旅游局:奖励旅游是针对达成、甚至超越公司个别或总体业绩之特定对象,如员工、经理人和代理商等,由企业主提供一定的经费、规划假期,委托专业旅游业者精心设计"非比寻常"的旅游活动,以犒赏创造营运佳绩的有功人员,让他们体验一场难以忘怀之旅,并以此增强参与者对企业的向心力。

国际奖励旅游管理者协会:奖励旅游是一种现代化的管理工具,目的在于协助企业达到特定的企业目标,并对于达到该目标的参与人员给予一个非同寻常的旅游假期作为奖励;同时为各大公司安排以旅游为诱因,以开发市场作为最终目的的客户邀请团。

《香港大辞典》:奖励旅游是工商企业及其他行业为刺激工作人员的积极性、增强归属感以及维护与有关部门、团体和个人的公共关系而组织的免费旅游。

《中国旅游百科全书》:奖励旅游是一些组织单位为调动员工的积极性、增强凝聚力而举办的免费旅游。

此外还有其他观点,如奖励旅游是现代旅游的一个重要项目,是为了对有优良工作业绩的员工进行奖励,增强员工的荣誉感,加强单位的团队建设,用公费组织员工进行的旅游；奖励旅游指在员工完成了公司有关销售指标和营业收入指标的基础上，公司以奖励旅游的方式进行奖励的活动；奖励旅游是企业及厂商为提高产品数量与质量，增加销售额，振奋士气，鼓励从业人员、经销商、零售商及消费者所举办的活动。

1. 概念

综合分析以上所列几种定义，我们通常可以认为奖励旅游活动是通过旅游的形式进行的，奖励旅游具有一定的目的性，奖励旅游的参与者具有一定的资格限制，奖励旅游的提供者是企事业单位。因此，将"奖励旅游"界定为：企事业单位为达到激励员工、塑造形象等目的，向那些对组织发展做出卓越贡献的特定对象（如优秀职员、经销商和顾客等）所提供的免费旅游活动。

2. 含义

我们可以从以下几个方面理解奖励旅游。

（1）奖励旅游是一种现代化管理手段。

奖励旅游作为一种现代的管理工具，是企业管理多样性的体现。奖励旅游是国外现代企业管理最常用、效果最佳的一种柔性管理形式。奖励旅游表面上奖励的是受奖者个人，实质上更多的是对企事业单位本身的奖励，因为奖励旅游的真正目的在于树立组织形象、宣扬组织理念，并求最终能达到提高组织业绩、促进组织未来的发展的目的。

（2）奖励旅游是一种旅游活动。

从奖励旅游的词组构成角度看，奖励体现为目的，是企事业单位现代化的管理手段，为企事业单位所关心；旅游则体现为活动形式，奖励旅游是一项旅游活动，是旅游的一个细分市场，为旅游界所关注。

① 奖励旅游不同于一般的团队旅游。一是旅游活动主体不同，参与奖励旅游的团员资格需要经过审核，并非人人都能参与奖励旅游；而一般团队旅游的成员是不需要经过资格审核的，只要有主观愿望并满足成为旅游者的客观条件，都可以进行一般团队旅游。二是行程安排不同，奖励旅游的行程安排、活动内容往往根据企事业单位的目的量身定做、精心安排，强调非比寻常，除了包括观光、娱乐和休闲等消遣性活动外，通常还会有会议、培训、颁奖典礼、主题晚会或舞会等内容；而一般团队旅游的行程安排、活动内容适用于多数旅游团队，内容以观光、消遣性活动为主。三是目的不同，奖励旅游的目的较复杂，不同企事业单位实施奖励旅游的目的不同，如慰劳员工、激励员工、培训员工和进行团队建设等；而一般团队旅游的目的相对单纯，就是为了放松身心、休闲娱乐。此外，奖励旅游与一般团队旅游在效果、时间安排和服务要求等方面也都存在不同。

② 奖励旅游区别于一般的公费旅游。奖励旅游明显不同于一般的公费旅游（见图 7.1），但又与公费旅游有着一定的联系——奖励旅游属于公费旅游。就费用来源方面看，奖励旅游与公务旅游、福利旅游具有一致性；但从参与人员、目的、内容和形式等方面看，奖励旅游与公费旅游具有较大的差异。公务旅游是以办理公务事项为主顺便进行游览的旅游形式。这类旅游的特点是把办理公务事项作为活动的主要目的，同时在办理公务所到之地进行旅游。

（3）奖励旅游的几个基本要素。

① 奖励旅游产品的享用者。奖励旅游的受众（即奖励旅游产品的享用者）应该是企

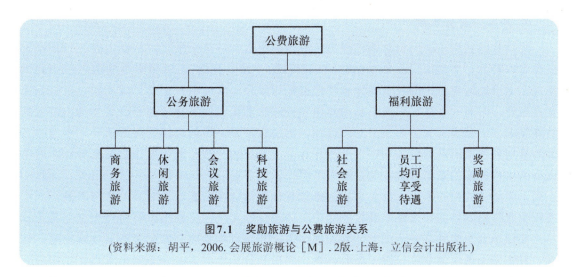

图7.1 奖励旅游与公费旅游关系

(资料来源：胡平，2006. 会展旅游概论［M］. 2版. 上海：立信会计出版社.)

事业单位认定的对其组织作出突出贡献的人员，既包括单位员工，也包括其经销商、忠诚顾客等利益相关者。

② 奖励旅游产品的提供者。奖励旅游产品通常是由能够提供奖励旅游服务的专业机构（如旅行社、旅游公司等）提供的，他们是具体奖励旅游活动的组织、安排和实施者。

③ 奖励旅游决策者。是否进行奖励旅游活动、奖励旅游目的地选择和奖励旅游经费等均由企事业单位相关负责人决定，他们是奖励旅游的决策者。

7.1.2 奖励旅游的特点

奖励旅游作为一种特殊的旅游活动，与一般的旅游活动相比具有以下特点。

1. 参与主体有资格限制

参加奖励旅游的旅游者不同一般的旅游者，除了具备主观旅游的动机、满足旅游需要的闲暇时间和可自由支配收入等客观条件外，还必须通过特定的资格审核。对于奖励旅游参加者而言，奖励旅游是一项带薪的、免费的旅游活动，整个活动的费用由企事业单位支付。可以说，奖励旅游是企事业单位给予优秀职员、供应商、经销商和忠诚顾客等利益相关者的一项福利。

2. 奖励旅游利润高

企事业单位为了达到奖励优秀职员、宣传组织形象等目的，不惜花费巨资安排与众不同的活动使参加者满意。如阿斯利康制药有限公司在新加坡对员工进行奖励旅游时，特别邀请了深受员工喜爱的新加坡歌手——阿杜为他们的晚宴助兴，并且为使员工充分享受购物乐趣，还联系了环球免税店，专门把一天的营业时间延长到晚上11点半。各种调查报告都指出，奖励旅游团队的个人平均消费水平要高于其他任何一种类型旅游者的消费水平。奖励旅游团队花费较高的原因不仅在于奖励旅游者所在的企业愿意为他们支付高额的费用，还在于能够参加奖励旅游团的人往往自己就是成功人士，他们愿意自己出钱参加费用昂贵的自选旅游项目和活动。奖励旅游具有市场高端、消费额高和利润丰厚的特点，因而成为旅游企业竞相开采的"金矿"。

3. 奖励旅游要求高

奖励旅游利润高，但也对服务提出了更高的要求。一是奖励旅游活动内容、行程安排要具有独特性，活动项目需要根据奖励旅游目的"量身定做"，以使奖励旅游过程中的活动内容尽可能地与组织的经营理念和管理目标相融合，活动项目还要体现新颖、丰富和完美；另外，时间的安排、交通工具的使用和特殊旅游线路的安排等都要满足奖励旅游者的特殊要求。二是奖励旅游产品要有创造性，奖励旅游是一种创造性的旅游活动，要通过巧妙的策划和各项活动的精心安排，为参与者留下特有的、难忘的印象。奖励旅游并非简单地提高接待标准的豪华旅游，而是融入了组织管理目标的、具有创意的旅游形式。通过一系列主题活动的精心策划，把各个旅游要素有机地结合在一起，从而满足参与者的需求和实现企业奖励的目的。三是奖励旅游活动要体现企业文化。奖励旅游要将组织文化与理念尽可能地融合到奖励旅游活动的计划和内容中，并随着奖励旅游的开展逐渐体现出来。例如，对于较大规模的奖励旅游，会有包机、包车和包场等方式，在车身、景点、下榻饭店和宴会大厅等地方打出醒目的企业标志，这是体现组织文化和宣传组织形象的绝佳机会。奖励旅游活动的安排是与公司的企业文化相呼应的，是充满富有浓厚人情味和文化气息的活动项目，具有鲜明的企业文化特征。

4. 奖励旅游具有激励性

把旅游作为奖品来奖励员工、客户时，其所产生的积极作用远比金钱和物质奖品的刺激作用强、效果好。实际上，奖励旅游（图7.2）通常作为一种激励机制，对员工、经销商和客户进行某种激励，如通过奖励旅游中的一系列活动，以及专项会议、颁奖典礼、主题晚宴、集体游戏和友情赠送等，可以极大地提高员工的工作积极性，增强经销商和客户对组织品牌的忠诚度，激励他们更好地为组织服务。

图7.2 我国某公司庆祝成立20周年在法国进行的6 400余人的奖励旅游

（图片来源：http://www.gettyimages.com）

7.1.3 奖励旅游的类型

奖励旅游从不同的角度可以分为不同的类型。

1. 按目的划分

(1) 慰劳型。

慰劳型奖励旅游是一种纯粹的奖励,主要目的就是慰劳和感谢对公司业绩增长、组织发展作出突出贡献的人员,使其缓解工作压力、放松身心。此种类型的奖励旅游活动安排以高档次的休闲、娱乐等消遣性活动项目为主。

(2) 团队建设型。

团队建设型奖励旅游的主要目的是促进组织内部人员之间、组织内部与外部人员之间的感情交流,增强团队建设和协作能力,提高内部职员和相关利益人员对组织的认同度和忠诚度。此种类型的奖励旅游活动注重安排参与性强的集体活动项目。

会展故事 7-1

奖励旅游——企业活动"新风潮"

某知名寿险企业在广西阳朔进行奖励旅游。参与此次活动的业务精英有300人。

【富有当地特色的团建】团建旨在凝聚团队,阳朔则是以独特的秀美山水闻名。为了将两者完美融合起来,项目组经过几番考量,为客户安排阳朔自行车骑行和遇龙河古驿道徒步,使团队的竞争与协作展现于在阳朔的山间、遇龙河的水上。同时,为保证活动的有序性和安全性,项目组特地邀请了来自上海的总教练,并聘请10名经验丰富的当地教练对本次团建进行指导。团员组队分批出发,在教练的带领下徒步遇龙河。其间可感受沿河古朴自然、充满神韵的景点。在领略美景的同时,队员需要在途中完成教练布置的趣味任务,如挤眉弄眼吃饼干、疯狂一字马等。这是一场体力、耐力和团队配合的考验。完成徒步后,队员才可继续前往下一站;阳朔骑行沿途风光美不胜收,仍然会设立任务点,每队需根据每个任务点的线索提示依次到访并完成相应挑战,过关即得到下一个任务地点信息。

【宿在山水间,享清凉会议】安排客户入住阳朔河畔度假酒店。酒店位于工农桥遇龙河畔,清水缓流,奇峰环抱,在阳台上就能看见遇龙河漂流的木筏经过。优雅的酒店环境、周到而细致的会务安排让客户的培训会议在轻松愉悦的氛围下召开。早在会议开始前,项目组就事先安排好工作人员布置好会场,将大会所需的资料摆放整齐,每一步都保证落实到位。

【醉美桂林,船游漓江】为了让客户深度体验桂林山水之美,项目组特地安排船游漓江,欣赏漓江的风光,感受人在画里、画在景中的神奇景色。

阳朔之旅取得圆满成功,每一位业务精英对阳朔的印象不只停留在诗意山水上,更会铭记徒步与骑行时和队友一起拼搏所付出的汗水。

(资料来源:http://www.nvmice.com/cases_info.aspx?id=110&gxsj,2016-09-03.)

(3) 商务型。

商务型奖励旅游的目的与实现组织特定的业务或管理目标紧密联系,如推介新产品、增加产品销售量、支持经销商促销、改善服务质量、增强士气和提高员工工作效率等。这类奖励旅游活动几乎与组织业务融为一体,公司会议、展销会和业务考察等项目在旅游过程中占据主导地位。

(4) 培训型。

培训型奖励旅游的主要目的是对员工、经销商和客户等进行培训,最常见的为销售培训。旅游活动与培训结合,达到"寓教于乐"的目的,可以更好地实现培训的功效。

2. 按活动模式划分

(1) 传统型。

传统型奖励旅游有一整套程式化和有组织的活动项目,如在旅游中安排颁奖典礼、主题晚宴或晚会,赠送赋予象征意义的礼物,企业首脑出面作陪,请名人参加奖励旅游团的某项活动等。通过豪华、高档和大规模来体现奖励旅游参加者的身价;通过制造惊喜,为参加者留下终生难忘的美好回忆。例如,花旗银行在新加坡开奖励年会时,为了给有突出贡献的销售人员一个惊喜,工作人员秘密邀请了销售人员的家人来到新加坡,让他们参加这次特殊的奖励旅游。据当事人回忆,当主持人邀请坐在台下的员工家属走上台与自己的亲人同享荣誉时,员工与亲人抱成一团,泣不成声。这个特别设计的环节令受到奖励的员工倍感骄傲。

(2) 参与型。

越来越多的奖励旅游者要求在他们的旅游日程中加入一些参与性的活动,而不再仅仅满足于一个"有特色的 party",如参加旅游目的地当地的传统节日、民族文化活动和品尝风味餐,安排参与性强和富有竞争性、趣味性的体育、娱乐项目,甚至要求加入一些冒险性活动。参与型奖励旅游使奖励旅游者通过与社会和自然界的接触,感受人与社会、人与自然的和谐,有助于唤起他们的责任感。

知识链接 7—1

奖励旅游活动项目

澳大利亚旅游目的地管理公司设计的奖励旅游产品中安排了既具参与性又具创造性的旅游项目:生存者活动、海滩"奥运会"、有解说的自行车赛、卡丁车驰骋、崖壁速降和激流漂流等,还设计了攀登悉尼大桥的独具特色的活动。

国内某奖励旅游公司针对不同客户群的特色为某公司的台湾行制定了不同的旅游主题,量身定制文化寻踪行、亲子游学行、商务品鉴行、摄影采风行四大主题的出行安排;体验地地道道的台湾秀美风景和风土人情,开展两岸文化方面的交流与互动。

在 RT 公司为法国 Orange 公司策划的一次奖励旅游活动中,受奖者(经销商中的业绩突出者)享受了巴巴多斯岛 5 日游的美妙行程。岛上的几天时间内,RT 公司不仅安排了吉普车野游、直升机观景和木筏航行等日间活动,还安排了私人海滩 party 在内的夜间活动。精彩的行程使此次奖励活动取得了巨大的成功,之后新经销商纷纷加入,使 Orange 公司的入网率上升了 30%。

7.1.4　奖励旅游的作用

1．对提供奖励旅游机会的企事业单位而言

（1）延长了奖励的激励作用。

采用奖励旅游的形式相对金钱和物质奖励更有效、更受欢迎，能给员工带来更多精神层面的鼓励，如荣誉感、归属感等，更易于不断激发其工作热情，也对其他员工起到刺激作用。更重要的是，常年举办奖励旅游会使员工产生强烈的期待感，成为持久激励他们努力工作的无形动力，从而延长了激励作用，使企业业绩成长能够形成良性的循环。

（2）宣传了组织自身形象。

对于较大规模的奖励旅游，会有包机、包车和包场等现象，相应地都会打出醒目的企业标志。这种方式会对企业产生积极作用，可以展现组织自身的实力、扩大知名度和树立良好形象。

（3）形成良好的氛围，促进组织目标的实现。

奖励旅游中往往会有委托专业旅游机构精心设计的"非比寻常"的系列活动，如融入企业文化的主题晚会、企业高层人物出席的座谈会和员工家属参与的颁奖典礼等，这些特别的安排为企业与公众、企业与客户、员工与员工、客户与客户、员工与管理者创造了一个特别的接触机会，在比较放松的情境中进行一种朋友式的交流，具有增强员工对企业的认同感、增强员工荣誉感、加强企业团队建设和增强企业的凝聚力作用。形成了良好的氛围，有利于组织目标的实现及组织未来的发展。

2．对奖励旅游的享用者而言

（1）荣誉感、自豪感和难忘的经历。

能够参加奖励旅游就是对参与者的肯定，同时，奖励旅游在内容安排上包含会议、典礼、主题晚宴或晚会等集体交流活动，往往高层管理人员也会作陪，与受奖者交流看法，这对受奖者而言是一种荣誉。此外，奖励旅游过程中个性化的活动安排往往会成为受奖者终生难忘的旅游经历。

（2）增进了同事感情。

平时工作中，员工岗位不同，交流机会相对较少，而在旅游中大家同吃、同玩，在轻松愉快的环境中交流，加深了了解，增进了友谊。

3．对旅游企业而言

（1）促进旅游产品的多元化发展。

随着人们对旅游要求的日益提升，传统的旅游业已满足不了人们的需要，要求旅游业在其发展中融入新的思路或转变新的内容，积极拓展旅游业，把旅游产品结构逐渐从单一的观光旅游向多元化发展。奖励旅游作为一种高级别的旅游，它的发展是我国旅游业发展不断升级的表现。

（2）提高经济效益。

奖励旅游消费档次高，规模大，开支比普通的旅游者高得多。国际奖励旅游管理者协会的一项市场研究显示，奖励旅游的购买者为实现预期的目的一般都有一笔很大的预算，在奖励旅游的过程中，每个人的花费为 1 200～1 500 美元。而奖励旅游的参加者为目的地接待方所带来的利润往往是一个普通旅游者所带来利润的 3 倍，且奖励旅游也会为当地产生多方面的带动作用。正是因为奖励旅游有很高的收益回报，所以很多旅游企业和一些接待公司比较热衷于开发奖励旅游市场，希望从中获得更多的利润。

7.2　奖励旅游的运作过程

7.2.1　奖励旅游的运作机构

国际奖励旅游市场中，奖励旅游方案的制定主要通过两种方式：一种是由组织通过自己的下属部门制定，如德国 2/3 的公司由自己的经营部制定奖励旅游方案；另一种是由专业的奖励旅游服务机构制定。

奖励旅游的高端性决定了其对经营机构的高要求。并非每个旅游企业都有能力经营奖励旅游市场，由于奖励旅游团规模大、档次高，使行程顺利进行是成功的关键，如机场作业、通关、车次安排和行李分送等，全面考验旅游企业的事前准备工作能力与团队合作的默契。承办旅游企业必须具有相当高的专业素质、临时应变能力和危机处理能力。奖励旅游经营机构必须是专业的奖励旅游公司，在旅游方面的主要业务职能不是安排旅游的吃、住、行、游、购、娱等诸要素的所有细节，而是将这些要素有机整合起来，打包出售给奖励旅游的购买者。专业奖励旅游服务公司可以分为下面 3 种类型。

1. 全面服务型奖励旅游公司

全面服务型奖励旅游公司在奖励旅游活动的各个阶段向客户提供全方位的服务和帮助，从项目策划到具体实施，从绩效标准的制定、开展公司内部的沟通到鼓舞士气的销售动员会，直至整个奖励旅游活动的组织和指导。这类公司的报酬是按专业服务费支出再加上交通、旅馆等旅游服务销售的通常佣金来收取的。

2. "完成型"奖励旅游公司

"完成型"奖励旅游公司通常规模要小些，它们主要"完成"公司客户自己设计好的奖励旅游项目，业务专门集中于整个奖励旅游活动的旅游部分的安排和销售上，而不提供需要付费的策划服务。它们的收益就来自通常的旅游佣金。

3. 设有奖励旅游部的旅行社和航空公司

许多旅行社设有经营奖励旅游的专门业务部门，多数旅行社的奖励旅游部主要负责旅游计划的实施，但其中也有部分奖励旅游部有能力为客户提供奖励旅游策划类的专业性服务。另外，由于越来越多的企业将旅游作为一种激励工具，许多航空公司也把奖励旅游作为一项重要业务来抓，并设立专门的奖励旅游部门。

在我国，奖励旅游操作机构多为第三种类型，即在整体经营实力较强的旅行社下设奖励旅游部或会奖旅游中心。例如，中国旅行社（以下简称中旅）、中国青年旅行社（以下简称中青旅）等都设有专门的会奖旅游部门。

7.2.2 奖励旅游的运作模式

奖励旅游的运作模式如图 7.3 所示。

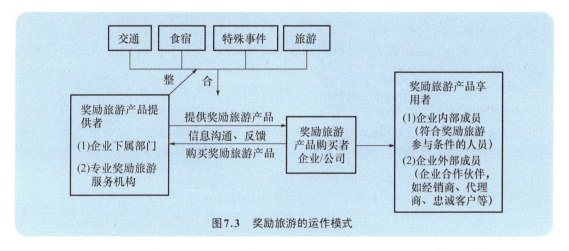

图7.3 奖励旅游的运作模式

由图 7.3 可看出,奖励旅游组织运作模式可以归纳为奖励旅游操作机构根据奖励旅游决策者的要求将特殊事件与旅游、交通和食宿等要素进行整合,策划出奖励旅游产品,由企事业单位购买并授予奖励旅游享用者消费。

交通、食宿、旅游和特殊事件作为奖励旅游产品的 4 个组成要素,缺一不可,是一个有机整体。交通、食宿、旅游与普通旅游团队相比只是规格更高一些,无本质区别,特殊事件是普通团队旅游所不具备的,是奖励旅游独特之处,在奖励旅游行程中安排的会议、培训、颁奖典礼和主题晚会等特殊内容,不仅将企业犒赏的目的表现得淋漓尽致,也使活动更加别致与难以忘怀。

7.2.3 奖励旅游的运作流程

奖励旅游与一般的团队旅游相比更复杂,需要花费更多的精力、更长的时间去做好前期准备、制定充分完善的奖励旅游策划方案、细心安排每一个环节、认真执行方案。奖励旅游运作流程与会议旅游、展览旅游和节事旅游基本一致,都分为前期准备、中期执行和后期跟踪总结 3 个阶段,具体包括以下几方面。

1. 收集信息,确定奖励旅游目标市场

奖励旅游已经成为企业重要的管理手段之一,越来越受到重视,奖励旅游市场也随之得到了前所未有的拓展。奖励旅游操作机构要从繁杂的资料中收集相关市场信息,分析了解该细分市场的构成与需求,根据自身特点和优势选择目标市场,策划出更有针对性、更受市场欢迎的奖励旅游产品。

(1) 信息获取渠道。

张显春在其主编的《会展旅游》中提到,通常情况下,有效信息的获取途径有以下几种。

① 中介机构。为了节省时间、提高办事效率,某些大型公司要举办会奖活动时并不直接与奖励旅游服务中心或旅行社联系,而是委托给相应的中介机构,中介机构再根据要

求寻找符合要求的奖励旅游操作机构承办。

②"直客"。"直客"即客户"慕名而来",不经过任何中介机构,直接与提供奖励旅游服务的奖励旅游服务中心或旅行社进行联系。

③网络。网络是极其丰富、及时和广泛的信息来源,市场开发人员可以通过网络查找世界各地资料,获得很多有用的会奖信息,从而有针对性地去争取或开发市场。

④其他。除了以上所介绍的几种渠道外,还可以通过政府指定、客户介绍和行业协会委托等其他形式获得会奖信息。

(资料来源:张显春,2007. 会展旅游[M]. 重庆:重庆大学出版社.)

(2) 奖励旅游的方式与目的。

①奖励旅游的方式。企业采用的奖励旅游主要有国内团体旅游、国内散客旅游、特色活动、游船、赠送旅游券、海外团体旅游和海外散客旅游等多种方式。各种方式所占比率见表7-1。

表7-1 奖励旅游的方式与所占比率

排　名	旅游方式	所占比率
1	国内团体旅游	39%
2	国内散客旅游	36%
3	特色活动	36%
4	游船	24%
5	赠送旅游券	21%
6	海外团体旅游	21%
7	海外散客旅游	15%

(资料来源:王书翠,2004. 会展业概览[M]. 上海:立信会计出版社.)

奖励旅游受众中,绝大部分为团体旅游,极小部分为私人旅游。以德国为例,17%为私人旅游,团体旅游占到83%,两者之中,团体旅游为接待重点。

②奖励旅游的目的。根据美国奖励旅游管理人员协会基金会的调查,95%的受调查公司会对销售人员实行奖励旅游计划,自奖励旅游开始以来,销售业一直在使用奖励旅游的方式。现在许多非销售部门也在使用奖励旅游方式,在非销售部门使用奖励旅游的公司中,72%的公司将目标瞄准了办公室文员,他们已经成为排在销售人员之后受到旅游奖励最多的人员。概括起来讲,公司购买使用奖励旅游的目的主要包括:让员工放松身心,缓解工作压力;对员工、经销商等进行培训;激励员工、经销商等,增强其对企业的忠诚度;进行团队建设,促进情感交流,增强团队凝聚力;宣传企业文化、塑造企业形象;提高服务质量、提高生产效率和工作效益、提高销售总量等,实现企业发展目标。

(3) 奖励旅游的主要使用者。

根据美国奖励旅游管理人员协会统计,奖励旅游最终使用者经常是汽车经销商、电器分销商、保险公司推销员,以及其他的客户群体和公司雇员。美国奖励旅游的十大使用者见表7-2。1984—2004年我国奖励旅游前十位使用者见表7-3。

表 7-2 美国奖励旅游的十大使用者

排 名	行 业	市场规模/百万美元
1	保险	342.9
2	汽车零配	203.2
3	电子、收音机、电视	189.5
4	汽车和卡车	149.8
5	暖气和空调	123.3
6	农用机械	108.6
7	办公设备	101.6
8	家用电器	78
9	建筑	75.7
10	卫浴用品/化妆品	66.7
前10名占美国奖励旅游市场总额的56%		

(资料来源：张显春，2007. 会展旅游［M］. 重庆：重庆大学出版社.)

表 7-3 1984—2004 年我国奖励旅游前十位使用者

排 名	行 业	份 额
1	计算机/网络设备	36.46%
2	学校和科研院所	12.94%
3	电信/通信	7.06%
4	房地产/建筑	7.06%
5	医疗/医药	5.88%
6	家用电器	4.71%
7	汽车	3.53%
8	街道办事处	3.53%
9	金融	2.35%
10	食品	2.35%
	总计	85.87%

(资料来源：胡平，2006. 会展旅游概论［M］. 2版. 上海：立信会计出版社.)

由表 7-2 和表 7-3 可见，以企业类别而论，高利润且重视个人业绩的行业，如直销、保险及人力密集的制造业，最需要举办奖励旅游；高科技企业，公司的规模越大、制度越健全，越需要举办奖励旅游。

奖励旅游的市场构成情况因地而异，奖励旅游操作机构必须对本国、本地区的客源做好调查研究和分析，通过奖励旅游策划者和组织者把奖励旅游产品销售给最终的消费者。

（4）奖励旅游市场需求。

奖励旅游策划者和组织者要把奖励旅游的产品很快地销售给最终客户，关键在于必须了解奖励旅游客户的需求，只有了解了客户的需求，才能策划和组织好受市场欢迎的奖励旅游产品。

对专业奖励旅游服务机构而言，其服务对象有两个：一个是奖励旅游产品的购买者——企业/组织；另一个是奖励旅游产品的最终享用者——企业/组织内外部成员。企业对奖励旅游操作机构提供的奖励旅游产品与服务满意与否，成为两者合作关系能否持续的关键。企业将奖励旅游的机会作为对优秀成员的奖励，要追求效果最佳，希望奖励旅游产品能够达到企业最初购买产品的目的，如提高服务质量、提高销售量等。对奖励旅游的最终享用者而言，他们希望得到特别的待遇，追求的是贵宾的礼遇，得到备受重视的感觉，希望有更多的参与机会，有更多令人兴奋的活动，留下美好的回忆和终生难忘的美妙经历。

知识链接 7-2

杭州市旅游委员会副主任王信章谈会奖旅游者在旅游方式上的特点

王信章认为会奖旅游作为当今旅游市场上的高端产业，其与常规旅游在对基础设施的需求方面有一些共性（如都涉及航空、酒店和餐饮等业务），但是具体的需求内容和特点不尽相同，有着截然不同的特点，需要用不同的方法和专业技能去认识。

首先，会奖旅游对象具有特定性，决定了其购买动机不同于常规旅游。会奖旅游的对象是协会和公司，他们往往是根据总部所在地、当地产业及会议基础设施优势、商业机会、当地产业的发展与协会宗旨之间的结合等方面来考虑会议奖励旅游目的地选择的顺序。例如，杭州经常成为众多豪华品牌新车上市的发布城市，这就是考虑到了江浙一带对豪华车强大的购买力市场；再如，正是由于阿里巴巴在电子商务领域的领先发展，中国最大规模电子商务行业性会议——网商大会落户杭州。

其次，会奖旅游者对于产品的需求具有特殊性。常规旅游所关注的产品是由景点、线路、购物、餐饮和住宿等内容组合而成的，而会奖旅游者更加关注会议场所、活动管理、住宿、交通以及当地政府的支持等。因此，会议场地和酒店产品是会奖旅游产品的核心组成部分。会议目的地会议设施的数量和质量都会影响会奖旅游者的选择。杭州现在拥有多家五星级酒店，洲际酒店集团旗下的 InterContinental、Crown Plaza Hotels，万豪国际旗下的 JW 万豪酒店，喜达屋集团旗下的福朋喜来登和喜来登，凯悦酒店，香格里拉酒店，还有国际奢侈酒店品牌悦榕庄酒店、阿曼酒店、四季酒店等都相继在杭州开业。除了国际品牌的快速进入，本地品牌酒店如黄龙饭店、第一世界大酒店、新开元大酒店等也发展得非常迅速，会议设施和服务都属一流。目前杭州拥有 2 个超过 3 000 平方米的会场，1 000 平方米以上的会场有 8 个，可以同时容纳 4 000 人参会。2013 年建成的杭州国际博览中心是综合展览和会议的大型场馆，其中会议中心面积将达到 2.9 万平方米，能够满足达沃斯、APEC 会议的要求，这些基础设施方面的优势，都会吸引会奖旅游者选择杭州作为会奖旅游目的地。

奖励旅游产品更注重独特体验，通过奖励旅游产品，给奖励旅游参与者提供不一样的难忘体验，从而达到激励的目的。杭州市是中国最佳旅游城市之一，也曾是南宋的都城，历史文化悠久，旅游资源丰富。这些独特的旅游资源能够结合会议设计出独特的会前会后旅游产品，如西湖徒步、印象西湖实景演出和龙舟竞渡等，这些都会给参会者带来难忘的体验。

另外，会奖旅游者对服务质量的要求具有专业性和高标准性。会奖旅游者对于服务具有很高的专业要求，注重细节的服务，追求活动的成功是会奖旅游组织者的唯一追求，所以任何一个差错都可能导致失败。很多传统的旅游目的地都有接待休闲旅游者的丰富经验，服务水准较高，但是面对会奖旅游者，需要一套符合国际标准的专业服务，如较高的英文交流水平（不仅限于日常服务用语等），这是很多传统旅游目的地的服务者所欠缺的。

（资料来源：http://club.mil.news.sohu.com/newclub/show.php？forumid＝zz2155＆threadid＝3970440＆pageid＝1#p1，2014-02-18.）

2. 前期准备工作

（1）企业评估与分析。

收集委托企业的相关材料，如企业的背景、经济实力、企业特性和先前奖励旅游状况（包括举办次数、规模和后期效果等），还有受奖励人员的具体情况，这是设计奖励旅游产品的基础和依据，对企业评估和分析准确与否，将直接影响奖励旅游活动安排和效果。

在对委托企业进行了准确细致的评估与分析的基础上，应明确以下几点。

① 委托企业奖励旅游的目的，对旅游活动行程与活动内容的特殊需求。

不同行业和企业对奖励旅游的行程安排、主题设计和时间安排都有差异，因此，要准确了解委托企业奖励旅游的目的，明确其对旅游活动行程和活动内容的具体要求。

② 依委托企业奖励目标协助其确定人数。

目前很多企业一次奖励旅游活动的参加人数众多，少则数百人，多则数千人，如美国健康营养品公司——康宝莱曾在新加坡举办的一次奖励旅游活动，参团人数达到了12 000多人。从实际操作来看，奖励旅游团的人数越多，涉及的交通、安全、卫生和住宿等问题也越多；另外，很多活动的安排，都要求必须是小规模团体，才能让参与者获得特别的体验。

③ 预算审核。

与奖励旅游产品购买企业进行充分沟通，了解企业预算，将经费合理分配。普通的包价旅游是旅游者向旅行社购买现成的产品，旅游产品价格确定；而奖励旅游是一种特殊的旅游，类似于企业的定价旅游。它要求奖励旅游策划机构依据企业所能承担并愿意承担的费用，根据企业的特殊要求，设计出令其满意的奖励旅游产品。而这些企业用于该奖励旅游的经费一般不会有较大的实质性变动，通常为企业超额利润的30%左右。奖励旅游操作机构要发挥自己的主观能动性，依企业经费多少，在奖励旅游活动次数、主题活动、出游时间和目的地选择等方面做出相应的调整，并据此进行适当的财务分配以及有效掌控，特别要注意处理好增加自身利润与将钱更多地利用在活动上的关系。预算审核得好，本次奖励旅游也就有了良好的开端。

(2) 奖励旅游活动策划要点。

① 主题活动是核心。奖励旅游的旅游主体具有双重性，既包括被奖励的员工或企业客户，也包括组织奖励旅游的企业本身。因此，奖励旅游服务机构在策划奖励旅游产品时除了针对受奖员工或客户这类"普通旅游者"开发个性化的旅游项目外，还必须针对企业这一"特殊旅游者"的特定需要进行主题活动策划，实现增强企业凝聚力、塑造企业文化和激励员工与客户的旅游目的。与公司领导层的座谈会、紧扣企业文化主题的晚会、别具一格的颁奖典礼和主题晚宴等活动的策划是奖励旅游产品开发的核心。

主题策划是奖励旅游开发的关键，应根据本次奖励旅游的目的和其他收集的素材提炼来确定出创新性的主题，主题应内涵丰富、概念独特、切合企业需求且易于操作，具有挑战性和刺激性的主题尤其受企业的欢迎，如探险旅游、极限旅游等。

策划者需要重点考虑几个因素，包括活动目标、信息个性、地方特色和公众需求等。尤其在旅游目的地有众多的观光胜地、文化景点、观光园及活动可供选择时，表现得更突出。此种状况下，奖励旅游服务机构应建议企业选择数个景点以符合奖励旅游主题。如以香港为目的地，有美食文化之旅、流行风尚之旅、安逸悠闲之旅和活力运动之旅等主题旅程可供选择。倘若目的地景点较少，可选择该地较具有代表性、特色的行程，以目的地名称为主题，更具纪念性。

② 个性化体验是基本点。个性体验和专业服务是奖励旅游的特色之一。常规的观光与购物已无法满足这些游客的需求，他们要求通过不同经历的体验和心灵的触动，使每天的生活过得更充实、更完美，其中与众不同的每个细节都应是令参与者一生难忘、值得回味的经历。为了让企业员工获得这些与众不同的感受，奖励旅游行程中会加入许多参与性很强的活动。一方面是类似典礼、主题晚宴的企业行为，另一方面则是类似潜水、越野车和野外拓展等旅游项目。只要客户提出要求，就可以安排各种项目，如到澳大利亚的奖励旅游团，可以安排帆船竞赛，夜晚可以欣赏悉尼港夜景，甚至租下邮轮举办晚宴。

③ 融入企业文化为原则。一般旅游团更强调主要服务内容，而奖励旅游大到行程设计，小到宣传标语的悬挂都需要体现企业文化，因为这个旅程从某种意义上讲也是企业的一次整体宣传。例如，上海春秋国际旅行社每年承接日本大金空调公司的奖励旅游项目，他们要求从接待地的布景到导游的水平，到每一次典礼、晚宴的主题，每一个细节都体现出这是一次特殊的"大金之旅"。

④ 家属参与为辅助。考虑带家属出游，一方面由于受奖励员工取得成绩，与家庭的支持分不开，因此，奖励时要对此予以充分认识；另一方面，受奖励员工也愿意与家人一起被作为奖励对象。据美国一项调查显示，受奖励职员大部分为已婚男性，他们在外出旅游时，90%以上会携带夫人，25%携带子女。采用此种奖励旅游方式，可使受奖励员工得到更多来自家庭的支持；又可以使受奖励员工更加热爱自己的公司，对工作投入更多的热情；也可以使未受奖员工对奖励更渴望，从而越发努力工作。

会展故事 7-2

某直销公司的德国奖励游

塑建企业精神，嘉奖优秀业绩，以凝聚团队，达到更高销售目标。一家直销公司集合了全部销售人员共 2 700 人在 5 月中旬踏上了精心策划的德国之旅。行程设计的每个元素都致力于给客人提供原汁原味的德国体验，具有"德国血统"的美最时旅行社无疑是这方面的专家。每天精彩的安排不仅让客人身心愉悦，更能让他们体验德国人文和风景之美，留下美好的印象。在法兰克福的行程团队分为 A、B 两团。第一天，A 团前往莱茵河谷中的吕德斯海姆，由此开启莱茵河游船之旅。田园诗般的小镇被葡萄园环绕，画眉鸟巷游人如织。B 团则前往浪漫德国的缩影——海德堡，参观 14 世纪的城堡和风景如画的小镇。次日，两团行程互换。随后，在前往慕尼黑的途中参观德国汽车工业的代表——梅赛德斯-奔驰博物馆。奔驰博物馆在闭馆日专门为此团开放，"汽车之父"——卡尔·奔驰的曾孙女、奔驰形象大使 Justta Benz 亲自接见了这个来自中国的超大奖励旅游团队。就像一位客人在接受德国媒体采访时所说的，"奔驰博物馆处处展现了独特的企业精神，能够了解梅赛德斯-奔驰品牌的历史和背后的故事真是太棒了！"全团抵达慕尼黑后出发前往童话般的德国城堡——新天鹅堡，这座巴伐利亚国王路德维希二世的行宫是欧洲最著名的城堡。在巴伐利亚的古老的卡登城堡里举办的啤酒节成为德国之行的高潮，城堡现由巴伐利亚王子运营。德国会议促进局局长马蒂亚斯·舒尔茨亲临城堡，与巴伐利亚王子一起依照德国传统主持了啤酒节开幕仪式。

美最时旅行社总经理 Sandy Liu 率领她的团队在 10 个月内完成了策划、目的地考察、供应商挑选和项目的完美落实等，体现出会奖从业者的专业性和超强的协调能力。欧洲之路常务董事 Thorsten Wilhelm 提供了多种精彩的庆祝餐会方案供组织方选择。他率领的团队成功策划和实施了在巴伐利亚卡登城堡里举办的盛大私人啤酒节，成为该奖励旅游团队的收官庆典。

（资料来源：德国会议促进局. 最美德意志 美最时接待 2 700 人奖励旅游团赴德之旅完美收官 [J]. 中国会展（中国会议），2017，(18)：70-71.）

(3) 具体活动方案制定。

① 正确选择旅游时间。奖励旅游活动的时间安排不应影响客户的正常经营活动，活动应不会使其经营活动感到过分紧张。时间的选择既要利用淡季价格，又要充分考虑奖励旅游者的意愿。这些因素有时会有冲突，时间选择必须具有灵活性并能作出妥协。

② 严格选择目的地。奖励旅游对目的地的选择总体要求很高，目的地要具备一流的商务环境，有独具魅力的游览胜地，有高水准的娱乐休闲项目，有方便的交通条件和高档的旅游接待设施，有上乘的服务水准。

不同旅游市场在选择目的地时考虑的主要因素有所差别。相较而言，美国奖励旅游市场不太关心成本，而重视地理方面的因素，如气候、娱乐、设施、自然及文化景观等，见表 7-4。而亚太地区奖励旅游市场最先考虑的因素就是成本，交通的便利情况、交通费用、文化及其他活动等因素也起着重要的作用，见表 7-5。

表7-4　美国奖励旅游市场选择目的地时考虑的主要因素

非常重要的考虑因素	占策划者的百分比
娱乐健身设施（如高尔夫球场、游泳池、网球场等）	72%
气候	67%
观光游览文化和其他娱乐消遣景点	62%
位置的魅力	60%
适合举行会议的饭店或其他设施	49%
交通费用	47%
往返目的地交通难易程度	44%
奖励旅游者到目的地的距离	22%
因考虑多种因素，总数大于100%	

（资料来源：张显春，2007. 会展旅游［M］. 重庆：重庆大学出版社．）

表7-5　亚太地区奖励旅游市场选择目的地时考虑的主要因素

非常重要的考虑因素	占策划者的百分比
总成本（包括酒店、餐饮）	57%
目的地的交通便利情况	54%
交通费用	53%
文化观光和其他活动	53%
目的地形象	50%
气候	49%
会议代表距目的地的距离/旅行时间	48%
娱乐健身设施（高尔夫球场、网球场、游泳池等）	48%
接待酒店和设施	47%

（资料来源：胡平，2006. 会展旅游概论［M］. 2版. 上海：立信会计出版社．）

在选择奖励旅游目的地方面，应该综合考虑距离远近、可抵达性，当地是否拥有相对稳定的社会政治经济环境，当地消费物价水平，是否拥有好的奖励旅游发展历史和当地的会议奖励旅游设施，当地公司在专业性及服务质量方面如何等。另外，还要考虑企业的受奖员工曾到过什么地方，期待去什么地方。此外，按国际流行趋势，奖励旅游目的地多选在国外，这样可借此感受异国文化、开拓员工的眼界，在综合以上因素的基础上列出可供选择的候选目的地，收集相关材料并进行实地考察，最后征求企业意见，确定目的地。

③ 精心设计活动内容。奖励旅游与一般旅游最大的区别在于它是为企业量身定做的，为向获奖者提供无限惊喜，需要设计精彩的活动内容。策划者通过各种主题活动的巧妙策划和各项活动的精心安排，给奖励旅游参与者留下惊喜和难忘的经历，同时有目的地将企业文化有机地融入旅游活动中，让参与者感受到奖励旅游活动是企业的一种以人为本、荣

誉至上的集体活动。

曾有国内公司为一个国外奖励团设计过一个探宝活动。活动要求参与者先到前台去找一个穿红色衣服的人，得到一张纸条，然后按照纸条上的提示去找线索。纸条上面写的全是中文，参与者首先得把纸条上的意思弄明白，当上面写着"你的节目单在你房间内"时，就要回房间找到节目单。拿到节目单后再到某站去坐地铁，然后到另一个站下，再找下一个地方。整个探宝活动持续了一整天，所有的路线都是用中文写的，这就需要参与者不断向四周的中国人请教，对于许多不懂中文和初次到中国来的外国客人来说，真是充满了挑战。

而在国外，一些极富创意的挑战性活动在设计上更是挖空心思。例如，曾有一个奖励旅游的活动是当客人们来到一个村子时，背后突然出现了一些"警察"，说他们违法了，要把他们带到"警察局"里面去。整个活动俨然就像一部自导自演的好莱坞大片，游客们在短暂的旅行中获得了一种前所未有的体验。

此外，在交通、食宿和旅游过程中，同样要注意接待档次要高、接待计划要周密、企业文化要融入其中、突出其参与性。

④ 周密地制定活动方案。在确定活动项目的基础上，奖励旅游服务机构要根据企业的特点和要求，结合旅游资源和接待服务的实际情况，专门为企业量身定做包括整个旅游过程中全部旅游项目内容和服务的旅游游览路线，设计周密的活动日程表，对整个活动作出预算。各项计划要预留充足的准备时间，团队越大，准备时间越长。

此外，奖励旅游活动进行过程中会发生很多预料不到的突发事件，对这些突发事件处理得是否及时、正确与否和妥善程度会影响到客户对整个奖励旅游产品的满意度，因此，活动开始之前策划人员必须制定一份完整的突发事件处理方案。

（4）企业确认活动方案。

虽然奖励旅游方案是在对企业进行了评估与分析、了解了企业奖励旅游目的的基础上进行的，但是，当奖励旅游方案完成后，还应充分地与企业相关人员沟通协商，按企业的要求进行适当的修改，并最后在双方满意、达成共识的基础上定稿确认。

3. 方案实施阶段

奖励旅游团队一般规模比较大，经常数百人、数千人，甚至上万人，因此，方案执行阶段成功的关键在于周密、细致的旅游接待服务工作，做好各方面协调工作。例如，组织好欢迎仪式，安排好用车、就餐和参观游览节目等，做好海关、机场和酒店等相关部门、企业的配合工作等。奖励旅游服务机构在整个旅游活动期间，派专人负责随团，指导当地接待企业做好服务。

在奖励旅游活动进行过程中，会有一些无法预知的意外发生，打乱计划的行程是在所难免的，如意外天气、旅游者意外事件等，这就要求组织方对行程进行一定的修改，以保证任务圆满完成。因此，一方面奖励旅游方案要具有灵活性、可调整性，另一方面奖励旅游服务机构组织人员应具有较高的随机应变能力、较好的专业素质和相当丰富的经验，这样才能达到或超过预期的效果。

4. 总结评估阶段

奖励旅游活动结束后，奖励旅游服务机构还要做好后续服务工作。一方面做好活动结束后服务工作，如企业物品回收、礼品的运送、场地的整理、器材的整理等，按客户要求提交评估报告等，将服务工作画上完美句号。同时征询企业、旅游者个人意见，收集反馈信息，总结经验，吸取教训，改进产品与服务质量，效果评估会影响双方合作关系的持续问题。另一方面，奖励旅游服务机构自身要对本次活动进行总结，找出成功之处和失败的教训，提出改进方案，不断提高自身策划和操作水平。

7.3 奖励旅游现状、发展趋势与对策

7.3.1 国内外奖励旅游现状

1. 国外奖励旅游的发展及现状

（1）发展历程。

20世纪初，北美和欧洲是世界经济最发达的地方，相对发达的商品经济和激烈的市场竞争成为奖励旅游萌生的沃土。早在1906年，美国"全国现金注册公司"就向客户提供了一次免费参观其代顿（Dayton）总部的活动。

20世纪二三十年代在美国芝加哥的汽车销售行业，有的公司管理者为了提高销售额而在开展销售竞赛活动时，为销售人员规定了定额指标，只要超额完成销售指标，销售人员就有资格参加免费的旅游活动。当时，活动的组织者潜意识中把这样的免费旅游活动归纳为促销手段的一种，认为可以"生利还本"，其结果也证明了活动组织者预想的是正确的。

于是作为促销手段而产生的免费旅游活动逐渐演变成了奖励旅游活动，并首先受到了销售企业的认可，成为销售企业对员工进行激励的方法。当时，奖励旅游的最终使用者主要是汽车经销商、电器分销商和保险公司推销员等销售业精英。

航空交通的发展带动了远程奖励旅游的发展，美国公司开始将奖励旅游目的地瞄准欧洲，并将奖励旅游作为激励员工方式的观念初步输出到了欧洲，英国、德国、意大利和法国成为欧洲接受奖励旅游观念最快的国家。与此同时，人们逐渐认识到奖励旅游不仅是促进销售的有效手段，还有增强士气、鼓舞干劲、提高员工生产效率和工作效益、争取特殊的经营对象等作用。与传统的现金奖励和物质奖励相比，奖励旅游有自身独特的优势，奖励旅游在企业管理方面的突出作用初步显现，于是许多非销售部门也开始实施奖励旅游计划。

到了20世纪50年代中期，喷气式飞机开始用于民航，随着航空业的大发展，越来越多的公司加入了实施奖励旅游的行列。美国的奖励旅游兴盛起来，奖励旅游尤其是远距离的长途奖励旅游增长速度加快，此时欧洲成为美国奖励旅游最主要的海外目的地。美国出境奖励旅游的快速发展，在输出奖励旅游观念的同时，带来了欧洲奖励旅游市场的繁荣，英国、德国、意大利和法国很快就成为欧洲推行奖励旅游最主要的国家。奖励旅游目的地开始扩散，由欧洲、北美扩散到亚太部分国家和地区，并逐渐和会议展览结合在一起。

奖励旅游在萌芽期一度由企业自己策划并实施，奖励旅游的迅速发展促使了专业奖励旅游公司的诞生。E.F.麦当劳被认为是奖励旅游的开创者，作为一家行李箱厂的库房管

理员，他注意到一位 NCR 公司的代表前来提取货物，并了解到行李箱是对经销商的奖励。他认为如果行李箱可以用作奖励，旅游也可以，由此诞生了专业奖励旅游代理。后来，S&H 旅游奖励、马立兹等公司也加入了这个行列，并逐步发展成为专门从事奖励旅游业务的 3 类机构，即全方位服务奖励公司、单纯安排旅游的奖励旅游公司（"完成型"奖励旅游公司）和奖励旅游部。

随着奖励旅游的成长，奖励旅游的促销手段发生了质的改变，欧洲奖励旅游暨会议展（European Incentive & Business Travel & Meeting Exhibition，EIBTM）、芝加哥会议及奖励旅游展（Incentive Travel & Meetings Executives Show，IT & ME）和国际奖励旅游管理者协会纷纷创立，推动了奖励旅游的进一步繁荣。

进入 20 世纪 90 年代后，人们对奖励旅游的认识更加全面、更加深刻，奖励旅游的内涵变得越来越丰富，奖励旅游作为一种有效的企业管理手段被纳入企业的管理系统。

（2）现状。

① 美国的奖励旅游现状。

奖励旅游的发源地是美国，最大的奖励旅游市场也在美国。据统计，每年参加奖励旅游的美国人超过 50 万人，费用大约为 30 亿美元。在美国，如今已有 50% 的公司采用该方法来奖励员工。芝加哥会议及奖励旅游展是世界上比较重要的会议与奖励旅游展之一。

美国的奖励旅游之所以如此火爆，追溯其历史根源，在于随着经济的发展，美国的公司越来越认识到奖励旅游作为一项有效管理手段能对员工产生很大的激励作用。因此，伴随着航空运输工具的扩展，越来越多的公司加入了实施奖励旅游的行列，美国的奖励旅游也就随之兴盛起来。

② 德国的奖励旅游现状。

德国是世界上非常成功的商务会议目的地之一，每年在德国举办的活动超过 100 万个。相比于商务会议市场的巨大成功，德国在奖励旅游市场的活跃程度要弱一些；但是，德国会议促进局（German Convention Bureau，GCB）通过出台一系列举措，宣传奖励旅游。例如，2003 年 GCB 出版了一本 32 页的宣传册——《奖励旅游：德国制造》，图文并茂，介绍德国的文化、历史、田园风光、运动和美食等，以吸引游客。GCB 做这些的目的就在于达到这样一个宣传效果：在奖励旅游市场，德国也是魅力非凡的。

③ 澳大利亚的奖励旅游现状。

澳大利亚拥有一流的基础设施、高科技会议设施和会议中心，还有顶级的户外会议场所和豪华的五星级饭店。这里不仅有激情饱满的城市，还有类型多样的雨林、堡礁、主题公园、农场和沙漠等景观。无论是何种规格的公司会议或奖励旅游团，都能在澳大利亚找到合适的举办场所和旅游产品。特别是随着各跨国企业和国际知名品牌纷纷选择澳大利亚作为大型奖励旅游的目的地和公司重要会议的举办地，澳大利亚迅速成为备受青睐、新颖独特的商务旅游胜地。LG 电子有限公司、安利公司、英雄本田公司（Hero Honda）、花旗银行和国泰人寿保险有限责任公司等来自亚洲的国际知名企业纷纷选择澳大利亚作为奖励旅游目的地。近年来，中国的大型会奖团体多选择澳大利亚作为奖励旅游的目的地，如 2016 年如新的 4 500 人奖励旅游团、2017 年 1 月安利的 8 300 人奖励旅游团、2017 年 6 月完美的 7 000 人奖励旅游团等。

④ 新加坡的奖励旅游现状。

新加坡处于亚洲中心地带，东北亚、东南亚和印度都在新加坡樟宜机场的7小时飞行半径内。7 000家跨国公司选择新加坡作为营运中心，其中4 000家将管理全球和区域业务的总部设在新加坡。新加坡是国际顶级的会议展览之都，拥有良好的软件、硬件设施以承办各类型的会议、展览及奖励旅游。2014年新加坡接待了320万会奖旅游者，伴随而来的还有52亿美元的收入。截至2015年，新加坡已连续15年被ICCA评定为亚洲最佳的会议都市，并连续9年被UIA评为最佳国际会议城市。

⑤ 泰国的奖励旅游现状。

泰国目前已快速发展成为亚洲奖励旅游的最佳地点之一，各地都有完善的旅游或会议设施，因此是企业安排奖励旅游的最佳地点。新奇有趣的现代都会——曼谷市，可以满足喜欢购物的人；而泰国中南部绵延2 000千米的海岸线，几乎到处可见洁净的沙滩、珊瑚环绕的美丽岛屿及清澈湛蓝的海水；泰北高山则有热带森林植物及各种不同的野生动物；奔腾的河流流经中部平原及辽阔的稻米田。这些优越的自然景观，加上许多量身定制的行程，使得泰国成为举办奖励旅游的绝好地点。

截至2015年，泰国承接了1 095 995名全球的MICE客人，其中，会议与奖励旅游者516 663人，直接创造440多亿泰铢（约合87亿元人民币）的经济收入。中国毫无疑问是最大的客源国，2016财年泰国共接待中国MICE游客127 390人，为泰国创造102.526亿泰铢（约合19.77亿元人民币）的收入。

2. 国内奖励旅游的发展及现状

（1）发展概况。

改革开放后，随着大批外资企业涌入，作为先进管理手段的奖励旅游随之进入我国。20世纪80年代初期，亚洲经济的迅速发展受到了世界普遍的关注，越来越多的公司到亚洲寻求发展甚至将总部迁移到亚洲，奖励旅游作为一种有效的管理手段随之在亚洲传播开来。与此同时，亚洲旅游资源丰富、旅游业发展日益成熟，一些奖励旅游策划者开始选择亚洲作为奖励旅游目的地。

在这样的区域环境背景下，改革开放以后特别是20世纪80年代末90年代初，外资企业大量涌入中国，欧美盛行的奖励旅游随之也在中国开始传播。外资企业和大多数三资企业秉承国际传统，奖励旅游作为其内在的管理手段得到了继承，如友邦保险公司、安利公司、欧司朗公司、IBM公司、三星公司和微软公司等；民营企业和股份制企业机制灵活，奖励旅游发展也比较迅速；而国有企业因为受一些因素的影响，很少实行奖励旅游方式。

中国旅行社总社早在1992年就成立了国际会议奖励旅游中心。目前我国奖励旅游的经营主体可以分为两类：一类为旅行社，主要集中在国旅总社、中青旅、广之旅和春秋国旅等大型旅行社；另一类为在线旅行社（Online Travel Agency，OTA），如携程、去哪儿网等。自2007年以来，中国国际会奖旅游博览会成为中国首屈一指的MICE的交流平台。

（2）现状。

① 北京的奖励旅游现状。随着北京旅游事业的发展，旅游产品结构已从单一的观光旅游向多元化的方向发展，其中会议和奖励旅游以其综合效益高、客人档次高，尤为引人

注目。在奖励旅游领域，北京是我国奖励旅游开展最活跃的城市，拥有丰富的奖励旅游资源，开发奖励旅游市场的潜力巨大。北京的历史胜迹以规模宏大、密集度高和地位卓越而闻名。北京的历史胜迹不但数量繁多，而且品位不凡。大批世界一流的文物古迹，如长城、故宫、天坛和北京人遗址等，极具唯一性、独特性，且不易复制、模仿。此外，北京还是一个自然风光优美的地方。作为现代化国际性大都市，北京的旅游服务设施和交通条件也越来越完善，目前北京拥有的高星级宾馆、饭店数量居全国之首。北京也是各国外交、商务机构集中地，各类国际交往的中心，这一切都使得它特别适合作为一个优质的奖励旅游目的地。北京市旅游发展委员会发布的《2015—2016年北京会奖场所调研分析报告》中显示，在接待会议的规模、数量和收入方面，北京会奖旅游都呈现出增长的态势，反映出北京会议市场稳步增长，未来发展潜力巨大。北京市旅游发展委员会重视会奖旅游的发展，已经连续3年提供奖励资金支持会奖旅游项目的发展。

② 上海的奖励旅游现状。上海是中国的经济中心，也是最主要的金融、贸易和航运中心。上海旅游资源丰富，经济优势明显，会奖设施完备，还拥有多个会展场馆、一应俱全的高中低档酒店，以及便利的交通条件、丰富的办会经验、文化节庆活动丰富和都市旅游资源等，这使上海在会奖旅游目的地竞争中极具优势。尤其是2010年上海世界博览会的成功举办，更为上海市会奖旅游产业提供了一个实现跨越式发展的巨大历史机遇。《会议》杂志发布的《2016上半年会奖旅游大数据研究报告》中显示，2015年第三季度至2016年第二季度，全国主要城市会奖吸引力排名中，上海、北京、天津居前三位。

③ 广州的奖励旅游现状。广州是广东省的省会，是我国华南地区最大的城市。广州的城市经济发展十分迅速，商业非常发达，经过多年的发展，广州已是中国内地仅次于北京、上海的受欢迎的奖励旅游目的地，具备了发展奖励旅游的条件，拥有成为奖励旅游胜地的资本。《广州市旅游业发展第十三个五年规划》中提出，要提升广州"会奖之都"这一旅游优质名片，2017年《财富》全球论坛、2018年世界航线大会、2019国际港口大会等高端会议在广州召开，对于广州而言，发展会奖旅游的黄金窗口已经到来。

④ 中国香港的奖励旅游现状。

中国香港是有奖励旅游丰富接待经验的地区，是亚洲最受欢迎的奖励旅游目的地，而且中国香港奖励旅游的增长幅度高出全球的增长幅度。作为奖励旅游的目的地，中国香港的条件优厚，已成为东亚地区的奖励旅游之都。中国香港奖励旅游的成功不但得力于世界级的会议展览场地、有利的营商环境、四通八达的交通网络、经验丰富的专业人才以及朝气蓬勃的生活方式，还有各种休闲玩乐的方式，使游客在完成工作之后可以尽情休闲放松。据香港旅游发展局的数据，2008年，中国香港共接待奖励旅游游客达117万人，其中中国内地、长途市场和短途市场各占1/3。2016年会奖旅游市场的增长速度超过10%。

7.3.2　奖励旅游发展趋势

1. 参与性奖励旅游崛起

常规的观光与购物旅游这种纯包价旅游的方式已无法满足奖励旅游者的需求，他们要求在日程安排中加入更多的活动项目,使他们的旅游活动变得更加丰富多彩。乘筏逐浪漂流、徒步旅行、划艇等活动正在逐步成为奖励旅游活动中不可缺少的组成部分之一。参与性奖励旅游的发展趋势,在欧洲市场上反应特别强烈。在亚洲,奖励旅游业的发展尚处在初级阶段,参与性活动项目与普通项目之间还存在着较大的差距。

会展故事 7-3

杭州:将打造奖励旅游目的地进行到底

"日出江花红胜火,春来江水绿如蓝。能不忆江南?"白居易在《忆江南》中把人带入如画的江南水乡。如今的杭州作为一个充满情趣、四季皆宜的奖励旅游目的地,拥有航空、铁路、公路、水路等多种出行方式;而秀美的湖光山色及深厚的文化底蕴,更使之成为华东的奖励旅游胜地。

为了让更多企业买家体验到杭州会奖产品的多元化,2014年11月7日—9日,杭州市旅游委员会和MICE China杂志联合组织了杭州会奖旅游资源考察活动,邀请了十余位来自上海的国内大型医药、化妆品等会奖需求旺盛的企业买家,体验了杭州丰富多彩的团队建设活动:从具有团队建设意义的皮划艇旅行、卡丁车竞技,到彰显中国传统文化的"天下第一名社"西泠印社的刻章体验、充满浪漫气息的索菲特西湖露台晚宴,再到充满诗意的《印象西湖》演出,短暂的考察时间给买家带来了难忘的记忆、不一样的体验!

【钱塘江畔,绝美体验】

11月7日晚,MICE China买家团抵达杭州钱江新城,入住新开业的杭州尊蓝钱江豪华精选酒店。酒店位于"天下第一潮"的杭州钱塘江畔,距离杭州站和杭州东站仅十余分钟车程。抵达当晚,买家们便对酒店精美的设计赞不绝口。淡蓝色的主色调,使酒店不同于一般会议型酒店,清新明亮又不失华丽。酒店拥有205间客房,客人可透过宽大的窗户尽情饱览钱塘江的壮丽美景。另有装饰独特且温馨的会议室,也可满足小型精品会议的举办。

【团建新风尚——皮划艇】

在杭州这样的江南水乡,除了游船,还有更刺激的团队活动——皮划艇。11月8日上午,买家团经过约1小时车程抵达富阳皮划艇俱乐部,青山绿水间,买家两两合作,相互配合,在河流中全速前进,将欢声笑语留在了山水之间。皮划艇结束后,步行到达周边农家院餐厅,享用当地特色农家饭。山清水秀、景色逶迤,有刺激的体育活动,又有方便的用餐场所,富阳的皮划艇项目绝对是团队建设活动的佳选。

【文化魅力,西泠印社】

如果您看倦了山山水水,想感受杭州的文化气息,那么去西泠印社体验一下金石篆刻技艺,一定会让您感受不一样的杭州!西泠印社位于西湖边,有"天下第一名社"之称,今为全国重点文物保护单位,金石篆刻技艺更是国家级非物质文化遗产。在体验过皮划艇的刺激后,11月8日下午,买家步入幽静古朴的西泠印社(图7.4),在专业老师的现场指导下书写小篆体的祝福语,再将它刻于一方金石之上。来杭州体验篆刻艺术,对于奖励旅游团队而言不仅可以感受到中华文化的魅力,还可让每一位队员亲自参与其中,而且亲手制作的"艺术品"也是不错的团队纪念礼品。

第7章　奖励旅游

图7.4　西泠印社的篆刻

【视觉盛宴，印象西湖】

看一场《印象西湖》的演出（图7.5）是众多来杭的会奖团队必选项目之一，在享用完充满浪漫气息的索菲特西湖露台晚宴后，买家们共同欣赏了这场极具诗意的视觉盛宴。在迷人的西子湖上，上演着如梦如幻的爱情故事，恍惚间，仿佛走进了一个千年美梦。杭州的夜晚从不单调，夜晚歌舞升平，为来杭州的奖励旅游团队提供了丰富的夜生活选择。

图7.5　《印象西湖》表演

【更多彩图】

【速度与激情，卡丁车竞技】

卡丁车是一项操作简单的赛车运动，即使是没有驾驶经验的人也可以体验一次赛车的速度与激情。组织奖励旅游团队进行一场卡丁车比赛，能够增强成员的团队荣誉感和管理意识，激发团队的合作进取精神。11月9日上午，买家来到了亚洲最大的室内卡丁车赛场，只听马达的轰鸣声响彻全场，买家对卡丁车竞技充满了热情，赛场上成员的欢笑声、呐喊助威声交织在卡丁车赛场上，为此次团队建设体验制造一波又一波的热烈高潮。

随着卡丁车轰鸣声的结束，考察活动也接近了尾声。杭州虽然是上海企业常来常往的奖励旅游目的地，但本次考察为企业的买家展现了更丰富多彩的一面，得到了买家的一致好评。通过此次考察不难看出，挖掘出杭州不同于传统观光的活动、体验，为企业团队建设活动提供了更多方案，才能让买家对杭州有新的感觉。特别值得一提的是，本次考察活动对准即将到来的企业年会市场，除已经签约的买家外，其他买家也与各考察点及酒店联系洽谈后续会议、活动事宜。至此，杭州完成了从华东会议目的地到奖励旅游目的地的精彩转身。

（资料来源：http://www.micechina.com/a/15447，2015-01-29.）

2. 奖励旅游产品文化性增强

现代的奖励旅游活动比以往的旅游活动和奖励旅游活动更加注重人文关怀，强调个性彰显，关注人的内心需要和人性的充分满足。奖励旅游作为满足员工高层次精神需求的特殊形式，其文化性、人性化和个性化发展趋势体现得更明显。有资料显示，20世纪90年代后期以来，奖励旅游在目的地的选择上更多地考虑当地的文化因素。在旅游项目的选择方面更倾向于具有文化品位的活动，能够凸显企业的文化与经营理念，并与户外拓展训练和娱乐、体育等活动相结合。随着企业国际化的发展，来自不同国家、不同民族的参与者具有不同的文化背景，将促使企业在选择奖励旅游项目时注重体现企业文化、尊重个人文化、增强企业的协调性和凝聚力，使整个奖励旅游活动既能包含奖励旅游对象的本土文化，又能展现企业文化。

3. 会奖结合趋势明显

目前，奖励旅游与会议、培训和企业业务活动相结合的趋势越来越明显。据统计，超过50%的奖励旅游中包括各种会议，超过40%的奖励旅游安排了对工厂、业务场所的考察。奖励旅游与会议、展览、大型活动和公司业务等商务活动由过去的泾渭分明转向了现在的相互交融与结合。如今，企业在选择旅游目的地时不仅考虑有吸引力的地方，还更多地考虑适合举办公司会议、公司考察等因素。企业员工也从原来的单纯以参加奖励旅游活动为荣转为追求参加专业会议或培训带来的成就感和充实感。奖励旅游这一趋势反映了企业越来越重视奖励旅游的商务目的，策划奖励旅游时，只有增添新的元素，才能保持它的吸引力和激发性。

4. 奖励旅游产品深度增加

奖励旅游在发展过程中显现出"深度旅游"的趋势，即单一地点移动，减少周转的地点，节约宝贵时间，把时间用于一地的旅游活动而不是长途旅行。表现在旅游线路上就是"点对点"的旅游，即整个旅游行程只有一个目的地，而不像以往将很多目的地安排在一次旅游活动中。走马观花、蜻蜓点水式的旅游正被一地深度旅游所替代。这样对目的地的风土人情、旅游景观、饮食习惯和历史文化等各方面进行深入了解，更提升了奖励旅游的独特魅力。

会展故事 7—4

在布拉格城堡做冰雕——安盛个人线上保险公司团队建设活动

委托公司：安盛个人线上保险公司

活动内容：团队建设

活动人数：63 人

代理机构：Ideal Venues

目的地管理公司：Liberty Incentives & Congresses

活动日期：2011 年 4 月 6 日—8 日

活动地点：布拉格 Augustine 酒店

1. 准备——找到合适的接待场所

安盛个人线上保险公司想要带员工和合作伙伴到布拉格区开展会议和团队建设活动。公司委托 Ideal Venues 机构找到了合适的活动场所，该机构同当地目的地管理公司 Liberty Incentives & Congresses 取得了联系。

安盛个人线上保险公司最终决定将布拉格 Augustine 酒店作为此次活动的接待场所。

活动被设计得充满现代元素，参与者可以体验时尚餐饮，欣赏、创作冰雕，这与整个城市的悠久历史背景形成了鲜明对比。

2. 挑战——部分活动"无缝拼接"

上午，员工和公司合作伙伴将分别参加不同的会议、活动，而在娱乐活动环节，员工和合作伙伴又将被组织在一起。因此，如何将这两部分活动进行良好配合衔接，达到团队建设的目的，是此次活动的挑战。

3. 亮点——无处不在的艺术

参与活动的员工和公司合作伙伴在去 Blue Duck 参加欢迎晚宴之前，先抵达了酒店。

第二天，员工在酒店参加了上午的会议，这时合作伙伴团队则来到 Manto 画廊与捷克艺术家 Antonin Manto 会面。在尝试进行自我创作（美化一只水果盘）之前，合作伙伴团队首先观赏了 Manto 的艺术作品。当这些艺术创作完成后，这些水果盘将连夜烧制，在客人离开酒店时作为礼品送给他们。

午餐在 Celeste Bistro 进行，这是一家新潮小酒馆，是著名餐厅 Celeste 的姐妹餐厅，而 Celeste 餐厅正是客人们的晚餐地点。

下午，员工和合作伙伴一同被带到了布拉格过去的王宫 Lobkowicz Palace，由此可进入布拉格城堡。6 个重 130 千克、高 1 米的冰立方体等待着客人们的到来，他们将把这些冰块塑造成为一件艺术品。经过一个半小时的创作之后，代表们将一边欣赏他们的冰雕作品，一边品尝冰镇的捷克利口酒 Slivovice。

在 Celeste 餐厅，参加活动的代表们将迎来他们的告别晚宴，他们可以在餐厅的露天平台上 360 度观赏布拉格的夜景，并享受现代法式烹饪大餐。

4. 效果——"我们对各方面都满意"

安盛个人线上保险公司活动顾问 Dawn Severn 表示，她对公司选择的代理商非常满意。她说："Liberty Incentives & Congresses 做了一项非常不可思议的工作，从活动开始到结束，代理商照顾了每一个细节，包括住宿接待、交通运输、活动搭配计划，以及难以想象的允许在布拉格城堡中进行冰雕活动。"

"我们对各方面都感到满意。"Dawn Severn 说。

（资料来源：任维. 在布拉格广场做冰雕——安盛个人线上保险公司团队建设活动［J］. 中国会展，2011（2）：60.）

7.3.3 我国发展奖励旅游的对策

我国奖励旅游市场刚刚形成，奖励旅游的发展尚在探索阶段，与奖励旅游发达国家相比，我国的奖励旅游业在市场发育、产品质量和促销水平等方面均存在巨大的差距。因此，我们需要在把握我国的实际情况、奖励旅游的特点及发展趋势的基础上，借鉴奖励旅游发达国家的成功经验，有针对性地提出促进我国奖励旅游发展的措施。

1. 政府政策支持

我国奖励旅游市场和奖励旅游业尚处于初级时期，政府应该为奖励旅游创造宽松的外部环境，奖励旅游并不等同于"公费旅游"，政府的支持对奖励旅游的发展是非常重要的。

我国缺乏专门的经营奖励旅游业务的公司，少数实力较强的旅游企业开展奖励旅游业务，基本上由会展旅游部门兼管。奖励旅游市场的高端性，客观上要求具有创新能力市场主体的出现。政府要鼓励并扶持全方位服务型奖励旅游公司和完成型奖励旅游公司等类型的专业奖励旅游公司的建立，制定行业准入资质。产品的非比寻常性特点，决定了奖励旅游的门槛高。政府应该尽快出台规范和鼓励奖励旅游发展的法律法规，同时实施相应的扶持政策，如简化奖励旅游团的签证手续、成立专门的奖励旅游管理和服务机构等。

会展故事 7—5

泰国会展局（TCEB）2016—2017 财年企业会议奖励旅游推广支持计划

泰国会展局会议和奖励旅游推广部针对会议和奖励旅游团队推出了新的激励计划。

常规支持计划：泰国全境常规奖励支持计划（在泰行程3晚以上）：30～99人企业团体——提供纪念品、机场 VIP 快速通关服务；100人以上企业团体——提供纪念品、机场 VIP 快速通关服务、赠送文化表演。

特别支持计划（三选一，不可叠加）：

泰国双城畅游特别支持计划：企业会奖团体人数为200～1 999人；在泰国行程至少包括两个城市并且累计停留4晚及以上。满足以上条件，泰国会展局针对200～499人规模的团队，提供每团100 000泰铢财政补贴；针对500～999人规模的团队，提供每团250 000泰铢财政补贴；针对1 000～1 999人规模的团队，提供每团500 000泰铢财政补贴。

泰国可持续发展特别支持计划：企业会奖团体人数为200～1 999人，在泰国行程停留达到3晚及以上。行程中安排企业社会责任活动或使用泰国会奖业标准场地名录中的任一场地，如会展中心（举办全员出席的活动或宴会）、酒店（需达到3晚以上住宿）等。满足以上条件，泰国会展局针对200～499人规模的团队，提供每团100 000泰铢财政补贴；针对500～999人规模的团队，提供每团250 000泰铢财政补贴；针对1 000～1 999人规模的团队，提供每团500 000泰铢财政补贴。

大型团体特别计划：针对超过2 000人的会奖团队，在泰国停留达到3晚及以上，可提供财政补贴，最高不超过2 000 000泰铢。

（资料来源：http://www.micexpo.com.cn/archives/5035.html，2017-13-24.）

第7章 奖励旅游

2. 加大市场推广，为入境奖励旅游创造条件

虽然我国奖励旅游的现实市场仍然很小，但是，对世界奖励旅游需求来说，中国是非常具有吸引力的目的地。对大多数北美和欧洲市场来说，在自然、文化，特别是在安全、方便等方面中国是非常独特的，是举行远程奖励旅游的理想目的地。由于这些地区的企业员工已经多次光顾本区域的旅游目的地，对参与者来说，不是那么新鲜而独特，中国作为目的地的吸引力显得格外突出。有统计表明，美国奖励旅游市场的年花费额大约为100亿美元，而全世界奖励旅游总消费估计大约为150亿美元。因此，我们必须加大对外促销和宣传力度。

政府应与旅游业界相互配合，进行对外宣传。奖励旅游市场开拓（图7.6）尤其是国际奖励旅游市场开拓，仅靠旅游业界的努力是不够的，需要政府提供相应的帮助，如政策支持、信息导向等，帮助旅游企业与国际买家进行直接的、面对面的贸易洽谈和交流，或者政府出面邀请一些著名的奖励旅游商来国内实地考察，加深了解。还要积极参加国际上的一些大型专业旅游展，这不仅可以推广我国奖励旅游市场，而且能达到扩大我国旅游业影响力和提高知名度的目的。

图7.6 2016北京国际商务及会奖旅游展览会在京开幕
(图片来源：http://www.szzg.org.cn/a/lvyou/redian/2016/0908/20768.html，2016-09-08.)

【更多彩图】

知识链接 7—3

国际上最有影响力的大型奖励旅游的专业交易展

欧洲奖励旅游暨会议展是由英国励展博览集团公司主办的全球规模最大、规格最高的商务会议和奖励旅游专业展会之一，每年举办一届，目前已成功举办了28届，为参与者提供了巨大的商业机会和高效专业的交流平台。2016年欧洲商务与会奖旅游展会（IBTM WORLD）于11月29日—12月1日在西班牙巴塞罗那举行，北京市旅游委相关处室负责人携欣欣翼翔、华盛国际、神舟国旅3家北京旅游企业代表前往参加本次展会。本届IBTM WORLD共有1.5万名行业专业人士参加，参展商达到了3 900家，邀请了来自全球超过70个国家的4 000位买家，邀约会议近16 000个。

美国芝加哥会议及奖励旅游展是世界上重要的会奖展销会之一，也是北美会奖旅游市场专业水平最高、规模最大的旅游交易会，为世界各地旅游城市、旅行商和旅游企业展示形象、宣传促销和洽谈业务提供了良好平台。国家旅游局已连续22年参展，有力地推动了我国会议和奖励旅游的发展和市场的开拓。2006年第三十五届芝加哥会议及奖励旅游展，参展单位大多是以各国旅游局、酒店管理集团、娱乐集团、航空公司和铁路公司等形式组团参展。到场的买家几乎全部是世界各地的大型跨国公司、奖励旅游集团、主要旅行批发商和旅行社。包括推广员工奖励游的旅行经销商、旅游目的地、酒店集团、商务会议和活动承办商、高档礼品制造商、员工激励项目供应商等。

3. 巩固现有市场，开拓新市场

随着改革开放的不断深入，越来越多的外国企业和中外合资企业进入中国，国际500强企业已经进入了中国的许多大城市或经济发达地区，在中国扎下了根。旅行社要了解这些企业对奖励旅游产品和服务的需求与要求，根据他们的要求对奖励旅游进行量身定制。还有一些大的上市公司，他们对国际惯例比较了解，容易接受奖励旅游这种新的管理理念，这些单位目前如果还不是现实市场的话，至少也是重要的潜在市场，应当首先考虑开发这些市场。

向国内大型的企业和机构推介奖励旅游的概念。在中国，大多数大型的企业仍然是国有企业，其中不少是盈利丰厚的骨干企业，有一些企业已经进入了世界超大企业的行列，如石油业、房地产业、金融业、汽车制造业、保险业和信息业的部分企业。这些企业是奖励旅游推介的主要目标。作为第一步，应当努力帮助这些企业的高层领导认识到奖励旅游作为一种现代化的管理工具，能够促进员工的能力建设，并向他们介绍国外同行们的经验和做法，使他们接受奖励旅游的新理念。另外，还有很多大型的机构，虽然他们并非商业性的，也可以作为潜在的市场。例如高等教育机构和研究机构，他们有奖励员工的资源，也有机制，可能更容易接受奖励旅游的新做法。

4. 提升奖励旅游经营企业的实力，加大人才培养力度

我国目前开展奖励旅游业务的企业都是在传统旅行社基础上发展起来的，比较缺乏奖励旅游活动操作和管理的经验，因而在与国际上专业化的奖励旅游公司竞争时处于劣势。奖励旅游需求的多样性和变化性特点，决定了市场创新的必要性，对奖励旅游市场进行细分和定位、再细分和再定位，是发展奖励旅游的前提。奖励旅游产品的创新，更多是利用现有要素的新组合、新模式，从而形成一种新的产品。因此，创新是打造奖励旅游核心竞争力的关键所在，也是增强奖励旅游经营企业竞争力的重要途径。

我们还需要尽快提高奖励旅游经营企业的专业化素质，通过调整整体业界结构、整合内部资源，培养一批高素质、高技术的奖励旅游专业人才，以增强奖励旅游经营企业的能力和国际竞争力。

5. 设计高水准的奖励旅游产品

奖励旅游属于高端旅游市场的重要组成部分，高水准的奖励旅游产品是开发奖励旅游市场的前提。策划奖励旅游的企业必须充分了解客户企业和参加者的需求，设计出让双方都满意的高档次、高质量的奖励旅游产品。产品的设计应体现创新、以人为本的思想理念，围绕客户的企业文化和企业理念，根据其需求量身定做，同时必须关注和完善奖励旅

游服务流程的每一个细节。

产品设计还可加入拓展训练环节，将拓展培训融入奖励旅游内容之中，不但使员工领略了自然风光和异地风情、丰富了阅历、开阔了视野、培养了团队精神，而且迎合了员工被认同和受尊重的要求，更满足了员工自我发展的需要，使参与者获得自我成就感，从而终生难忘。奖励旅游作为激励机制，其生命力在于不易获得、常变常新，在设计奖励旅游产品时应赋予新的内容、新的体验，深化内涵，使之有别于大众旅游项目，时刻保持着非比寻常性，奖励旅游就会永葆生机与活力。

案例分析 7—1

奖励旅游成功案例——法国标致公司奖励旅游案例

奖励客户：法国标致公司的英国经销商

活动项目：第一季度奖励旅游

参与人数：224 人

委托公司：Adding Value

活动日期：2010 年 6 月 12 日—22 日

目的地：肯尼亚马赛马拉、桑给巴尔岛

预算：保密

活动时间节点

2009 年 12 月：法国标致公司指定 Adding Value 公司负责奖励旅游活动。

2010 年 1 月：在公司年度经销商大会上，奖励旅游计划正式启动。

2010 年 2 月：第一次到非洲为活动选址。

2010 年 4 月：第二次到非洲为活动选址，标致公司宣布获得奖励旅游资格的经销商名单。

2010 年 5 月：提醒参与活动人员接种疫苗并提醒其行李重量。

2010 年 6 月：奖励旅游启程。

准备阶段

经过竞标，法国标致公司指定 Adding Value 公司负责其 2010 年销售奖励旅游。Adding Value 公司在前一年的圣诞节前夕获得该业务并立即开始准备。2010 年 1 月 8 日，奖励旅游计划于年度经销商会议上向经销商负责人们宣布。

委托公司给出的奖励旅游目的地包括百慕大群岛、马尔代夫、肯尼亚的马赛马拉及桑给巴尔岛。最终印度洋沿海岛屿桑给巴尔被选中，与此同时被选中的还有肯尼亚的马赛马拉。Adding Value 项目总监蒂娜说："标致公司希望飞行时间不要超过 11 小时，同时需要将奖励旅游的时间安排在夏季，而不是在学校放假期间。"

公司还要求整个奖励旅游计划可以使参与的经销商感到兴奋，并激发其销售热情。这就意味着 Adding Value 公司需要同客户进行独特的沟通，激发他们参与其中的强烈愿望，从而促进其销售。

1 月 8 日年度经销商会议举行后不久，以目的地旅游精彩图片为内容、以剪贴形式呈现的出行日志被包裹在棕榈叶中，派送到经销商的家中。

活动目标

此次奖励旅游是公司从 450 名经销商负责人中选出在 2010 年第一季度销售额上涨的经销商负责人。在经历了经济不景气和汽车蓄电池问题导致的危机后，法国标致公司希望借助奖励旅游保持经销商的销售热情。蒂娜解释："标致公司希望借助奖励旅游对目光敏锐的经销商负责人和他们的妻子进行有效激励。"最初此次活动由 65 名经销商和其他宾客组成，结果共有

112 名经销商获得了此次奖励旅游的资格。

活动挑战

此次活动非常受欢迎，以至团队数量从最初的 65 人发展到 112 名，再加上原本参与活动的宾客和一些合作伙伴，参加奖励旅游的最终人数为 224 人。"人数的增加不仅使原本的计划出现问题，在目的地的选择上同样出现问题。"蒂娜解释，"如果我们要去的是迪拜的亚特兰蒂斯酒店，那么这样的人数不成问题，但我们要去的是肯尼亚，人数就会有限制。"此外，目的地的自然条件意味着一些场所没有完备的硬件设施，这样就难以保证"为客户提供难忘体验"计划的实行。桑给巴尔岛的小型机场"不能为大规模游客的到来做好准备，并且显得有些混乱。"蒂娜说。而在行程中间，受肯尼亚内罗毕爆炸威胁的影响，Adding Value 公司还不得不为 6 月 16 日在 Ole Sereni 酒店举办的告别宴会准备一套紧急预案。

解决方案

围绕参加活动人数超过预期的问题，Adding Value 公司决定将整个行程分为两组连续进行。当第一组人员完成桑给巴尔岛的行程飞向肯尼亚之后，第二组人员到达桑给巴尔岛，重复前一组人员在此处的体验。

为配合世界杯，一场以足球为主题的欢迎晚宴在肯尼亚内罗毕的洲际酒店举行。第一组参加奖励旅游活动的经销商们在酒店一起通过巨大的屏幕观看了英格兰对美国的足球赛，这块显示屏也是从英国带过来的。第二组成员则在星空下，观看英格兰对阿尔及利亚的足球赛，这场球赛被放映在一块岩石的表面。

南非的 DMC（目的地管理公司）——Green Route 被指定为此次活动的地面服务接待商，地方机构 Gallery Tours 则被指定协助解决桑给巴尔岛的机场接待工作。"正常情况下，桑给巴尔岛机场只能为最多 10 名客人提供 VIP 服务，但幸亏 Gallery Tours 设法帮助我们做好了一切准备工作，并陪同客人顺利通关。"蒂娜说，"他们用新鲜的椰子和冷毛巾欢迎客人，这些看似容易做到的细节都是他们努力工作的结果。"

在整个行程中还包括多场晚宴，在马赛马拉的晚宴中伴有当地马赛风格的舞蹈，晚宴后大家可以围坐在篝火旁边喝边聊。在桑给巴尔岛则安排了一场斯瓦希里风格的晚宴和一场海滨盛宴。"这是一支挑剔的团队，但经销商们显然喜欢这样的安排。"蒂娜说。

而在奖励旅游期间，还穿插了一场募捐活动，客户为桑给巴尔岛的一所学校募集了钢笔、T 恤等物品。

客户结论

标致公司英国经销商活动及奖励旅游负责人路易斯说："在此次活动中，我们遇到了很多困难和挑战，比最初多了两倍的经销商获得参与活动资格，缺少合适基础设施的桑给巴尔岛以及对行程提出很多要求、带有很高预期的客户。但不可思议的后勤保障、一丝不苟的准备工作和意外情况的到位处理让我们不得不对 Adding Value 公司的服务感到惊奇。整个团队展示了他们的能力和热情，并且在复杂的准备工作中真正关注每一个细节。如何在以后的活动中，延续这样的服务已经成为我们新的挑战。"

活动分析

活动结束后，客人们立即收到一封邮件，邀请他们完成一项调查。为了吸引客人参与测查，标致公司将为每位参与调查者送去一份小纪念品表示感谢。调查问卷的回收率在 98% 左右。而此次活动也使公司一个季度的销售成绩增长了约 55%。

（资料来源：Magda, Ibrahim. 任准, 编译. 案例分析：法国标致公司经销商奖励旅游 [J]. 中国会展, 2011 (6)：60 - 61.）

本章小结

本章分析了奖励旅游的概念,提出奖励旅游是作为一种管理方法,企事业单位为那些对组织发展作出卓越贡献的特定对象(如优秀职员、经销商和顾客等)所提供的免费旅游活动,目的在于激励员工,塑造形象,最终实现组织目标。具有利润高、要求高等特点,对实行奖励旅游的组织、对奖励旅游者以及旅游业都具有积极的意义。

本章介绍了几种奖励旅游操作机构,分析了奖励旅游运作模式,结合案例重点介绍了奖励旅游的运作流程。

最后综合介绍了国内外奖励旅游的发展概况、现状和发展趋势,以及我国发展奖励旅游的具体对策。

复习思考题

【拓展练习】

一、名词解释

奖励旅游　　团队建设型奖励旅游　　公费旅游

二、填空题

(1) 奖励旅游作为 MICE 的重要组成部分,已成为旅游市场中一个重要的细分市场,其中_____是世界最大的奖励旅游市场。

(2) _____型奖励旅游活动安排以高档次的休闲、娱乐等消遣性活动项目为主。

(3) 专业奖励旅游服务公司可以分为_____、_____和_____3 种类型。

三、问答题

(1) 为什么说奖励旅游是一种现代管理手段?

(2) 奖励旅游与传统旅游有何不同?

(3) 简述奖励旅游的运作流程。

四、实务题

(1) 奖励旅游经典案例交流讨论。

(2) 为实习单位或熟悉的企业做一份奖励旅游的策划书。

五、小论文

(1) 小议奖励旅游在企业管理中发挥的作用。

(2) 当前情况下,中国发展奖励旅游的对策有哪些?

第8章 会展管理

学习目标与要求

1. 了解我国会展行业管理的方式和内容。
2. 了解会展发达国家和地区的会展管理体制和经验。
3. 了解我国与展览有关的政策和法规。
4. 了解国际主要会展组织。

导入案例

德国会展业的现状及借鉴作用

德国会展业历史悠久，已有100多年的历史，实力雄厚。德国作为世界上国际展会最重要的聚集地，每年约有150个不同行业、占全球国际性展会总数2/3的展会在德举办，吸引约16万参展商和1000多万观众。据德国经济展览会与博览会委员会（AUMA），又称展览业协会统计。2016年全球营业额最大的十大会展公司，德国有四家。

一、德国会展业已成功搭建促进经济社会发展的"四个平台"

1. 综合效益平台

在德国现有100多家会展公司中，近45%的公司有能力举办国际展会。2016年德国会展公司的营业额约为39亿欧元。在每年的德国国际性展会上，50%的参展商和20%～25%的观众来自国外，专业博览会中的国外比例更高达30%。会展业还对其他相关行业起到了明显的拉动作用，近几年间接经济效益超过235亿欧元，特别是给公共交通、旅游餐饮等行业带来不菲的经济效益。据德国相关部门资料显示，会展业还可为25万人提供就业岗位，缓解了就业难题，促进了社会稳定。

2. 品牌展示平台

在德国，名牌产品上市前，必须先由行业协会进行技术鉴定、质量检验和安全评估。如果发现不达标、不合格和不先进等问题，不准进行专利权登记，也不得上市销售。例如，汉诺威全球计算机及电子通信产品博览会，所展示的几千种产品都是新近研制发明的，展会聚集了来自世界各地的专家对产品进行评判和交易，优质产品在展会上进行实物展示的同时，还要安排网上展示，旨在发动更多的消费者参与评判，加强名牌产品的推介力度。此外，柏林展览公司一般在其网站上保留参展商的资料一年，这在全球众多展览公司中独树一帜。

3. 信息交流平台

交流信息、掌握动态和博采众长、相互借鉴是会展业的重要功能之一，也是生产者把握市场发展趋势、经营者了解市场需求和消费者比较产品性能的基本途径。对于培育有序市场、理顺产供销关系起到事半功倍的作用，博得广大生产者、经营者和消费者的青睐。德国不仅重视会展业的发展壮大，同时也积极适应数字时代的发展需要，充分利用互联网收集世界各地博览会的信息，建立扩大信息交流和业务关系。例如，汉诺威博览会股份公司已拥有自己的全球网上业务信息系统、2万个数据组和4万项产品登记的信息数据库，成为促进会展业发展的软实力。

4. 产业升级平台

德国会展业为行业上游制造商与下游采购商及消费者搭建了最直接的交流平台，有效地促进了产品升级换代。德国每年举办的150多个专业会展，基本涵盖了所有工业产品和服务行业，特别是主题会展成为推介和提升新理念、新产品、新工艺和新技术最有效的手段。企业家们通过会展将展示结果当作革新技术、升级产品和拓展市场的重要依据。为了能够获得更多的订单和交易机会，他们一方面大力推介和展示传统优势产品和最新科技产品，巩固和占领市场高地，另一方面注重瞄准科技发展前沿，消化和吸收他人的技术成果，调整企业发展方向，提升产品竞争力。

二、德国会展业发展凸现"五化"特征

1. 经营市场化

德国所有的展会采取公司经营的运作模式，而不是由政府包揽，实行市场化经营形式，由企业自主经营。政府在会展业的发展中主要负有调节任务，制定市场规则。同时提供建设场所和必要的经费支持，虽然持有较大股份但主要由企业负责运作，实行自主经营、自负盈亏，实现会展业的优胜劣汰。目前该国的会展公司、会展场所已逐步形成了相对成熟的市场化的运营管理模式。

2. 管理行业化

德国的会展按不同行业进行分类。根据不同行业的特点和产品种类，细化会展业行业，举办不同种类的展览会，满足不同企业和客户的需求，各地区逐渐形成了独具特色的会展品牌。即使同样的行业，也有具体的分类。例如，汉诺威信息技术展和柏林消费电子展虽为相同专业，但观众群却有明显区分，前者以采购商等专业客户为主，后者则以终端消费者为主要对象。会展机构也逐步演变得更加专业化。20世纪五六十年代，专业展览和会议一般由行业协会主办。随着竞争的日趋激烈，越来越多的行业协会把隶属自己的展会全部或部分交给专业展览公司去运作与经营，形成一批在国际上有竞争力的会展公司。会展人员更具专业化，所有会展公司都是专业人才济济的地方，他们业务精通、视野开阔，为会展业的发展提供了人才保障。

3. 推介品牌化

每个参展产品都是由组织者与参展商、参观者、各个联合会和协会等协调、评鉴和筛选后推出的，并根据市场变化和消费者的需求及时做出调整、更新。例如，每年春天的"工业博览会"，其前身是1947年的"德国出口博览会"，到目前已举办了50多届，打造出了许多闻名遐迩的国际品牌。又如每两年举办一次的法兰克福车展，就像巨大的磁场，吸引了包括德国在内的世界名牌汽车厂商，形成了一道高档汽车的靓丽风景。

4. 运作国际化

随着经济全球化和欧洲一体化的发展，会展业的国际化水平不断提升。德国各举办会展的机构，除充分发挥地缘、场所优势，不断拓展扩大本地会展的时空和规模外，还积极通过国际招商，吸引更多有实力举办国际性行业会展的外国机构到德国展示现代科技成果。同时注重国际合作交流，参与国外会展行业的竞争，有的直接在国外主办会展，有的派驻人员协办会展，还有的被聘请指导会展。AUMA调查结果显示，2016年有19万名展商参加了160个左右在德国国内及国外举办的展会，外国展商占参展商总数的55%。仅杜塞尔多

夫一家会展公司，就设立了66个办事机构，业务扩展到108个国家和地区，还在上海、广州等大城市设立了长期办事机构。

5. 功能多元化

会展公司实行多元化经营。除了主办展览会的主业以外，还注意充分利用场所、人才和环境资源，经常举办各类体育比赛、文艺表演和节日庆典等社会活动，进一步促进相关产业的发展，形成齐头并进、互相促进和互相发展的经营格局。例如，多特蒙德会展公司，不仅举办行业会展，还经常安排国际明星演唱会和网球、橄榄球等赛事，既合理使用了资源，又提高了会展的知名度，还增加了会展的经济效益，为扩大规模、维修场所和更新设备提供了经费支持。

三、德国会展业的经验具有"六个方面"的借鉴作用

1. 政府扶持是前提

德国的会展场所大多由地方政府投资兴建，政府控股，会展公司和其他经济组织参股，实行公司化管理。会展公司既是会展中心的持股者，又是经营者，还是管理者。例如，法兰克福展览公司是德国最大的展览公司之一，市政府占60%的股份，其主要任务是幕后策划、台前支持和宏观指导，不参与公司利润分成，只从会展业及相关行业不断增加的税收中获得效益，其中多数盈利用于投资会展业的再发展。每逢举办大型国际性展览会，就有政府上层要员参加开幕庆典，有关部门经常调查研究，及时反映情况和修订完善相关法规，协调解决发展中遇到的问题。AUMA作为政府和会展公司的中介机构，负责大型国际博览会的信息传递、推介安排、咨询宣传和有关协调服务事宜，维护会展业经营中的各方利益，为会展业的发展提供坚强的依靠。

2. 完善设施是基础

一是场馆设计要科学合理。法兰克福国际会展中心，总建筑面积57.8万平方米，居世界第三位。室内展馆面积32万平方米，分为9个展览馆和1个会议中心，室外可用面积8.3万平方米，可用作展览场地或停车场。9个展览馆大小不一，适宜举办不同规模的展会。场馆除有可容纳2 200人的会议中心外，还有与之配套的娱乐餐饮和现代生活、通信等设施。二是交通设施要先进便利。汉诺威国际会展中心在城郊，拥有专线火车、电车和四通八达的通行道路，连接机场、中心火车站，客商可直接到达展览场地。同时备有多个停车场，有近4万个停车位，可满足客商的需求。三是服务体系要周到细致。每个会展中心都有多家高级酒店，供客商就近居住。附近还有各式风味餐厅和酒吧提供不同口味的饮食。配有多台电子自助咨询设备和人工咨询台，大型展会期间，还聘请各语种专业的学生担任翻译和服务工作。还配有货运管理机构和现代化物流中心，专司展品的进出、搬运和堆存等业务。

3. 健全法律是保障

德国是个法治国家，会展业也有完整的法律体系，包括《公司法》《公共安全法》《知识产权法》《商标保护法》等对会展业的经营活动做出规范。《公司法》对会展公司和参展企业应具备的资质、办展条件和应承担的法律责任都做了明确的规定。《公共安全法》对展会的举办有统一的运行标准，包括质量体系、安全防范体系和效益评估体系等。《知识产权法》《商标保护法》及行业准则，按标准、规范和自律要求对会展活动进行全程监督，并接受社会投诉，确保会展活动达到预期的效果。

4. 人才建设是关键

专业化会展公司的生存发展有赖于人才的保障。高素质的会展人才为德国会展业的发展提供了支撑。他们十分注重会展专业人才的培养、选拔和引进，汉堡大学、

洪堡大学等高等院校设有会展专业，系统传授会展理论，每年政府给予资助举办会展业培训班，交流研讨问题。展览业协会创立了一套系统完整的专业人才培养系统，通过课堂和现场教学，更新思想观念，明确运行方式，把握工作环节，提高工作效率。经考试合格后，发给资格证书。各会展公司一方面有计划地组织员工在职培训或到学校进行全日制学习，另一方面，不惜重金地招聘专业人才，壮大会展业力量。

5. 严格监管是要责

德国素以严谨、严格和严肃的管理而著称。对会展业也毫不例外。行业管理实行驻场管理，法院、行政管理部门根据各自的职责实施分类管理。法院主要是对主办方和参展商的合同纠纷进行裁决。工业管理部门主要是对产品安全性和安全生产进行把关，参展前，政府授权对产品进行抽查，发现问题责成下架。按照该国公司法的规定，在办证过程中，必须严格审查会展公司的可信度和运作计划，并提供完整的可行性报告，否则不予准入。例如，不来梅一家会展公司虽已成功举办了37届展览会，但由于诚信度受到质疑，第38届展会申请被拒绝。针对不同种类、不同行业和不同主题的展会，政府都要召集相关部门的专家对上市产品进行技术鉴定和质量监管，确保上市产品先进、安全。

6. 周到服务是条件

德国展览服务贯穿于整个展览会的展前、展中和展后等各个不同阶段。既有展览现场的租赁、广告、保安、清洁、展品运输、仓储和展位搭建等专业服务，又有餐饮、旅游、住宿、交通运输等相关行业的配套服务。例如，纽伦堡博览会的主办方多年坚持"一站式"服务，包括银行、邮局、海关、航空、翻译、日用品、商店和餐馆等，使博览会场所成了舒适、便利、宜居的城中城，成了八方宾客流连忘返的好去处。

(资料来源：http://expo.ce.cn/newmain/roll/201105/06/t20110506_22404530.shtml，2011-05-06.)

8.1 会展行业管理概述

行业管理是在根据产品和劳务的不同特点对企业进行分类的基础上，由不同的政府部门进行的归口管理，它是由政府部门或行业组织通过规划、控制总量和制定政策、标准等手段实现的，是一种总体上的管理与协调。会展行业管理也就是政府会展主管部门及各类会展行业组织通过对会展业的总体规划和总量控制，制定出促进会展事业发展的方针、政策和标准，并以此为手段，对各种类型的会展企业进行宏观的、间接的管理。

8.1.1 会展行业管理的目标与任务

1. 会展行业管理的目标

会展行业管理的目标包括以下3方面：一是实现发展会展业以达到社会、经济和就业等的政府目标；二是使会展业的发展处于政府可控制、可调整的范围内，使会展业与其他行业、会展业内部的各要素之间保持良好的秩序和合理的比例关系；三是维护处于弱势地位的会展者的权益。上述3种政策目标是相互联系、相互作用的，但在不同国家和地区的会展政策的侧重点有所不同。它既反映了各国会展业发展所处的阶段和达到的水平，也与政府所能扮演的角色和管辖能力有关。

从我国会展业发展的现状来看，目前我国会展管理的目标是建立公平的市场环境、良好的市场秩序，形成规范的市场运行和促进高效的市场主体，还要努力形成一个动态的管理体系，同时更要注意管理手段与服务手段的相互转化和结合，以保证我国会展业健康、顺利、稳定发展。

2. 会展行业管理的任务

根据会展行业管理的总的目标，我国会展行业管理的主要任务可归纳为以下几点。

（1）从我国实际出发，根据世界会展业发展的现状和我国产业政策的要求，确定行业发展的战略目标，并在此基础上做出决策。会展业在我国虽是一个新兴产业，但近年来发展十分迅猛，产业规模不断扩大。在这种情况下，如何根据中国的实际确定会展业的发展目标就成了行业管理的首要任务。

（2）制订并组织实施产业发展计划，组织协调好同业内部各产业、各部门之间的分工协作关系。会展业是一个综合性很强的产业，在加快会展业的发展中，加强会展部门与其他各部门之间、会展业内部各企业和部门之间的协作是十分必要的。

（3）不断改进和完善行业管理体制，探索具有中国特色的会展业管理体制和管理模式，尽快探索出一套适合中国特色的管理体制模式，以促进会展业向更高层次发展。

（4）加快制定有关的行业管理法规，使行业管理尽快纳入法制化轨道。

（5）加快市场中介性行业组织的建设。行业组织是行业管理的一种重要形式，由于它既不是行政管理机构，也不是经济实体，而是介于政府和行业之间，在国家指导下对行业进行管理和服务，因此，它往往起到相当重要的作用。尤其是在市场经济的条件下，行业组织的管理作用是其他组织所无法代替的。

8.1.2 会展行业管理的方式与内容

1. 会展行业管理的方式

行业管理要求从管理本部门的企业转为管理全行业，变直接管理为间接管理，由管理微观的经济活动转变为管理宏观的经济运行。会展行业管理方式概括起来说，有协调、规范、指导、监督和审批5个方面。

（1）协调。

协调，就是通过协商而调整，争取达到认识的一致、政策的认同、操作的支持和实施的有效。会展业的协调活动是多层次和多部门的，既有中央层次，也有地方层次；既在部门之间，也在企业之间；既有政策活动，也有经营活动，其中的核心则是部门协调。由于各个部门的侧重点和既定目标不尽相同，因此，部门协调经常表现为利益上的妥协和斗争。这种协调作为多方面、多部门的复合式协调，往往需要行政负责人从推动和发展会展业的战略目标出发，采取有取有舍的大胆决策。

（2）规范。

活动的出发点是促进会展业的健康发展，落脚点是市场秩序。它的重点是调整企业间、行政管理部门与企业间、市场主体与消费主体（即企业与消费者）间的关系，而所有这一切的实现都有赖于市场的规范。

会展业是我国引进和运用市场经济机制较早的行业，当前我国主要通过法律手段来规范市场，但会展方面的各项法律法规并不健全。由于法律制定程序相当复杂，一些重要的会展相关法律法规难以在短期内出台，所以我国目前对会展市场的规范仍多采用政策手段，虽然其时效性较强，但稳定性较差，也缺乏强制力。

（3）指导。

指导是通过一种协商渐进的方式指明发展的总趋势和基本方向，意味着管理上的开诚布公。由于会展业较早地引进而且较广泛地运用了市场机制，努力建立开放的市场，所以指导这种管理方式广泛地应用和存在于现在我国的会展业管理活动中。指导作用的发挥，在很大程度上取决于决策行为和政策形成的质量。指导性决策的形成一般需经过酝酿、研究、宣传、协调、修订、试行、反馈、再修订和施行等不同阶段，通过吸收多方面的意见，兼顾各方面的利益，做出初步决策，再通过不断加深认识，不断宣传说服，进行修订，使政策较易为多方接受和采纳。这种非发号施令式的管理方式不仅行之有效，也有助于企业追求利益最大化目标的实现。

（4）监督。

监督是实行行业管理和进行宏观调控的重要手段。对会展业实行全面的、严格的监督，有利于会展业有计划地协调发展，有利于提高会展企业的经济效益。通过监督，不仅可以保证会展业的各企业、各部门贯彻执行党的方针政策，遵守国家法令法规，保证会展活动健康、有序地发展，还可以促进会展企业不断改进和提高经营管理水平。

（5）审批。

审批是最能体现政府行为特性的手段。目前我国对会展业实行的是分类管理和分级管理。中华人民共和国商务部（以下简称商务部）、中国国际贸易促进委员会（以下简称中国贸促会）、中华人民共和国科学技术部（以下简称科技部）和国家经济贸易委员会（以下简称国家经贸委）有权审批各自负责范围内的展览，各省市也有了当地展览会的审批权。而国外，一般都是由权威且唯一的展览管理机构来进行管理，我们缺乏的正是这样一个权威的管理机构。

2. 会展行业管理的内容

现阶段我国会展行业管理的主要内容包括以下几方面。

（1）制订行业规划和发展计划。

（2）制定会展政策法规，使行业管理有章可循，并通过行业服务来组织和培育市场。

（3）标准化和规范化管理，制定质量标准，建立标准化管理网络。

（4）做好监督检查工作，奖优罚劣。

（5）加强人才培训，提高会展从业人员素质。

（6）指导和协调本行业各部门关系，同时协调好会展业与其他行业或部门的关系。

（7）加强行业的国际合作，建立国际合作体制。

知识链接 8-1

中国会展业管理模式探讨

由于我国现代会展起步较晚，会展活动散见于其他行业，没有形成自己独立的行业，产业化程度很低，会展业的经营管理长期处于较为随意、茫然的发展状态。在计划经济条件下，会展处于垄断状态，只有一些政府部门、政府色彩较重的行业协会和贸促系统机构可以主办展会，没有明确的主管部门，没有形成明确的经营管理体系，会展业的经营管理模式问题几乎从来没有被提上议事日程予以认真考虑，国家多轮经济管理体制改革从未涉及会展管理问题。有鉴于此，长期以来，中国会展业的经营管理一直处于相对混乱的状态，政府管理职责不清，缺位、越位和不到位同时并存；缺乏必要的宏观指导，会展产业定位和产业政策不明；经贸、科技、文化和教育不同内容，国际、国内不同范围，展览、展销不同性质，分属不同政府主管部门审批，多头审批、多级审批、不同审批部门掌握的标准不尽一致；某些情况下，一些政府部门还承办一些会议和展览活动，集会展审批、监管与运营于一身；重审批，轻管理，以批代管；按业务分工多个政府部门审批，似乎大家都管，但从行业或产业发展的角度看，实际大家都不管，行业缺少必要的政府主管部门，政出多门，缺乏必要的产业政策指导和统一的法律法规协调。经营主体成分复杂，政府部门、准政府部门、商协会和各种经济成分的企业在会展市场角逐，市场竞争机制在某种程度上受到扭曲，会展市场有失透明、公平、公开和公正。会展法律法规建设严重滞后，缺乏必要的市场管理规范和法律依据，行业中介组织滞后，既有的行业组织缺乏必要的权威性和凝聚力，行业自律能力较弱，市场竞争较为混乱，鱼龙混杂，仿冒、欺诈和蒙骗现象时有发生。所有这些都严重制约着中国会展产业的发展。随着中国会展业的发展壮大，会展产业化进程的加快，尽快建立和完善适应中国特色市场经济体系建设进程、有利于促进我国会展产业发展和具有中国特色的会展业经营管理体制势在必行。

参照国际经验，具有中国特色会展业经营管理体制需要充分发挥政府、企业和行业协会的作用，需要最大限度地利用市场机制来促进和完善会展业的管理和运营，让政府、企业和行业中介组织的作用在市场上充分融合和发挥最佳集合效应，这有利于促进中国会展产业发展，政府宏观指导，企业规范经营，协会沟通协调，政府、企业和行业中介组织三位一体，共同借助市场力量发挥作用的发展模式和经营管理体制。

近几年来，一些理论研究人员、会展工作者对政府在会展业发展中的定位和职能进行了深入的讨论与探讨，对政府该不该办会展的讨论更是十分激烈，我们认为，问题关键不在于政府办不办会展，而在于政府以什么方式办会展，政府参与运作的程度有多深，对市场机制的影响有多大，应当区分情况，区别对待，我们不能一概而论，笼而统之地反对政府办会展。目前，为了扶持会展业的发展，将中国会展业做大、做强，加快产业化进程，政府利用自己的权威性和资源，发起、倡导乃至主办某些会议和展览，只要不导致市场垄断和市场失灵，应当是可行的；即使市场经济发达，市场体系完善的国家也没有完全排斥政府对会展活动的参与，一些世界性会议和展览，没有政府的参与根本无法申办。但是，随着市场经济的完善和市场机制的健全，政府应当逐步淡出会展活动的微观操作，明确自己的功能定位，集中精力做好自己职责范围内的工作，切实解决好政府管理服务缺位、错位和不到位问题。

在目前具体情况下，或者在今后一段时间内，政府在会展产业发展中的功能定位应当是宏观指导、政策扶持、条件提供和市场培育。

1. 宏观指导

随着会展业的发展壮大和产业化进程的加速，政府必须加强对会展业发展的宏观指导，认真研究会展产业在国民经济体系中的定位，将会展产业的发展纳入国家或城市发展规划，研究制定会展产业发展中的长期规划，明确会展产业中的长期发展目标和产业政策；根据会展产业发展的战略定位和发展规划，创造和提供必要的硬件设施和市场条件，发挥产业政策的宏观调节功能，促进会展产业朝着既定的方向和目标发展。

这里特别需要强调的是，会展产业定位非常重要。摸清情况、准确定位是研究制定政策，进行宏观指导的基础。各级政府都应当实事求是地认识、恰如其分地评价会展经济的作用，切忌好大喜功、一哄而起、盲目上马，兴建大型或超大型会展场馆，造成重复建设和资源浪费。据有关部门调查统计，目前我国展览场馆建设的总体规模已超过了美国和德国，有些城市的场馆建设准备上马，还有一些会展设施建设项目正在扩建或准备扩建，这一现象已经引起中央政府的重视，也应当引起有关城市的重视。各城市应当认真分析自己城市的文化传统、产业结构、消费结构特点和城市辐射能力，立足于挖掘当地会展资源，不要过多地寄希望于招徕外来会展或流动会展。展览有其客观的规律性，缺乏市场吸引力的展会是没有生命力的。这就是我们曾经提到过的：栽下梧桐树，未必能招来金凤凰。因此，各城市应当找准自己的市场定位，立足创办自己的会展品牌，办出具有当地特色的会展经济。

2. 政策扶持

从总体上看，中国会展行业尚处于发展的初级阶段，速度虽快，但规模不大，产业化程度不高。为了加快产业化进程，促进发展，需要制定相应的产业政策给予必要的政策扶持。例如，设立会展专项发展基金，用于支持国际性大型定期专业展览和会议的申办、行业中介组织建设、会展项目宣传、品牌会展培育政策性补贴、行业标准研制和会展网络等信息服务体系建设、市场调研和理论研究、高级专业人才培训等；再如，为了培育市场，在一段时间内和特定条件下，对会展业实行适当的税收优惠政策，对于优质品牌展会给予专项资金补贴或税收减免优惠。

这里需要指出的是，政府各有关部门出台的涉及会展方面的政策应当保持必要的一致性和协调性，应当与总体产业发展政策相吻合、相协调。笔者发现，在某些特定的条件下，某些地方政府部门出于自己业务主管需要出台的某个政策，或某些条文规定，不一定符合会展产业发展政策的总体精神，不一定有利于促进会展业的发展，因此，政府有关部门出台有关会展方面的政策前应当认真听取业内的意见。

3. 条件提供

条件提供指硬件基础设施提供和公共服务软件条件提供。基础设施主要包括会展场馆建设和配套基础设施建设。会展是城市功能的一个组成部分，必要的会展场馆建设和配套基础设施提供是城市功能的具体体现，因此，也应当是政府职责范围内的事情。会展场馆建设投资大，回收期限长，没有政府财政的参与或政策的扶持，纯粹市场化运作难度很大，德国、美国等会展发达国家场馆建设大多有政府财政的支持和参与，国内一些城市会展场馆建设与运营成功的经验和失败的教训从正反两个方面验证了政府投入在会展场馆建设中的重要性。随着政府职能的转变,政府部门应当转变观念、增强服务意识、提高办事效率和提供优质高效的公共服务。

4. 市场培育

与其他行业相比,中国会展市场的发育更晚,更不完善,更需要培育。一段时间内,政府应当加强会展市场的培育,加强法制建设,研究制定相关法律法规,制定必要的市场游戏规则,通过相关立法或政府法规,明确各类参与主体的权利义务和职责范围,确保会展市场运转发展有法可依、有章可循;加强市场主体培育,首先是会展组织者培育,要营造宽松的市场经营环境,采取类似早期吸收利用国际直接投资较为宽容的财政税收政策,在花大力气培育和扶植本国和当地会展市场主体的同时,招徕并留住境外和外来会展主办者。其次是加强会展中介组织建设,特别是帮助协会加强功能建设,将政府拥有的一部分协调权限让渡给协会,让中介组织在行业自律和业内协调方面发挥更大的作用。

(资料来源:http://www.yshows.cn/zixun/2016/19.shtml,2016-07-07.)

8.2　会展发达国家和地区对会展的管理

8.2.1　会展发达国家和地区的会展管理体制

在德国、法国和新加坡等会展发达国家和地区(以下简称"会展发达国家"),一般都设置统一的会展管理体制,设置唯一的国家级的权威性展览管理机构,如德国经济展览会与博览会委员会,法国海外会展委员会技术、工业和经济合作署(CFME-ACTIM)和新加坡贸易发展局(Singapore Trade Development Board,STDB)等。

在会展发达国家,会议一般纳入旅游业的管理体制下。在日本和韩国,国家旅游机构下都设有会议局或会议司。新加坡会议局(Singapore Conference Board,SCB)隶属新加坡旅游局,虽也参与展览业的部分管理工作,但主要侧重于国际会议,更多的是参与一些重大国际活动的整体策划、包装和宣传,以及为参展商、海外专业观众和代表服务,着眼于通过国际会议和展览会来促进旅游。

在德国、美国和英国等会展发达国家,任何商业机构和贸易组织都不需要特别的审批程序就可以进入会展业。在这些国家,展览项目基本无须政府审批,而是由会展行业协会或贸易促进机构,通过行业自律的方式对本国会展市场进行协调和规范。个别会展发达国家,虽然对进入会展业的组织进行审批,但审批的重点与我国不同。例如,新加坡政府对展览会的审批,主要审核是否影响社会安全,对展览会本身基本上没有什么限制;对于本国公司出国参展,还提供税收方面的优惠;对行业协会、商会等组织8家以上会员单位以国家馆名义出国参展,政府还会拨款予以赞助。

会展发达国家设置的会展管理机构,主要履行以下职能。

1. 制定有关会展政策和发展规划

新加坡贸易发展局以促进国际贸易、提升新加坡区域中心地位为出发点,制定了一系列扶持、规范和发展新加坡会展业的规划。德国经济展览会与博览会委员会则对展览会的类别、展出地点、日期、展期和周期等方面加以规范管理,以维护参展商、组织者和观众等各方的合理利益。

2. 组织会展有关各方力量,开展整体促销

当今,为了取得一个会议或展览的举办权,国家和国家之间、城市和城市之间竞争十分激烈。为获得某个会展的举办权,一个国家或城市首先是将其作为一个整体来推销,而不是单个会议中心、展览场馆、饭店或会展公司分散促销。会展发达国家和城市一般设有国家会议局和城市会议局,担负起本国或本市形象包装和宣传的工作。

会展发达国家会展管理部门开展整体促销的主要手段如下。

(1) 参加会展业的相关国际专业交易会。

例如,参加每年5月在瑞士日内瓦举办的欧洲会议、公务和奖励旅游交易会,参加每年9月在美国芝加哥举办的奖励和会议旅游展销会,参加每年12月在亚洲举办的奖励和会议旅游展销会。

(2) 邀请组展公司来访,进行实地考察。

通过实地考察,组展公司将对会展目的地举办会展活动的设施、接待条件和能力等有一个感性认识,从而可以引起他们的兴趣。

(3) 建立全球销售网络。

例如,德国政府协助本国展览机构在全世界设立办事机构约390个,从而建立起全球会展营销网络;中国香港旅游局任命港内800名各界知名人士为会议大使,有效地将触角延伸至方方面面。

(4) 组团出访促销。

1997年,由于亚洲金融危机的影响,新加坡会展经济一落千丈,到新加坡参展的公司数和观众大幅度减少。为扭转这一不利局面,新加坡贸易发展局特地于1998年10月派团前往欧洲,先后访问了罗马、米兰、慕尼黑、汉堡和法兰克福等重要展览城市,以增进与欧洲有关公司和组织的交流和合作,鼓励它们到新加坡参展和组展。结果,部分世界著名的展览公司,如 Montgomery Network,Need 展览公司及杜塞尔多夫展览公司等,把欧洲一些重要的展览会引进到新加坡。

3. 参加会展国际专业组织,加强国际联系

会展国际专业组织主要有国际大会及会议协会、国际专业会议组织者协会、会议专业工作者国际联盟、国际协会联盟、国际展览局、国际展览管理协会、贸易展览者协会、国际展览业协会等。发达国家的会展管理机构通过参加这些国际会展组织,可及时获取国际会展业的最新发展动态,也利于更好地指导和推动本国会展业的发展和参与国际会展市场的竞争。

8.2.2 会展发达国家的会展行业协会

会展行业协会是会展企业利益的代言人,也是政府与会展企业进行沟通的最主要渠道。目前,在市场经济发达的欧美国家和市场经济较成熟的一些亚洲国家和地区,政府管理会展业的职能已经与会展行业协会紧密地结合在一起,会展行业协会既是会展企业的代言人,也是贯彻政府意图、执行政府会展政策的得力助手。会展行业协会以维护行业合法权益、协调会员之间关系、为会员提供服务、维护市场公平竞争、沟通会员与政府间关系和促进同行业的经济发展为宗旨,在国家法律的指导下行使着管理职能,在中央和地方政府制定有关会展的政策中扮演着重要角色。

会展发达国家的会展行业协会的主要职能包括以下几方面。

1. 制定会展业行规

会展发达国家的会展行业协会根据本国法律法规的规定，结合行业发展的实际情况，制定和组织实施会展行业的行规；通过建立行业自律机制，提高行业整体素质，维护行业整体合理利益和推动行业发展。例如，成立于1980年的新加坡会议展览协会，其会员有专业展览公司、专业会议公司、场馆设施及其他展览服务机构。其最主要职能就是行业管理和协调，一方面，它与政府密切配合，共同制定一系列的行为规范，一旦有会员违反有关规定，就召开会议讨论加以解决，必要时甚至采取制裁措施，以维持公平竞争的秩序；另一方面，对于展览会主题、展出时间安排、摊位价格和展览会质量水准等方面，在会员单位之间进行协调，以维护会员的正当权益。

2. 对展览会进行认证评估

每年世界上举办上万个展览会，这既造就了展览市场的繁荣，也难免良莠不齐、鱼目混珠。会展行业协会义不容辞地承担着参与行业标准制订和认证评估的工作，对品牌展览授予专利，对某些展览项目产权进行保护。例如，在英国，会展业联合会要求其会员对其举办的展览会进行第三方审计，即聘请一家独立的审计公司对展览会的整体效果进行评估。英国展览会主办者协会（Association of Exhibition Organizers，AEO）每年举办展览最佳服务评选活动，即由展览组织单位评选出当年的最佳配套服务公司，奖项分八类，包括摊位施工、电力安装、展品运输、保安、展馆管理、家具租赁、工业服务和特殊成就奖。目前，英国展览会主办者协会的颁奖大会已成为英国会展业一年一度最重要的活动，"AEO 杰出服务奖"某种程度上已成为英国会展业中的质量认证。

3. 对会展专业人才进行培训

会展业发展前景非常不错，为保证会展业的持续、健康发展，需要大量熟悉业务、经验丰富的专业人才。这些人才除由学历教育机构进行培养外，会展行业协会在职后培训方面担负着重要的使命。例如，美国国际展览管理协会创造了一套系统的展览专业人士职后培训计划，采取课堂教学、工作实践和参与协会活动等方式，为展览专业人士提供继续学习和资格认证的机会，参加培训的人员每完成一个专业测试就获得一定的分数，累积到一定分数后，协会将授予展览管理资格证书（Certified Exhibition Management，CEM）。要取得这个证书，一般要花2~4年的时间，而获得此证书，则表明该从业人员取得了展览管理的资格。又如，新加坡会展协会通过举办培训班、召开年会和不定期讲座等方式，对会展从业人员进行业务培训。

8.2.3 会展发达国家会展管理经验

会展发达国家的会展业在长期的发展过程中，积累了极其丰富的经验，值得我国会展界借鉴。除了上述管理体制方面的优势外，会展发达国家的会展业还有以下发展经验值得借鉴。

1. 完善的会展管理法规

在会展长期发展过程中，会展发达国家制定了一套完整的会展法规，并不断完善，从制度上保证其会展业健康、有序地发展。例如，德国经济展览会与博览会委员会通过制定相关措施，对品牌展览会名称给予类似商标的保护，防止展览的雷同和撞车，以保护名牌展览。在英国，各类展览服务公司、展馆场地和配套服务企业，都要执行统一的行为规范，这些行为规范由各自的协会制定，对会员有指导和约束作用。例如，英国展览服务协会规定，任何会员施工单位不能因与客户发生纠纷而中途停止服务，影响客户正常展出；英国展览会主办者协会还规定，会员单位发布的统计数字、展览会介绍必须真实、准确。

2. 根据情况对会展采取扶持政策

会展发达国家会展业的成熟，很大程度上应归功于这些国家在会展业发展初期采取的一系列扶持政策。这些扶持政策主要体现在对展览的资助和投资上，尤其是对大型和特大型展览设施和会展中心建设的支持和资助上。此外，许多欧亚会展发达国家的政府为了鼓励本国企业参加国际展，每年都从国家的财政预算中划拨出一部分，向参展企业提供资金支持。例如，近几年，德国政府每年用于资助企业参加国外展会的基础预算资金为3 350万欧元。又如，新加坡为了扶持会展业，特制定了以下3项政策。

（1）特准国际贸易展览会资格计划。

新加坡贸易发展局从质量、规模、参展和参观人数、国际化程度（海外参展商和观众比例）等方面对展览会进行全面评估，对符合标准的展览会授予AIF（特准国际贸易展览会资格计划）资格。获得AIF资格的组展商在进行国际市场开拓时，可获得最高2万新币的政府资助。新加坡贸易发展局也为这些展览会出版有关宣传品，在其海外办事处散发，以吸引更多的外国参展商和观众。此外，新加坡本地企业参加具有AIF资格的展览会，也可像出国参展一样，获得双重减免税收的优惠。

（2）特准贸易论坛计划。

新加坡贸易发展局推出该计划的主要目的是推动在举办国际展会的同时，举行商务会议和论坛等活动。

（3）国际展览发展协助计划。

国际展览发展协助计划的目的是对一些有可能发展成为高质量、高档次的展览项目，进行重点政策支持。

3. 建立全球会展营销网络

会展发达国家和地区一般都在世界各地建立全球会展营销网络，这极大地提高了这些国家和地区在国际会展市场的竞争力。法国国际专业展促进委员会对同一专题的展览会只接受一个质量最好的展会作为其成员，将成员的营销费用集中到一起，在63个国家和地区设有自己的办公机构（或称为海外代表团），其中包括34个分公司和21个合作伙伴机构。

4. 先进的办展理念

（1）专业化。

会展发达国家的专业展是一个单纯的交易谈判场所，几乎没有零售，而且会场主题区域按照展品的种类进行划分，这对促进展览会的专业水平和贸易成交有很大的帮助。

（2）苛刻的参展商选择。

作为国际水准的专业展，参展商的产品和营销手段应具有国际水准。欧美地区许多展览会在招展时，对参展商的选择十分谨慎，很多展会组织者常常要求参展商在报名时提供详细的公司情况介绍,对参展商资格进行严格的审核,一旦发现其不合格,就会拒绝其参展。此外,在参展商的选择过程中,特别注重参展商来源的国际化。德国法兰克福展览公司总裁 M. R. Zitzewitz 曾说过:"没有国际厂商的参加,法兰克福的展览早就破产了。"

(3) 观众的甄选。

在世界级的专业展上,非专业观众几乎是不可能进入展会现场的。在欧美地区的一些专业展上,观众入场除了购买昂贵的门票外,还需提供展览会的邀请函或名片,经审查通过后才能进入会场。

(4) 先进的展台设计理念。

展览公司在设计和搭建展台前,会事先了解展览会的类型、公司品牌和产品特点、展位的周边环境及竞争对手的情况,根据所掌握的资料进行整体创意设计(图8.1),并根据展示风格选择礼仪人员,然后进行人员服装的设计制作和专门的人员培训等。

图8.1 尼康公司特装展台

(5) 周密的各项服务。

长期以来,会展发达国家的著名会展公司坚持客户利益至上,与客户共同发展而不是注重短期效益。在这一理念的指导下,会展发达国家的会展公司都尽可能为参展商提供方便快捷的运输服务、及时高效的会务服务和周到细致的生活服务。

① 方便快捷的运输服务,主要是指在展品运抵展地的机场、码头和火车站之后,将展品快速、安全地运到展馆;在展后,快速、安全地将展品运走。

② 及时高效的会务服务,主要是指为洽谈提供良好平台。会展发达国家的展览机构会及时提供展馆展位图,提供参展商和专业观众的详细信息,如参展商所在的馆号、摊位号、联系电话、参展产品和展后联系方法、专业观众的采购意向、展会期间和展后的联系方法等,以便参展商和专业观众之间相互查找和联系;设立洽谈区域,组织配对洽谈,举办拍卖会,将网上商务与场馆展览相结合,召开相关商务会议和论坛等;还组织海关、银行、物流、航空、保险、法律、公证和旅游等机构,提供一站式、一条龙的会务服务;此外,及时发放展会简报,提供展会的有关统计数据及各项信息资料。

③ 周到细致的生活服务。会展发达国家的展览业坚持所有活动都在一个屋檐下举行的理念。为方便参展商和观众,大型会展场馆一般都建在配套设施齐全的区域。例如,单独建造,则十分注意相关设施的配套,配置餐饮设施、客房、会议室和洽谈室,设立商务

中心、大会服务台和网上服务台。办展机构还成立专门机构，负责预订或推荐各种档次的宾馆、旅店，让客户满意。

5. 大型的会展场馆

会展发达国家一般都建有大型的会展场馆，正是这些大型的会展场馆保证了其会展活动可朝着规模化方向发展，并使一些展会发展成为在世界上具领先地位、有巨大影响和国际竞争力的品牌会展。同时，借助这些大型的会展场馆（图8.2），一些会展公司在将会展做大、做强的同时发展成为跨国会展集团。

图8.2　新加坡金沙会展中心

6. 专业的会展人才

在德国、美国和英国等会展发达国家，一些大专院校设有会展专业，系统地向学生讲授会展理论知识。例如，德国科隆大学的展览商贸学院和德国瑞文斯堡大学的会展管理系，是德国著名的展览教育培训基地。其中，德国瑞文斯堡大学会展管理系的学生大多数是展览公司的委培生，委培生在毕业后回到派出公司，为公司服务。这些学生平时可以从公司得到工资，一般在学校里学习3年，一年半的时间上理论课，一年半的时间实习，通常3个月上课，3个月实习，如此循环。通过这种理论联系实际的教育体系，德国瑞文斯堡大学会展管理系培养出许多经验丰富、理论基础扎实的会展专业人才。

在院校培养会展人才的同时，行业组织如美国的国际展览管理协会，也负责对会展专业人员的培训和职业资格认证。

不管是院校的学历教育，还是行业组织的培训和职业资格认证，都为培养专业会展人才做出了极大的贡献，满足了会展发达国家会展业的人才需求，促进了会展发达国家会展业的快速发展。

知识链接 8—2

欧美展会之风格差异

受历史传统、地域和文化因素的影响，世界各国的展览会呈现出明显的地域特点，具有各自不同的办展风格。从总体上看，欧美地区展览会的质量、贸易效果和办展水平都高于其他地区，基本代表了当今世界展览业发展的最高水准，我国企业出境参展最多、最集中的也是欧美地区展览会。而欧美地区展览会在办展方式和展览会风格方面，存在明显的差异，形成各自不同的特点。了解欧美地区展览会间的区别，有利于进一步做好出国展览工作，在与世界接轨中逐步摸索和形成有中国特色的办展风格。

从展览会数量和规模的角度比较，欧洲的展览会明显具有数量多、规模大的特点。据统计，每年在欧洲举办的贸易展览会约占世界总量的60%，而且欧洲展会规模巨大，参展商数量和观众人数众多，绝大多数世界性"航母"级超大型和行业顶级展览会都在欧洲举办。

从历史的角度比较，欧洲的展览会是从中世纪的"周市"发展而来。周市是指每周办一次的集市贸易，如古罗马的鱼市、米市和油市等，都是专门以为买卖双方的交易活动提供便利作为宗旨，因而欧洲的展览会一直有很强的贸易性。美国展览会始于18世纪，起源于专业协会的年度会议，展览只作为年度会议的一项辅助活动，而且只是一种信息发布和形象性展示，展览会的贸易成交和市场营销功能曾在很长一段时间里并不为企业所重视。这就是为何现在仍有许多美国展览会与专业协会年度会议合在一起同时举办的原因。由于美国展览会的贸易性不及欧洲，所以贸易展览会在欧洲企业开展市场营销和贸易促销中所发挥的作用大于其在美国所发挥的作用，从而导致欧美企业对展览会的重视和利用程度也存在较大的差异。据统计，欧洲企业编制市场营销费用年度预算中，用在参加展览方面的费用约占其总预算的50%，而美国企业用在这方面的费用只占其年度市场营销费用预算的16.5%。

参加欧洲展览会的参展商和参观者经常有一个共同的感受——参展商来自世界各地，而且观众也同样来自五湖四海，在那里，展览会影响早已超出国界和地域的限制，成了名副其实的国际盛事。与欧洲相比，美国虽然是世界经济强国，但展览会的国际性远不及欧洲。在大多数情况下，美国展览会主要是为了满足美国各州间贸易往来的需要。在美国展览会上，最活跃的交易是在批发商和零售商间进行的，外国参展商的成交常常是小批量的，单个合同成交额一般都小于欧洲。尽管如此，由于美国市场容量巨大，美国展览会对国外参展商的吸引力仍然不小。

欧美展会形成了各自不同的风格和特点，欧洲的展览馆或会展中心一般都由专门的博览局来管理和经营，它们除自己举办展览会，向一些专业协会组织或私有展览公司出租展馆外，有的还拥有自己的专业展览服务部门，可以向其他展览会组织者和参展企业提供相关展览服务，如道具租赁和展馆施工等，这与美国的做法也有很大的不同。美国展览场地的所有者与展览会的组织者截然分开，展览馆出租展览场地和设施，没有自己的展览项目，而展览会组织者一般没有自己的展览馆，办展时需要从展览场地的所有者那里租用展览馆和设施。还有就是欧洲绝大多数国家的政府都十分重视展览业的发展，因此，欧洲展览业在经济生活中的影响力以及政府对展览业的支持力度常常超过美国。

（资料来源：http://www.jdzj.com/zhzxnr/872-1.html，2009-11-27.）

8.3　我国的会展政策与法规

在我国，为保证展览业的有序发展，国务院和一些地方政府制定了一些相关的政策、法规。有关部门、会展公司必须按照这些政策和法规开展工作。这些政策、法规包括国务院办公厅、中华人民共和国商务部（由原外经贸部、原国内贸易部等部门合并）、中华人民共和国国家工商行政管理总局（以下简称工商总局）、中华人民共和国海关总署（以下简称海关总署）、国家外汇管理局、中华人民共和国文化和旅游部（以下简称文化部）、中华人民共和国住房和城乡建设部（以下简称住建部）等下发的一系列有关展览的政策、法规。

此外，一些地方政府也制定了一些有关展览的地方性政策、法规，如2005年3月上海市人民政府发布的《上海市展览业管理办法》，2011年12月1日起施行的《天津市促进会展业发展办法》，2017年8月24日杭州市出台《杭州市会展业促进条例》等。组展者在某地区举办展览时，需要认真研究所在地的地方性法规。

下面是对我国有关展览的政策、法规的主要内容的简单介绍。

8.3.1 商品展销会的管理

为加强对商品展销会的监督管理，保护生产者、经营者和消费者的合法权益，国家工商行政管理总局制定了《商品展销会管理办法》（以下简称《办法》）。该《办法》所指的商品展销会，是指由一个或若干个单位举办，具有相应资格的若干经营者参加，在固定场所和一定期限内，用展销的形式，以现货或订货的方式销售商品的集中交易活动。

该《办法》要求展销会组展者应具备下列条件：①拥有法人资格，能够独立承担民事责任；②拥有与展销规模相适应的资金、场地和设施；③有相应的管理机构、人员、措施和制度。此外，还规定参展者须具有合法的经营资格，其经营活动应符合国家法律、法规、规章的要求。

在举办商品展销会（图8.3）前，组展者应向举办地工商行政管理机关申请办理登记；如展销会由若干个单位联合举办，则由其中一个具体承担商品展销会组织活动的单位向举办地工商行政管理机关申请办理登记。县级人民政府举办的商品展销会，应向举办地地级工商行政管理机关申请办理登记；地、省级人民政府举办的商品展销会，应向举办地省级工商行政管理机关申请办理登记。组展者在申请办理商品展销会登记手续时，应提交下列文件：①证明举办单位具备法人资格的有效证件；②举办商品展销会的申请书，内容包括商品展销会名称（未经国务院有关行政主管部门批准，商品展销会名称不得使用"中国""全国"等字词）、起止日期、地点、参展商品类别、组展者银行账号、组展者负责人员名单、商品展销会筹备办公室地址和联系电话等；③商品展销会场地使用证明；④商品展销会组织实施方案；⑤其他需要提交的文件。依照国家有关规定，需要经政府或有关部门批准方可举办的商品展销会，应提交相应的批准文件。两个以上单位联合举办商品展销会的，还应提交联合举办的协议书。

工商行政管理机关核发《商品展销会登记证》后，组展者方可发布广告，进行招商。《商品展销会登记证》应载明商品展销会名称、举办单位名称、商品展销会负责人、参展商品类别、商品展销会地点及起止日期等内容。

举办单位负责商品展销会的内部组织管理工作，对参展经营者的参展资格，按规定进行审查，并将审查情况报告该商品展销会的登记机关备案。举办单位应与参展者签订书面合同，明确双方的权利和义务。

工商行政管理机关负责对商品展销会进行监督管理。上一级工商行政管理机关，可以委托举办地工商行政管理机关对商品展销会进行监督管理。参展商的经营行为损害消费者合法权益的，消费者可以依照《消费者权益保护法》，向参展商或组展者要求赔偿。组展者为两个以上的，消费者可以向具体承担商品展销会组织活动的承办单位要求赔偿，其他举办单位承担连带责任。

图8.3　某展会开幕现场

8.3.2　有关商品和技术交流活动的管理规定

为了规范各类商品和技术交流活动，提高举办展销活动的水平，国内贸易部于1995年12月25日发布了《各类商品和技术展销交流活动管理运行办法》（以下简称《管理运行办法》）。该《管理运行办法》所指的各类商品和技术交流活动，是指国内贸易部及其直属企事业单位举办的各类商品、饮食服务和科学技术展销会、展览会、博览会、交易会、交流会、洽谈会、购物节等活动（以下简称展销交流活动）；不包括指令性计划商品的分配、衔接、订货会。该《管理运行办法》还规定，以国内贸易部及直属企事业单位名义举办的或与其他单位联合举办的国际性来华展销交流活动，按此《管理运行办法》进行管理。

1. 申报程序

申办单位应于每年11月底前提出下年度举办展销交流活动的计划，说明办展理由、条件、名称、内容、规模、时间和地点等。属专业性的展销交流活动报专业主管司局，由专业主管司局初审，汇总后，于12月底前送综合计划司；属综合性的展销交流活动，直接报综合计划司审批。综合计划司对各单位的申报计划进行汇总和复审，并适时组织有关专业司局召开协调会议，统筹安排全年的展销交流活动计划。计划报经部领导批准后，向申办单位发出审批通知。申办单位接到审批通知后方可进行筹展工作，并于办展前三个月将整个展销交流活动的具体实施方案连同《各类商品技术展销交流活动审批表》报有关司局审核后，送综合计划司统一办理批复文件。主办单位凭批复文件，办理工商、税务等有关手续。对于确因需要临时举办的各类展销交流活动，申办单位须在实施前6个月正式提出申请报告和实施方案。申报实施方案包括以下主要内容：主办单位、承办单位、展销交流活动宗旨、名称、地点、规模、时间、内容、效益分析、是否评比或举行研讨学术会、经费预算、经费来源、收费项目、收费标准、联系人和电话等，还须说明承办单位的基本概况、办展能力和服务功能等有关情况。与其他部门联办的展销交流活动，还须由联办部门或地方人民政府出具商洽函。

举办全国综合性的技术展销交流活动，需于筹展前半年向国家科委提出申请。申办单位的展销交流活动方案报国内贸易部科技质量局审核后，由综合计划司统一向国家科委办理申报文件。举办行业性技术展销交流活动，按本办法的审批程序办理后，审批文件报国家科委备案。

赴国（境）外举办各类商品、技术展销交流活动，由申办单位提出方案报综合计划司，经部领导批准后，按外经贸部《关于出国（境）举办招商和办展等经贸活动的管理办法》办理。

已经国内贸易部领导批准每年定期举办的上海国际技术进出口交易会（以下简称上交会）、中国天津商品交易会暨投资洽谈会（以下简称天交会）和全国畅销商品展销月活动的实施方案，由专业司局审核并报部领导批准后，送综合计划司备案。

其他部门或地方举办的有关展销交流活动，凡邀请国内贸易以部委名义协办、名誉赞助的，主办单位应提出书面申请并提供有关的交流活动资料，由综合计划司向有关司局提出审核意见，报部领导批准后正式函复邀请单位。

展销交流活动的主办单位应具有独立法人资格，其主要职责是根据国内商品市场发展的需要，结合本行业、本单位业务实际，制订并负责向国内贸易部申报展销交流活动计划，审核承办单位活动方案，监督检查活动效果。

承办单位必须是信誉好、有招商能力和组织能力的部属企事业单位、社会团体。承办单位的主要职责是：根据主办单位的要求和有关规定，负责具体组织办理招商、设计布展、运送展品、展览管理、广告宣传、安全保卫、食宿安排和收取费用等工作。

2. 组织实施

各类商品和技术展销交流活动，由综合计划司负责协调，并会同专业司局具体组织实施和监督指导。以国内贸易部名义主办或与其他单位联合举办的大型展销交流活动，应成立组委会，刻制组委会印章。有关招展或招商工作，以组委会名义办理，其他类型的展销交流活动，应以主办单位或组委会名义进行招展、招商和广告宣传等工作。

展销交流活动结束后，主办单位或承办单位要在1个月内将展销活动工作总结以书面形式报综合计划司及有关专业司局。全国行业性科技展销交流活动的总结报告，同时报送国家科委备案。

8.3.3　在我国境内举办的面向境外的展览会的有关政策

改革开放以来，在我国境内举办的对外经济技术展览会（包括国际展览会、对外经济贸易洽谈会、出口商品交易会和境外民用经济技术来华展览会等）日益增多，这对实现信息资源共享，降低交易成本，加强对外交流和合作，引进先进技术和设备，推动国内生产、工艺和技术进步，加快出口产品升级换代，促进对外贸易发挥了积极的作用，但也出现了多头审批、重复办展等问题。为加强对境内举办的对外经济技术展览会的管理，1997年7月国务院办公厅下发《国务院办公厅关于对在我国境内举办对外经济技术展览会加强管理的通知》，该通知明确规定，境内举办对外经济技术展览会，由对外贸易经济合作部（以下简称外经贸部）负责协调和管理。1998年9月，外经贸部发布《在境内举办对外经济技术展览会管理暂行办法》的通知。2003年，国务院下发《国务院关于取消第二批行政审批项目和改变一批行政审批项目管理方式的决定》和《国务院办公厅关于在我国境内举办对外经济技术展览会审批程序有关事项的复函》，对1997年颁布的《国务院办公厅关于对在我国境内举办对外经济技术展览会加强管理的通知》的相关内容做了部分调整。

现将有关政策简要介绍如下。

1. 对外经济技术展览会的审批

2016年3月《境内举办对外经济技术展览会办展项目审批事项服务指南》（以下简称《服务指南》）有了新的规定。该《服务指南》适用于境内举办对外经济技术展览会办展项目的申请与办理。服务对象为国务院部门所属单位及机构、中央企业、全国性行业协会、境外（指外国和台港澳地区）机构，其他举办冠名"中国""中华""全国"等类似字样的对外经济技术展览会的单位，以及举办展期超过6个月的对外经济技术展览会的单位。不包括境内举办的海峡两岸经济技术展览会，以科研、技术交流、研讨为内容的对外经济技术展览会及党政机关在境内举办的对外经济技术展览会。

（1）举办对外经济技术展览会由主办单位申请报批。两个或两个以上单位联合主办的，由承担民事责任的主办单位申请报批。地方企业或协会举办冠名"中国"的对外经济技术展览会应由当地省级商务主管部门转报。中央企业下属企业举办冠名"中国"的对外经济技术展览会应由所属中央企业转报。全国性行业协会代管协会举办冠名"中国"的对外经济技术展览会应由所属全国性行业协会转报。

（2）主办单位如为企业法人，所持有工商部门登记颁发的营业执照"经营范围"中须包含"展览展示""会展服务"等相关内容；主办单位如为社会团体法人或事业单位法人，所持有的法人登记证书"业务范围"中须包含"展览展示""会展服务"等相关内容。

（3）境外（指外国和台港澳地区）机构举办对外经济技术展览会，必须联合或委托境内主办单位［须符合第2条要求］举办，且应由境内主办单位提出办展申请负责报批工作和境内招展工作。我国香港、澳门服务提供者可以直接申请在北京市、天津市、上海市、重庆市、广东省、浙江省、江苏省和福建省举办对外经济技术展览会。

（4）首次举办展会需至少提前6个月提交申请材料；非首次举办展会需至少提前3个月提交申请材料。

（5）申请举办冠名"国际"的对外经济技术展览会，境外参展商比例须达到20%以上。

（6）地方单位申请举办冠名"中国"的对外经济技术展览会，须满足下列条件：连续举办两届以上；上届展览会面积超过10 000平方米；境外参展商（不包括境内外商投资企业）比例达到20%以上；国内参展企业来自除举办所在地省（区、市）以外的三个以上省（区、市），且其比例达到 20% 以上。

（7）在北京以外地区举办的，主办单位需事先征得举办地商务主管部门同意。

（8）不符合申请条件的展会，不予许可。

办理基本流程如下。

（1）网上预审批。

申请单位登录商务部业务系统统一平台企业端（http://ecomp.mofcom.gov.cn/loginCorp.html），在展会管理板块中提交申请材料。未通过预审批的，申请单位根据系统通知完善或补充材料后重新提交。

（2）提交书面材料。预审批通过后，申请单位将纸质材料递交商务部行政事务服务中心，并领取受理单。

（3）商务部服务贸易和商贸服务业司进行审核。

（4）审批结果。审核通过后，商务部下发批件。

（5）展览会举办后一个月内，申请人应通过商务部业务系统统一平台企业端展会管理板块提交展会总结。

2. 取消对主办和承办单位的资格审批

展览主办单位主要负责制定和实施举办对外经济技术展览会的方案和计划，组织招商、招展，负责财务管理，并承担举办展览的民事责任。承办单位主要负责布展、展览施工、安全保卫及会务事项。主办单位之间（即有两个或两个以上的单位联合主办），以及主办单位与承办单位之间，必须签订规范的办展协议，明确职责分工及承担办展民事责任等事项。除以国务院部门和省级人民政府名义主办的国际展览会外，其他单位均不得以组委会或筹委会名义招展。

1997 年颁布的《国务院办公厅关于对在我国境内举办对外经济技术展览会加强管理的通知》中规定，对外经济技术展览会的主办和承办单位，必须具有外经贸主管部门批准的主办和承办资格；境外机构在华举办经济技术展览会，必须联合或委托我国境内有主办资格的单位进行。根据 2003 年国务院下发的《国务院关于取消第二批行政审批项目和改变一批行政审批项目管理方式的决定》和《国务院办公厅关于在我国境内举办对外经济技术展览会审批程序有关事项的复函》，2003 年 3 月海关总署和外经贸部发布《海关总署、外经贸部关于在我国境内举办对外经济技术展览会有关管理事宜的通知》，明确取消在境内举办对外经济技术展览会的主办和承办单位的资格审批。

3. 办展区域限制

国务院部门及其所属部门可在境内办展。地方办展机构只能在所在省（直辖市、自治区）内办展，不得跨省区办展。

4. 展览会名称

除非经规定的审批部门批准，各类展览会均不得冠以"国际"字样。地方主办单位举办的对外经济技术展览会，原则上不得冠以"中国"字样，可以使用地方性展览名称，如"（地区名）国际××展览会"；地方主办单位举办的对外经济技术展览会同时符合下列 4

个条件，由省级外经贸主管部门报外经贸部核准后，可冠以"中国"字样：①连续举办两届以上；②上届展览会展出面积超过 10 000 平方米；③境外参展商（不包括境内外商投资公司）比例达到 20％以上；④国内参展企业来自除举办所在省（市、区）以外的 3 个以上省（市、区），且其比例达到 20％以上。未经外经贸部批准，任何对外经济技术展览会不得使用"中国出口商品交易会"或"广交会"名称及其相接近的名称（包括英文名称 THE CHINESE EXPORT COMMODITIES FAIR，简称 CANTON FAIR，缩写 CECF）。

5. 展览会的广告宣传

对外经济技术展览会的招商、招展及其他宣传材料必须真实可信，与审批部门出具的批文内容严格一致。对外经济技术展览会的会刊等宣传材料中，必须详细列明主办单位，并不得任意增减。未经有关部门书面许可，不得将其列为对外经济技术展览会的支持或协办单位。

6. 参展商

对外经济技术展览会的参展单位应为依法设立的，具有民事责任能力的公司或机构。参展商不得展出假冒伪劣或侵犯知识产权的产品，未经批准，不得在展览期间零售展品。

7. 对进口展览品的管理

为了规范国外和我国港澳台地区的企业、民间组织及政府机构参加在我国境内举办的展览会，1975 年 11 月，海关总署发布了《中华人民共和国海关对进口展览品监管办法》，1997 年 2 月，海关总署对其进行修订。海关总署第 233 号令《中华人民共和国海关暂时进出境货物管理办法》已于 2017 年 11 月 20 日经海关总署署务会议审议通过，自 2018 年 2 月 1 日起施行。2007 年 3 月 1 日海关总署令第 157 号公布的《中华人民共和国海关暂时进出境货物管理办法》、2013 年 12 月 25 日海关总署令第 212 号公布的《海关总署关于修改〈中华人民共和国海关暂时进出境货物管理办法〉的决定》同时废止。

（1）展览品的界定。

在展览会中展示或示范用的货物、物品；为了示范展出的机器或者器具所需用的物品；展览者设置临时展台的建筑材料及装饰材料；供展览做示范宣传用的电影胶片、幻灯片、录像带、录音带、说明书、广告等；其他用于展览会展示的货物。

（2）进口展览品入关。

接待来华举办展览会的单位，应当将有关的批准文件，事先抄送展出地海关，并向展出地海关办理备案手续。举办为期半年以上的展览会，应由主办单位或其代理人事先报海关总署审核。

海关按照《中华人民共和国海关对进口展览品监管办法》，以及有关审批部门的批准文件，办理进口展品验放及相关手续。对 1 000 平方米以上展览的境外展品进境，由海关凭规定的审批单位出具的正式批准文件，按规定办理；对 1 000 平方米以下的，海关凭主办单位申请，按有关规定办理。进口展览品属暂时进口货物，进口时免领进口许可证，免交进口关税和其他税费，但是必须接受海关监管。海关派员进驻展览场所执行监管任务时，展览会的主办或承办单位应提供办公场所和必需的办公设备，并向海关支付规费。除属海关同意的暂时进口货物，展览品中如有根据我国有关法律法规受进口限制的物品，主办单位或其代理人应按照有关规定办理检验或批准手续。展览会期间出售的小样品，主办单位或其代理人应向海关交验我国对外贸易管理部门的批准文件，并向海关缴纳进口关税和其他税费。

海关根据展览会的性质、参展商的规模和观众人数等情况，在数量和总值合理的范围内，对下列进口后不复运出境的货物免征进口关税和进口环节税：①在展出活动中能够代表国外货物的小件样品，包括原装进口的或在参展期间用进口的散装原料制成的食品或饮料（不含酒精）的样品，但应符合以下条件：由参展商免费提供，并在展出期间专供免费分送给观众个人使用或消费的；明显是单价很小做广告样品用的；不适用于商业用途，且单位容量明显小于最小的零售包装容量的；食品及饮料的样品确系在活动中消耗掉的。②在展览会中专为展出的机器或器件进行操作示范所进口的，并在示范过程中被消耗或损坏的物料。③展出者为修建、布置或装饰展台而进口的一次性廉价物品，如油漆、涂料及壁纸。④参展商免费提供并在展出期间专门用于向观众免费散发的与活动有关的宣传性印刷品、商业目录、说明书、价目单、广告招贴、广告日历及未装框照片等。⑤进口供各种国际会议使用或与其有关的档案、记录、表格及其他文件（本条不适用于含酒精饮料、烟叶制品及燃料）。其中，①项所述货物，需超出限量进口的，超出部分应照章纳税；②、③项所述物料，其未使用或尚未被消耗的部分，如不复运出境，应按规定办理进口手续，并照章纳税；④项所述物品如未在展览会期间分送，展览会结束后需留在国内的，主办单位或其代理人应按照我国对有关印刷品进口的管理规定办理进口手续，并照章纳税。为举办展览会而进口的除上述以外的货物、物品，一律照章征税。

主办单位或其代理人申报进口展览品时，应向海关提交展览品清单，清单内容填写应完整、准确，并译成中文。展览会主办单位或其代理人应于展览品开箱前通知海关，以备海关到场查验。海关对展览品进行查验时，展览品所有人或其代理人应在场，并负责搬移、开拆和重新封货包装等协助查验的工作。

展览品入境时，展览会主办单位、参展商或其代理人应向海关提供担保。担保形式可为相当于税款金额的保证金、银行或其他金融机构的担保书，以及经海关认可的其他方式的担保。在海关指定场所或海关派专人监管的场所举办展览会，可免于向海关提供担保。

展览会期间展出或使用的印刷品、音像制品及其他海关认为需要审查的物品，应经过海关审查同意后，方能展出或使用。对我国政治、经济、文化和道德有害的，以及侵犯知识产权的印刷品和音像制品，不得展出或使用，并由海关根据情况予以没收、退运出境或责令展出单位更改后使用。展览会的主办单位或其代理人，应在展出地海关办理展览品进口申报手续。从非展出地海关进口的展览品，应在进境地海关办理转关手续。

展览会闭幕后，展览会主办单位或其代理人应及时向展出地主管海关交验展览品核销清单一份。对于未及时退运出境的展览品，应存放在海关指定的监管场所或监管仓库，并接受海关监管。

对于经海关认可、展览品所有人予以放弃和赠送的货物，由海关按照有关规定处理。展览品因毁坏、丢失或被窃而不能复运出境的，展览会主办单位或其代理人应及时向海关报告，并办理有关手续。对于毁坏的展览品，海关根据毁坏程度估价征税；对于丢失或被窃的展览品，按照进口同类产品照章征税。展览品因不可抗力遭受损坏或灭失的，海关根据其受损状况，减征或免征关税和进口环节税。

对批准在我国境内两个或两个以上设关地点举办展览会的展览品，展览会的主办单位或其代理人应按海关要求，转至下一设关地点继续展览，并接受展出地海关监管。

展览会结束后，部分展览品需运至另外一设关地点参加其他相关展览会的，经海关同意后，按照海关对转关运输的有关规定办理转关手续。

对在原批准展出计划外，需临时增加展出地点或参加另一展览会的展览品，展览会的主办单位或其代理人应持原批准单位同意增加展出地点或参加另一展览会的批准文件，向海关书面申请，经海关同意后，按海关对转关运输的有关规定办理转关手续。展览会结束后，应向展出地海关办理海关核销手续。展览品实际复运出境时，展览会的主办单位或其代理人应向海关递交有关的核销清单和运输单据，办理展览品出境手续。

对需要运至其他设关地点复运出境的展览品，经海关同意后，按照海关对转关运输的有关规定办理转关手续。

展览品应自进境之日起6个月内复运出境。如需延长复运出境期限应报经主管海关批准，延长期限最长不超过6个月；如在规定的期限内未复运出境的，海关依法征收进口环节增值税和消费税。

未经海关许可，展览品不得移出展览品监管场所，因故需要移出的，应报经海关核准。对于转为正式进口的展览品，海关按照有关规定办理进口手续。展览会主办单位应及时向海关办理转为正式进口的展览品进口结关手续，负责向海关缴纳参展商或其代理人拖欠未缴的各项税费。

8. 对中国台湾经济技术展览会的管理规定

为使举办对台湾经济技术展览会规范有序地进行，促进海峡两岸经贸关系的发展，根据《国务院办公厅关于对在我国境内举办对外经济技术展览会加强管理的通知》和对外贸易经济合作部《在境内举办对外经济技术展览会管理暂行办法》，特制定《在祖国大陆举办对中国台湾经济技术展览会暂行管理办法》（以下简称《暂行管理办法》），该《暂行管理办法》适用于在祖国大陆举办的对台湾经济技术展览会，包括海峡两岸的经济技术展览会、对台湾出口商品交易会、台湾商品展览会、台湾厂商参展的国际性展览会和博览会、台湾厂商参展的全国性展览会。祖国大陆台资企业参加在大陆举办的对台湾经济技术展览会，应以大陆台资企业名义参展。以台湾厂商名义参展，展出从台湾进口商品的，适用本办法。下面简要介绍其主要内容。

（1）举办单位。

对台湾经济技术展览会的举办单位（包括主办单位和承办单位）的责任、资格和展览行为按照对外贸易经济合作部《在境内举办对外经济技术展览会管理暂行办法》的规定执行。台湾民间机构在祖国大陆举办对台湾经济技术展览会，须联合或委托大陆具有主办资格的单位举办。在大陆的招商招展由大陆主办单位负责。台湾的主办单位，应是具有相当规模和办展实力、信誉良好的展览机构、大型公司、经济团体或组织（包括经济贸易促进机构、同业公会和行业协会等）。

(2) 审批和管理。

举办海峡两岸的经济技术展览会，由外经贸部会同国务院台湾事务办公室审批；除上述规定外举办其他对台湾经济技术展览会，由外经贸部负责审批，报国务院台湾事务办公室备案。

举办对台湾经济技术展览会需审查的主要内容：①政治方面，不得出现"台湾独立""两个中国""一中一台"等政治问题。台湾厂商参展的宣传品、杂志和电子出版物等资料中，不得有代表"中华民国"的字样、图片和音乐等。②展览会的名称方面，祖国大陆与台湾联合举办的经济技术展览会，应冠以"海峡两岸"的名称；各省（市、区）与台湾地区联合举办的经济技术展览会，则应分别冠以该省（市、区）与台湾地区之名（如"闽台××展览会""沪台××展览会"等）。

邀请台湾厂商参展的国际性及全国性展览会、博览会，应提交有关主管单位的批件、参展台湾厂商的名单（中文）、展品内容和展出面积等详细清单，并提前一个月申请报批；举办海峡两岸的经济技术展览会、对台湾出口商品交易会、台湾商品展览会，应提交展览会的筹组计划和方案、可行性研究报告、参展企业及其展品的有关情况等，并提前六个月申报。

8.3.4 出国举办经济贸易展览会的管理规定

根据《国务院办公厅关于出国举办经济贸易展览会审批管理工作有关问题的函》，2001年2月中国国际贸易促进委员会、中华人民共和国对外贸易经济合作部印发《出国举办经济贸易展览会审批管理办法》（以下简称《办法》）。此《办法》所称出国举办经济贸易展览会（以下称"出国办展"）是指符合本《办法》规定的境内法人（以下称"组展单位"）向国外经济贸易展览会主办者或展览场地经营者租赁展览场地，并按已签租赁协议有组织地招收其他境内企业和组织（以下称"参展企业"）派出人员在该展览场地上展出商品和服务的经营活动。境内企业和其他组织独自赴国外参加经济贸易展览会，赴我国香港特别行政区、澳门特别行政区、台湾地区举办、参加经济贸易展览会等活动，不适用本办法。

出国办展须经中国国际贸易促进委员会审批（会签商务部）。组展单位应当向中国国际贸易促进委员会（以下简称"贸促会"）提出出国办展项目（以下称"项目"）申请，项目经批准后方可组织实施。

1. 组展单位

组展单位应当具备以下条件：
(1) 依法登记注册的企业、事业单位、社会团体、基金会、民办非企业单位法人，注册3年以上，具有与组办出国办展活动相适应的经营（业务）范围；
(2) 具有相应的经营能力，净资产不低于300万元人民币，资产负债率不高于50%；
(3) 具有向参展企业发出因公临时出国任务通知书的条件；
(4) 法律、法规规定的其他条件。

以地方人民政府名义出国办展，由有关省、自治区、直辖市、计划单列市、副省级市、经济特区人民政府商务主管部门提出项目申请。除非友好省州、友好城市庆祝活动所必需，同一地方商务主管部门申请的项目一年内不应超过2个。

以商务部名义出国办展，由受商务部委托的组展单位或商务部委派的机构提出项目申请。

项目审批的依据是：我国外交、外经贸工作需要，赴展国政治、经济情况，我国驻赴展国使领馆商务机构意见，赴某一国家、城市、展览会项目集中程度，展览会实际效果，组展单位上年度项目实施情况，对本办法的遵守情况以及组展单位的资质等。

关于组展单位的资质及评定办法，由贸促会会同商务部另行制定。

2. 审批的权限

出国办展须经中国国际贸易促进委员会审批（会签商务部）。组展单位应当向中国国际贸易促进委员会（以下简称"贸促会"）提出出国办展项目（以下称"项目"）申请，项目经批准后方可组织实施。贸促会负责协调、监督、检查组展单位实施经批准的项目，制止企业和其他组织未经批准开展出国办展活动，并提请有关行政管理部门依法查处。商务部负责对出国办展进行宏观管理和监督检查。

3. 审批和备核程序

组展单位应以书面形式逐个提出项目申请。项目申请包括以下材料。

（一）项目申请报告；

（二）按规定填写的《出国举办经济贸易展览会申请表》原件及电子文本；

（三）我国驻赴展国使领馆商务机构同意函复印件。首次提出项目申请的组展单位，除应提供前款规定的项目申请材料外，还应提供以下材料：

（1）项目可行性报告及与国外展览会主办者或展览场地经营者联系的往来函件复印件；

（2）法人登记证书复印件（验证原件）；

（3）会计师事务所出具的验资报告、财务年度报告、资产负债表复印件；

（4）税务机关出具的完税证明原件；

（5）事业单位批准成立机关或社会团体、基金会、民办非企业单位业务主管单位出具的同意事业单位或社会团体、基金会、民间非企业单位出国办展的批准件原件；

（6）有因公出国任务审批权的部门和单位出具的同意向参展企业发出因公临时出国任务通知书的证明函原件。

组展单位可在每年2月、5月、8月、11月的最后一个工作日前向贸促会递交项目申请。每年3月、6月、9月、12月的第一个工作日为贸促会受理的起算日。项目开幕日期距受理起算日不足6个月的，不予受理。

对于连续举办五届以上的或因展览会筹备周期长需提前审批的项目，贸促会可提前予以批准并核发《出国举办经济贸易展览会批件》。

贸促会自受理起算日起，原则上只对6至12个月以后开幕的项目集中审核，并在20个工作日内作出是否批准的决定。符合条件的，核发《出国举办经济贸易展览会批件》，抄送相关部门；不符合条件的，说明理由并告知申请人享有依法申请行政复议或者提起行政诉讼的权利。

贸促会在核发《出国举办经济贸易展览会批件》前，将拟批准的项目送商务部会签。商务部在收到会签函后 10 个工作日内回复会签意见。

对于赴未建交国家的项目，贸促会同时送外交部会签。外交部在收到会签函后 10 个工作日内回复会签意见。

各级外经贸主管部门凭中国贸促会核发的出国办展批准件或出国办展备核件，核发展品出境有关证件；各地海关、出入境检验检疫机构凭贸促会核发的出国办展批准件或出国办展备核件及展品出境有关证件，对展品实行查验放行；各级外汇管理部门和外汇指定银行凭中国贸促会核发的出国办展批准件或出国办展备核件办理相关外汇使用及核销手续。

各级外经贸、外事、外汇管理部门和外汇指定银行凭贸促会核发的参展人员复核件或出国办展备核件，办理参展人员出国、外汇使用及核销手续。

对于经批准的项目，组展单位还须至迟在展览会开幕前 2 个月向贸促会提出出国办展人员复核申请，包括以下材料：

（一）人员复核申请报告；

（二）按规定填写的《出国举办经济贸易展览会人员复核申请表》原件及电子文本；

（三）国外展览会主办者或展览场地经营者出具的展览场地使用权确认函复印件；

（四）保护知识产权工作方案和国外突发事件应急处理预案。贸促会在收到申请后 10 个工作日内作出是否复核的决定。符合规定的，核发《出国举办经济贸易展览会人员复核批件》，抄送相关部门；不符合规定的，说明理由。

项目一经批准，组展单位不得随意变更、取消；如确需变动，组展单位须在展览会开幕日期 3 个月前连同变动理由通报贸促会和有关驻外使领馆商务机构。

贸促会及时公示经批准的项目，并依法通报有关行政管理部门。

4．审批的依据和要求

审批出国办展的依据是：我国外交、外经贸工作需要，赴展国政治、经济情况，我国驻赴展国使领馆商务机构意见，赴某一国家、城市、展览会项目集中程度，展览会实际效果，组展单位上年度项目实施情况，对本《办法》的遵守情况以及组展单位的资质等。关于组展单位的资质及评定办法，由贸促会会同商务部另行制定。展览团人员按照每个标准展位（9 平方米）2 人计算，在外天数按照实际展出天数前后最长各加 4 天计算，不得擅自增加人员和延长在外天数；与参展业务无关的人员不得参加展览团；如有省部级人员参加展览团，须按照有关规定履行报批程序。

5．对组团单位的管理

组展单位应向相关企业提供准确、全面的展览会信息，与参展企业签订正式参展合同，严格遵守我国法律、法规，信守承诺，合理收费。组展单位应鼓励参展企业选择高新技术、高附加值和适销对路的商品参加展出，严禁假冒伪劣、侵犯知识产权的商品参展。组展单位应制定严格的展览团管理方案和保护知识产权工作方案，组织出国前外事纪律、保密制度、知识产权保护、涉外礼仪等方面的学习，组织参展企业做好布展工作并积极开展市场调研和贸易洽谈。展出期间，参展人员不得擅离展位。组展单位必须协调展览团接受我驻展出国使领馆的领导，遵守展出国法律、法规，及时向使领馆汇报办展情况。对参加同一展览会组展单位多、展出规模大的展览团，由贸促会会同商务部制定相应管理办法。组展单位须在展览会结束后1个月内向贸促会提交出国办展总结和按规定填写的《出国举办经济贸易展览会情况调查表》原件及电子文本。

6. 出国（境）举办经济贸易展览会组办单位资格

2001年7月，外经贸部发布《关于审核出国（境）举办经济贸易展览会组办单位资格的通知》（以下简称《通知》），主要内容如下所述。

《通知》所指出国（境）办展的组办单位，是指组织国内企业赴国（境）外举办经济贸易展览会或参加国（境）外举办的国际贸易展览会、博览会的单位。各省、自治区、直辖市和计划单列市外经贸主管部门；各省、自治区、直辖市和计划单列市贸促分会、各行业贸促分会；全国性进出口商会、中国外商投资企业协会均可出国（境）办展。除上述所列单位外，其他出国（境）办展单位必须具有对外贸易经济合作部（以下简称外经贸部）审核批准的出国（境）办展组办单位资格。凡具备以下条件的单位均可申请出国（境）办展组办单位资格。

（1）企业：具有独立的企业法人资格，具备承担举办展览的民事责任能力和组织招商招展能力。设有专门从事办展的部门或机构，并有相应的展览专业（包括策划、设计、组织、管理及外语）人员，具有完善的办展规章制度。具有境内举办对外经济技术展览会主办单位资格。具有因公临时出国（境）任务审批权（尚未与行政机关脱钩的企业除外）。获得流通领域进出口经营权5年以上，且上一年度进出口额达1亿美元以上。

（2）事业单位和社会团体：成立3年以上，具有独立的事业法人或社团法人资格，具备承担举办展览的民事责任能力和组织招商招展能力。设有专门从事办展的部门或机构，并有相应的展览专业（包括策划、设计、组织、管理及外语）人员，具有完善的办展规章制度。开办经费或注册资金不少于300万元人民币。具有行业代表性。具有境内举办对外经济技术展览会主办单位资格。事业单位或社会团体本身或其上级主管部门具有因公临时出国（境）任务审批权。

（3）各省、自治区、直辖市和计划单列市外经贸主管部门可指定或设立一至两家展览机构，专门组织本地区内的企业出国（境）办展。该机构须具有独立的法人资格，具备承担举办展览的民事责任能力和组织招商招展能力，并有相应的展览专业（包括策划、设计、组织、管理及外语）人员，具有完善的办展规章制度。

中央企工委所属企业直接向外经贸部提出申请、中央企工委所属企业下属单位通过中央企工委所属企业向外经贸部提出申请；国务院各部门、各直属机构所属单位通过国务院各部门或直属机构向外经贸部提出申请；地方各申请单位通过省级外经贸主管部门向外经贸部提出申请。

8.3.5 赴港澳地区举办招商和办展等经贸活动的有关规定

为扩大我国对外开放，维护我国香港、澳门地区过渡时期的经济繁荣和政治稳定，维护内地在港澳地区的市场，提高赴港澳地区举办各类经贸活动的社会影响和经济效益，避免重复举办、走形式、多头对外等混乱现象，使其能更好地为对外经济贸易发展服务，规范赴港澳地区举办招商和办展等经贸活动，根据《国务院办公厅关于对赴港澳地区招商办展等经贸活动加强管理的通知》，1993年10月，外经贸部发布实施《关于赴港澳地区举办经贸活动的审批管理办法》（以下简称《管理办法》）。这里所指的"赴港澳地区举办经贸活动"，包括经济贸易建设成就展览会，商品展览会和展销会，招商引资、投资项目洽谈会、发布会，经济技术合作交流会，以及参加港澳地区举办的国际贸易博览会、展览会等一切具有经济贸易内容的活动。《管理办法》的主要内容如下所述。

1. 主办单位

各省（自治区、直辖市、计划单列市、经济特区）的经贸委（厅）、外贸局负责主办以省（市、区）名义举办的赴港澳地区经贸活动。以上单位可组织本省（市、区）的进出口公司和企业参加，但不得跨省（市、区）组织。各部委所属进出口总公司、工贸公司及外经贸部所属的各进出口商会、外商投资公司协会，可主办本系统、本行业范围内的专业性的经贸展览会、展销会和洽谈会等经贸活动，组织本系统、本行业的进出口公司和企业参加。外经贸部根据业务需要，可指定有关单位组织或承办赴港澳地区经贸活动。除上述所列单位外，其他单位和地区原则上不得组织赴港澳地区的经贸活动，如确有需要，需由有关省（区、市）的经贸委（厅）、外贸局或国务院有关部委报外经贸部审批。

2. 审批的原则与程序

赴港澳地区举办经济贸易活动，审批的依据是：是否有利于港澳地区过渡时期的繁荣和稳定、是否有利于扩大出口创汇和拓展经济合作、过去赴港澳地区举办这类活动的情况及效果和新华社港澳分社的意见等。

外经贸部对赴港澳地区举办的经贸活动实行年度总量控制。省、区、市级或国务院有关部委赴港澳地区的经贸活动，一般每2～3年轮流举办一次。省、区、市级以下单位单独举办，视同省、区、市级举办，占用省级赴港澳地区举办经贸活动的指标。

参加活动的总人数一般不超过200人。不得挪用赴港澳地区经贸团组指标，不得以探亲、旅游、过境等方式安排人员赴港澳地区参加或举办经贸活动，不得以各种名义安排与经贸活动无关的人员随团赴港澳地区。

如确需省部级领导干部参加，只限一个名额，并按国家规定的程序报批。

在时间安排上，赴港澳地区举办经贸活动要尽量与广交会错开。

各主办单位要根据本行业、本地区的实际情况，以及港澳地区的政治、经贸情况和举办活动的条件，制订活动计划。计划内容包括：活动的目的、名称、地点、规模、时间、内容、人数、在外停留时间、经费预算及可行性方案。该计划应与申请报告一并送外经贸部审核。

赴港澳地区举行经贸活动的计划，原则上每年审批两次。各主办单位应分别于每年4月底和10月底以前，将下年度上半年和下半年的活动计划报送外经贸部。外经贸部对所有的申报计划进行汇总、审核后，于5月和11月统一征求新华社香港分社和澳门分社的意见，并于收到新华社香港分社和澳门分社的回复后分别批复各主办单位。

如确因外交、经贸需要，而临时增补的活动计划，将作为个案处理。个案申报必须有充足理由，并在活动开始的两个月前报送外经贸部，外经贸部将从严控制审批。

主办单位只有在活动计划得到批准后，才能开展相应的工作。未经批准不得对外披露、承诺，或与展览公司签订协议，或变相组团出访。活动计划一经批准，应严格执行，主办单位不得随意更改。如需要提前、推迟、扩大规模或撤销，应报请外经贸部批准。

8.3.6 设立外商投资会议展览公司的政策

为鼓励外国公司、企业和其他经济组织（以下简称外国投资者）在中国境内设立外商投资会议展览公司，举办具有国际规模和影响的对外经济技术展览会和会议，根据《中华人民共和国中外合资经营公司法》《中华人民共和国中外合作经营公司法》《中华人民共和国外资公司法》及其他相关的法律法规，2004年1月，商务部公布《设立外商投资会议展览公司暂行规定》，对设立外商投资会议展览公司做出政策规定。2007年5月，《设立外商投资会议展览公司暂行规定补充规定》（以下简称《规定》）由中华人民共和国商务部2007年第9次部务会议通过，对设立外商投资会议展览公司做出政策上的补充规定。2016年10月21日商务部第85次部务会议审议通过商务部令2016年第4号《商务部关于废止部分规章的规定》，废止了《设立外商投资会议展览公司暂行规定补充规定》。

该《规定》鼓励引进国际上先进的组织会议展览和专业交流方面的专有技术设立外商投资会议展览公司，促进我国会展业的发展，创造良好的社会和经济效益。外商投资会议展览公司在中国境内的正当经营活动和合法权益受中国法律的保护。中华人民共和国商务部（以下简称商务部）及其授权商务主管部门是外商投资会议展览公司的审批和管理机关。经批准设立的外商投资会议展览公司，可以按规定经营以下业务：在中国境内主办、承办各类经济技术展览会和会议，在境外举办会议。在境内外举办展览、会议，国家另有规定的，从其规定。

允许外国投资者根据本《规定》在中国境内以外商独资的形式设立外商投资会议展览公司，或者与中国的公司、企业或其他经济组织（以下简称中国投资者）按照平等互利的原则在中国境内以合资、合作的形式设立外商投资会议展览公司。申请设立外商投资会议展览公司的外国投资者，应有主办国际博览会、专业展览会或国际会议的经历和业绩。

外商投资会议展览公司在中国境内招展参加境外举行的国际经济贸易展览会或在境外举办国际经济贸易展览会的管理办法另行规定。外商投资会议展览公司中外投资者变更、股权变更或设立分支机构，应按本《规定》报省级商务主管部门批准后，到工商行政管理机构办理营业执照变更登记手续。外商投资会议展览公司进口展览品，按照海关对进口展览品有关监管办法办理进口手续并进行监管。中国香港特别行政区、中国澳门特别行政区、中国台湾地区的公司、企业和其他经济组织在大陆设立会议展览公司，参照本《规定》执行。

8.3.7 其他

1. 属许可证管理的展品出入关规定

根据《中华人民共和国对外贸易法》和《中华人民共和国货物进出口管理条例》,以及 2002 年 1 月实施的《出口许可证管理规定》,对赴国(境)外参加或举办展览会运出境外展品、展卖品和小卖品做出如下规定。

(1) 赴国(境)外参加或举办展览会所带属许可证管理的非卖展品,免领出口许可证,海关凭审批部门批准办展的文件和出口货物报关单监管验放。参展单位应在展览会结束后 6 个月内,将非卖展品如数运回,由海关核销。在特殊情况下,经海关同意,可以延期。有关核出口、核两用品及相关技术的出口管制条例管辖商品,不适用本项规定。

(2) 赴国(境)外参加或举办展览会带出的展卖品、小卖品,属于出口许可证管理的,参展单位凭批准文件及展览会主办单位签发的参展通知、参展商品证明,向《分级发证目录》规定的发证机构申领出口许可证,不占用出口配额。

2. 中国和东盟有关展览的规定

2011 年 1 月 1 日,《中华人民共和国与东南亚国家联盟全面经济合作框架协议》(以下简称《协议》)项下进出口货物原产地管理办法开始实施。

根据该协议,从东盟成员国直接运输进出口的货物,符合下列条件之一,且其原产国为东盟成员国的,适用《中华人民共和国进出口税则》(以下简称《税则》)中的中国-东盟自由贸易区(以下简称"中国-东盟自贸区")协定税率。

(1) 完全在一个东盟成员国获得或者生产的。

(2) 在东盟成员国非完全获得或者生产,但符合本办法第五条、第六条、第七条和第八条规定的。

(3) 原产于东盟成员国的货物,在其他东盟成员国或者我国境内展览并于展览期间或者展览结束后销售至我国境内,同时符合下列条件的,适用中国-东盟自贸区协定税率:该货物已经以送展时的状态在展览期间或者展览后立即发运至中国;该货物送展后,除用于展览会展示外,未做他用;该货物在展览期间处于展览所在国家或者地区的海关监管之下。

上述展览货物申报进口时,收货人或者其代理人应当向海关提交原产该货物的东盟成员国签证机构签发的原产地证书正本、展览举办国有关政府机构签发的注明展览会名称及地址的证明书,以及证明货物符合本办法第十二条第二款规定的相关文件。

此处所指的展览会,包括任何以销售外国产品为目的、展览期间货物处于海关监管之下的交易会、农业或者手工业展览会、展销会或者在商店或者商业场所举办的类似展览或者展示。

3. 敏感物项和技术出口许可

根据《中华人民共和国对外贸易法》《中华人民共和国核出口管制条例》《中华人民共和国核两用品及相关技术出口管制条例》《中华人民共和国导弹及相关物项和技术出口管

制条例》《中华人民共和国生物两用品及相关设备和技术出口管制条例》《有关化学品及相关设备和技术出口管制办法》，2004年1月实施的由商务部、海关总署制定的《敏感物项和技术出口许可证暂行管理办法》，对其中的敏感物项和技术出口许可等运出境外的展品的管理做出规定。根据《商务部关于敏感物项和技术进出口行政许可制度改革的通知》（商技发〔2005〕548号），2005年12月1日起，商务部委托各省、自治区、直辖市及新疆生产建设兵团商务主管部门负责本地区两用物项和技术进出口许可初审及部分易制毒化学品进出口许可工作。为进一步深化行政审批制度改革，完善两级管理模式，根据实际工作需要，商务部研究决定自2006年3月1日起，增加委托计划单列市负责本地区两用物项和技术进出口管制相关工作。

（1）赴国（境）外参加或举办展览会运出境外的非卖展品，参展单位（出口经营者）应凭批准办展的文件，按规定申请敏感物项和技术出口许可。敏感物项和技术出口许可证备注栏内应注明"展览"字样。海关凭敏感物项和技术出口许可证及出口货物报关单监管验放。参展单位应在展览会结束后6个月内，将非卖展品如数运回，由海关凭有关出境时的单证予以核销。在特殊情况下，可向海关申请延期，但延期最长不得超过6个月。

（2）国（境）外参加或举办展览会运出境外的展卖品，视为正常出口，参展单位（出口经营者）应凭批准办展的文件，按规定申请敏感物项和技术出口许可。

8.4 国内外主要会展组织

8.4.1 主要国际会议组织

1. 国际大会及会议协会（International Congress and Convention Association，ICCA）

国际大会及会议协会是世界上最具权威性的会议业协会组织，成立于1963年，是全球唯一将其成员领域涵盖了国际会务活动的操作执行、运输及住宿等各相关方面的会议专业组织。其总部设在荷兰阿姆斯特丹，到2016年1月，在全球90多个国家拥有1 000多个机构和企业会员。协会根据成员业务不同的范围分为8类，即会议旅游及目的地管理公司（旅行社）、航空公司、专业会议展览组织者、会议观光局、会议设施的技术支持、饭店、会展中心和名誉会员等。

根据国际大会及会议协会的评定，只有符合下列几个标准的会议才能称为国际会议：固定性会议、至少3个国家轮流举行、与会人数至少50人。

国际大会及会议协会将全世界划分为9个区域，并设立了9个区域分会：非洲分会、法语分会、北美分会、亚太分会、拉美分会、斯堪的那维亚分会、中欧分会、地中海分会和英国/爱尔兰分会。

2. 国际专业会议组织者协会（International Association of Professional Congress Organisers，IAPCO）

国际专业会议组织者协会成立于1968年，其前身是英国专业会议组织者协会（The

Association of British Professional Congress Organizers，ABPCO）。这是一个由专业的国际国内会议、特殊活动组织者及管理者组成的非营利性组织，服务于全球的专业会议组织者，其总部设在英国伦敦。

凡从事国际会议的筹备和经营工作的个人和企业，都可申请参加国际专业会议组织者协会。国际专业会议组织者协会对专业会议组织者设立了随着服务和经济影响而不断变化的标准。协会成员分为 5 类，即普通会员、邀请会员、荣誉会员、项目经理会员和分支机构会员。

3. 国际协会联盟（Union of International Associations，UIA）

国际协会联盟是一个非营利性国际研究组织，成立于 1907 年，总部设在比利时布鲁塞尔。

1951 年，国际协会联盟章程做了修改，成为一个拥有个人正式会员的组织。该组织是一个独立、非政府、无政治色彩的并且可进行有关 4 万个国际组织和客户信息交换的非营利场所。

国际协会联盟每两年召开一次大会，选举国际协会联盟执行委员会。该执行委员会由 15～21 个成员组成，每个成员任期最长 4 年。

作为国际协会联盟的正式会员，总数不超过 250 个，并要由正式会员构成的全体大会根据候选人的兴趣和他们在国际组织中的活动选举产生。通常，他们都必须长期在一个国际机构中发挥过积极的作用。正式会员包括外交家、国际公务员、协会管理人员、国际关系教授和基金会负责人。正式会员不需要交纳年费，但作为国际协会联盟评议员，他们被要求在各自的领域为维护国际协会联盟的利益、进一步扩大国际协会联盟的影响做出努力。

对国际协会联盟的宗旨和活动感兴趣、愿通过交纳年费将自己同国际协会联盟的工作联系在一起的法人团体和个人，都可成为国际协会联盟的非正式成员，包括各种组织、基金会、政府机构和商业企业在内的非正式会员，有权优先使用国际协会联盟的服务。非正式会员资格需经国际协会联盟执行委员会批准。

8.4.2 主要国际展览组织

1. 国际展览局（International Exhibitions Bureau，BIE）

国际展览局是专门监督和保障《国际展览公约》的实施、协调和管理各国申办世界博览会（以下简称世博会），并保证世博会水平的政府间国际组织。

举办世博会不仅扩大了国际交流与合作，促进了主办国的经济发展，也提高了主办国的知名度和声誉，宣传和提升了主办国的形象，因此，许多发达国家纷纷争办世博会。例如，法国分别于 1867 年、1878 年、1889 年和 1900 年 4 次主办了同类大规模的世博会；美国分别于 1876 年、1893 年、1904 年、1915 年、1933 年、1939 年、1962 年和 1964 年 8 次主办了不同规模、不同主题的世博会。

20 世纪初以来，举办世博会的国家日益增多，竞争日趋激烈。世博会的举办过于频繁，加上有些主办国家组织工作较差，导致矛盾迭起，给参展国政府带来财政及其他方面的困难。为了控制世博会举办频率，保证世博会的水平，1928年11月，31个国家的政府代表在巴黎开会，签订了《国际展览公约》。《国际展览公约》规定，加入国际展览局是一个国家的外交行为，国际展览局的成员是缔约国政府。该公约规定了世博会的分类、举办周期、主办者和展出者的权利和义务、国际展览局的权责和机构设置等。该公约明确规定每3~5年才举办一次综合性的世博会，综合性的世博会展出时间不超过6个月，综合性的世博会期间可以适当安排专业性的世博会，专业性的世博会时间不超过3个月。《国际展览公约》的执行机构是国际展览局。此后，国际展览局又就《国际展览公约》的有关规定做了修订，签订了1948年和1966年的两个协定书。1972年11月30日，国际展览局签署了新的议定书。自此，该议定书便一直作为指导世界博览会的组织的规章。

国际展览局总部设在巴黎，成员为各缔约国政府。联合国成员国、不拥有联合国成员身份的国际法院章程成员国、联合国各专业机构或国际原子能机构的成员国可申请加入。各成员国派出1~3名代表组成国际展览局的最高权力机构——国际展览局全体大会，在该机构决定世博会举办国时，各成员国均有一票的权利。

中华人民共和国1982年首次参加世博会，并与国际展览局建立联系。1993年5月3日，国际展览局通过决议，接纳中国为其第46个成员国。同年12月5日，在巴黎召开的国际展览局第114次成员国代表大会上，中国被增选为国际展览局信息委员会的成员。1999年12月8日，在法国召开的国际展览局第126次会议上，中国首次当选为执行委员会成员。

展览局下设执行委员会、行政与预算委员会、条法委员会和信息委员会4个专业委员会。国际展览局主席由全体大会选举产生，任期两年。

任何国家都可以参加世博会，但是只有国际展览局的成员国，才能申请举办世界博览会。截至2017年11月，国际展览局共有170个成员国。

2. 国际展览管理协会

国际展览管理协会成立于1928年，总部设在美国得克萨斯州的达拉斯。国际展览管理协会以促进国际展览业的发展与交流为己任，每年定期举办国际展览界的交流合作会议，举办短期提高课程班和专题会议，出版相关刊物和买家指南，提高展览组织者的管理水平。国际展览管理协会现已成为面向所有展览从业者的非营利性的国际协会组织，其宗旨是通过培训、信息传播、调研、出版刊物和举办会议等方式促进展览业的发展。目前中国有近10家专业展览机构获准成为国际展览管理协会成员。

注册会展经理（Certified in Exhibition Management，CEM）培训体系是国际展览管理协会推出的会展经理培训课程。培训的对象是具有一定从业经验的（一般为3年以上）会展人员，在参加一定数量的必修课和选修课的学习并通过相应的考试后即可获得CEM证书。CEM被美国展览业认可并有较大影响力。

3. 国际展览业协会

国际展览业协会的前身是国际博览会联盟，是博览会/展览会行业唯一的世界性组织，是世界博览和展览业内最具代表性的协会。截至2017年，国际展览业协会在五大洲的85个国家和地区有749个正式成员。在2017年,国际展览业协会批准了其成员主办的950个博览会/展览会,这些成员在本国(地区)博览会/展览会行业中均处领先地位。

作为非政治性、非营利性组织,国际展览业协会的宗旨是通过其成员进一步促进国际贸易,并通过研究国际展览业协会遇到的问题,发展其成员主办的博览会/展览会。

国际展览业协会在其他国际组织中代表其成员的利益,同时也是联合国组织(United Nations Organization,UNO)及联合国工业发展组织(United Nations Industrial Development Organization,UNIDO)的顾问通信会员,它与联合国国际贸易中心(International Trade Center,ITC)、联合国贸易和发展会议(United Nations Conference on Trade and Development,UNCTAD)、WTO及WTO的前身关贸总协定、欧盟委员会及其他与博览会/展览会及国际贸易有关的国际性组织都建立了良好的关系,包括国际展览局、国际商会和各国博览会协会等。

国际博览会联盟(UFI)由欧洲一批综合性国际博览会的组织者于1925年创建,总部位于巴黎。其宗旨是代表展览会、博览会组织者的利益,维护展览会、博览会的质量标准,规范展览组织者的行为。

2003年10月20日,第70届国际博览会联盟国际展览业协会会员大会在历史名城开罗召开。大会通过了对国际展览业协会章程、名称、会徽和组织机构的一系列修改决议,批准了未来国际展览业协会的发展战略。这些重大举措标志着已走过近80年风雨历程的国际展览业协会正以崭新的面貌走进发展的新纪元。

根据修改后的章程,国际展览业协会的全称由国际博览会联盟改为国际展览业协会。国际展览业协会的使命改为"促进与代表国际展览业的整体利益"。国际展览业协会的会徽被我国展览界人士俗称为"羊头"。如果该标志被冠于某展览会名称之前,则表明这是一个高水平的展览会。

从1988年开始,中国国际展览中心及其举办的印刷展得到该联盟的认可。随后,北京国际机床展、国际仪器仪表展,上海国际模具展等展会先后得到该联盟的认可。

8.4.3 中国展览组织

在我国,重要的综合展由政府主办,政府下属部门或国有展览公司承办,如中国国际工业博览会、广交会和中国华东进出口商品交易会(以下简称华交会)等就是这样运作的。专业展大多由半官方的行业协会主办,专业展览公司参与承办。一些专业展由市场化运作的专业展览公司主办,但很多情况下也要借力,即借政府主管部门、行业协会的影响来办展。

目前,全国性的会展行业协会还未成立,正处于酝酿之中。会展业发达的北京、上海、广州、重庆、福州、厦门、深圳、温州、大连、宁波、西安、沈阳和杭州等大中城市,已成立地区性的会展行业协会。

上海市会展行业协会(以下简称协会)成立于2002年4月25日,是由上海市从事会议、展览及相关业务的企事业单位组成的具有法人资格的行业性、非营利性社会团体,是在上海市委、市政府领导的关心下,上海市对外贸易经济委员会、市科学技术委员会、市外事办公室、市经济委员会、市商务委员会、市农业委员会、市旅游委员会等委办联合推动下，上海市各会展公司自愿发起组建的，是上海会展业应对入世、携手合作，顺应上海市会展业发展的成果。按照新型行业协会的标准，该协会在行业界定上，实现内展与外展的融合，会议与展览的融合，体现了"大会展"理念；在组织结构上，打破系统和所有制的局限，体现行业协会的广泛性和代表性；在运作模式上，实行政府、协会、公司三分开，体现自主办会的原则。该协会的主要职能包括行业协调、项目申报代理、制定行规行约、制定中长期发展规划、行业统计、为会员提供咨询、培训、认证、评估、招商和年审等服务。截至2016年年底，该协会已有有效会员587家。会员成分已呈多元结构，基本涵盖了会展以及与之相关的业务领域。该协会的常设机构是秘书处，下设项目部、办公室、联络部、信息部和服务中心。

当前，许多展览由各行业协会举办。其中一个非常重要的行业协会是中国国际贸易促进委员会（China Council for the Promotion of International Trade，CCPIT）（以下简称中国贸促会）。中国贸促会成立于1952年5月，是由中国经济贸易界代表人士、公司和团体组成的全国性民间对外经贸组织。中国贸促会的宗旨是：遵循中华人民共和国的法律法规和政策，开展促进对外贸易、利用外资、引进外国先进技术及各种形式的中外经济技术合作等活动，促进中国同世界各国、各地区之间的贸易和经济关系的发展，增进中国与世界各国人民，以及中外经贸界之间的了解与友谊。1988年6月，中国贸促会组建了中国国际商会（China Chamber of International Commerce，CCOIC）。目前，中国贸促会、中国国际商会已同世界上200多个国家和地区的工商企业界建立了广泛的经贸联系，与300多个对口组织签订了合作协议，并与一些国家的商会建立了联合商会；同时，中国贸促会还在16个国家和地区设有驻外代表处。在国内，中国贸促会、中国国际商会在各省、自治区和直辖市建立了50个地方分会、600多个支会和县级国际商会，还在机械、电子、轻工、纺织、农业、汽车、石化、商业、冶金、航空、航天、化工、建材、通用产业、供销合作、建设、粮食和矿业等部门建立了20个行业分会，全国会员企业近7万家。

中国贸促会、中国国际商会及其所属业务部门已经加入了许多国际组织，如世界知识产权组织、国际保护工业产权协会、国际许可证贸易工作者协会、国际海事委员会、国际博览会联盟和国际商事仲裁机构联合会。

中国贸促会代表中国政府参加国际展览会等活动，申办、参加世界博览会，赴国外主办中国贸易展览会和参加国际贸易博览会；负责中国赴国外举办经济贸易展览会或参加国际博览会的归口协调及相关管理、监督工作。中国贸促会安排和接待国外来华举办的经济贸易或技术展览会，主办国际专业性或综合性展览会，组织并主办国际博览会；协调国内有关方面接待外国来华经济贸易与技术展览会。中国贸促会办理国际经济贸易和海事仲裁事务；出具中国出口商品原产地证明书；受理共同海损和单独海损理算案件；出具人力不可抗拒证明，签发和认证对外贸易和海上货运业务的文件和单证；为到国外从事临时出口活动的公司、企业或个人出具有关单证册，并为其提供担保。

案例分析 8—1

商业中心运营模式对场馆运营的启示

展览场馆是展会的重要载体。中国会展经济研究会统计工作专业委员会发布的《2016年度中国展览数据统计报告》显示,全国已建成并在使用的会展场馆共有316个,总面积超过1190万平方米。其中,已建成的场馆面积为1000.7万平方米;在建场馆19个,总面积154万平方米;已规划待建场馆5个,总面积41.5万平方米。

与场馆建设热潮不相匹配的是,全国各城市大举修建场馆后出现场馆利用率不高、发展不平衡与不协调等问题,导致目前众多场馆经营举步维艰。分析表明,全国TOP100的展馆平均使用率为27.6%。其中,展馆使用率超过60%的场馆只有2家,多地方的展馆承接展览项目少、运营效率低,面临"吃不饱"的困境。

以江苏省为例,据统计,除了南京和苏州展览场馆的平均利用率高于30%以外,江苏省其他城市的主要展览场馆的年平均使用率仅为20%左右。而在北京、上海、广州和其他一些会展业发达城市,会展场馆供不应求。如上海新国际博览中心,已成为全球最忙、出租率最高的场馆,展馆利用率高达68%,高于香港场馆60%的水平,更高于欧美发达国家场馆35%的水平。由此不难看出,各城市场馆的利用率极不均衡。

出现上述情况的根本原因是兴建场馆时的盲目建设,没有考虑到当地会展经济发展的实际接受程度,更重要的是展览场馆运营机制、体制和模式的问题。

展馆运营模式与商业中心的运营模式有些许相似,都是以租赁作为主要的盈利方式,其痛点在于如何提高展馆的出租率,增加租金收益。目前,商业中心运营模式有三种:固定租金、扣点、保底分成。

固定租金是指与在购物中心租用商铺的商户约定租金水平和租赁面积,然后在约定时期按租金水平乘以租赁面积计收租金的方式,是目前大多数商业、步行街、购物中心的运营方式。扣点是按商户销售额的一定比例抽取租金,也称为百分比租金。根据各类业态的不同,扣点数也不同。同时,品牌度的大小也会导致扣点数不同。商场会因该商品给自己带来的利润和知名度而制定扣点比例。保底分成是固定租金与扣点的综合运用,商业中心对商户收取保底租金,另外对商户的经营收入扣点分成。这样一来,开发商有了基本的收益保证,商户也能够减轻资金投入的压力,对于双方来说都能够接受。

商业中心采用保底分成和扣点方式,增加了技术和管理难度,还可能会增加成本,但同时也增加了促销机会,是区别于传统固定租金模式的新趋势。

再来看看发达国家对展馆运营管理模式的探索。目前,英国各展览场馆为提高展览场地的利用率,制定了分期收费的政策。例如英国的Earls Court展馆,主办方只需支付5%的场租押金就可以使用场地办展,而剩余的租金可以在主办方收到参展商费用后再行交纳,这就大大减轻了主办方的经济负担,有利于资金周转。新加坡则通过制定相应的法律法规,让周边酒店和餐馆以其收入的10%对展览场馆进行补贴,提高了展览场馆的效率意识。因为展览场馆拿了周边酒店和餐馆的补贴,就会想方设法举办更多、更好的展览会,从而为这些酒店和餐馆带来更多收益。酒店和餐馆的收益多了,展览场馆的收益自然也就多了,这样就形成了良性循环。

点评:未来国内场馆运营趋势之一,即场馆对主办方事先只收取基本管理费(保底租金),由主办方对展商制定展位租赁价格进行招展、办展,主办方收取的展位租赁收入采取与场馆方分成的模式。进阶模式则是场馆方对主办方采取完全免租金的方式,由主办方对展商制定展位租赁价格进行招展,主办方的展位租赁收入采取与场馆方分成的模式。

(资料来源:王涛—上海联展软件技术有限公司总经理,中国贸易报.)

本章小结

会展行业管理就是政府会展主管部门及各类会展行业组织通过对会展业的总体规划和总量控制,制定出促进会展事业发展的方针、政策和标准,并以此为手段,对各种类型的会展企业进行宏观的、间接的管理。会展受宏观政策的控制和影响。在我国,为规范会展市场的秩序,中央和地方政府制定了一些有关会展的政策和法规。会展发达国家和地区已形成了一套比较成熟的会展管理体制和举措,对我国会展业的管理有着积极的借鉴作用。本章首先介绍我国会展行业管理的方式、内容,然后介绍发达国家的会展管理体制和经验,以及我国展览会相关政策和法规,最后简要介绍几个重要的国际会展组织。

复习思考题

一、名词解释

会展的行业管理　　会展行业协会　　国际展览局

二、填空题

(1)发达国家一般都设置统一的会展管理体制,设置唯一的国家级的权威性展览管理机构,如德国_____,法国海外会展委员会技术、工业和经济合作署(CFME‐ACTIM)和新加坡_____等。

(2)_____是世界上最具权威性的会议业协会组织,成立于1963年,是全球唯一将其成员领域涵盖了国际会务活动的操作执行、运输及住宿等各相关方面的会议专业组织。

(3)_____是博览会/展览会行业唯一的世界性组织,是世界博览和展览业内最具代表性的协会。

三、简答题

(1)会展行业管理的方式和内容有哪些?

(2)国际会展管理组织有哪些?

(3)发达国家会展管理部门开展整体促销的主要手段有哪些?

(4)简述发达国家会展管理经验。

(5)简述主要国际展览组织。

四、实务题

(1)考察本地会展场馆,了解会展场馆运行管理方式,写出考察报告。

(2) 请借鉴欧美会展发达国家经验，讨论如何为参展商提供周到细致的服务。

(3) 上网查阅成立会展公司需要准备何种文件，了解需要在何处办理注册登记，需要填制何种表格等。

五、案例题

2006年10月4日，在法国巴黎举行的世界制药原料展览会上，来自中国的3家参展药企的6名医药代表遭到法国内政部打击侵权假冒部门的扣押，并停止了他们正常的参展。据悉，这些来自中国的医药代表在展会上以邮购方式向观众出售一种名叫"Rimonabant"的减肥药的原料药，而该减肥药的专利拥有者"赛诺菲-安万特"集团认为中国3家参展企业展览、交易的原料药产品侵犯了其对原研究药物的专利权，并据此以"有组织的团伙冒牌制造专利保护产品"等罪名提起诉讼。11月14日，法国警方释放了被扣押的6名医药代表，而这场专利权侵权诉讼至今也未有明确的结论，乃至中国一些媒体认为中国药企被"冤杀"。中国药企"巴黎门"事件不仅导致中国药企在这次展会上遭受巨大损失，而且对中国的国际形象造成了消极影响。

请分析：

(1) 中国药企这次在海外展会上被"冤杀"，反映了什么问题？

(2) 为了避免侵犯他人专利权，中国出境参展企业应注意哪些方面？

第9章 会展经济

学习目标与要求

1. 了解会展经济的特点。
2. 了解会展经济的效用、我国会展经济的发展格局,以及会展经济发展过程中存在的问题与解决措施。

导入案例

中国 2010 上海世博会创造 800 亿大"蛋糕"收益

从5月1日开幕到10月31日闭幕,历时半年的上海世博会总共吸引了 7 308 万人次参观,参展国家、地区数量、参观人数均创造了新的纪录。国家旅游局公布的统计数据显示,上海世博会对中国旅游经济产生了巨大影响,世博旅游带来的直接经济效益超过 800 亿元人民币。

2010 年前三季度,中国旅游经济运行良好,旅游消费旺盛,旅游市场增长较快。截至 2010 年 9 月,中国入境旅游人数达 9 977 万人次,同比增长 6.2%;其中入境过夜旅游人数为 4 157.5 万人次,同比增长 10.7%;入境外汇收入 337 亿美元,同比增长 15.8%;出境旅游达 4 228.24 万人次,同比增长 20.67%;国内旅游人数达 15.91 亿人次,比 2009 年同期增长 10.1%。

1. 上海本地受益最大

上海本地经济受益最大。据统计,前三季度上海市实现社会消费品零售总额 4 457.64 亿元,比 2009 年同期增长 17.6%。批发、零售业零售额增长稳定,住宿、餐饮业零售额增速加快。在世博游客大量集中来沪影响下,上海市住宿餐饮业零售额快速增长。前三季度,实现零售额 501.77 亿元,增长 16.8%,其中 6—9 月的单月增速均超过 25%。吃、穿、用类商品销售全面增长,前三季度,上海市吃、穿、用类商品分别实现零售额 1 350.16 亿元、497.31 亿元和 2 352.17 亿元,比 2009 年同期增长 12.6%、18%和 19.9%。

2. 航空业绩创新高

根据统计,在 7 308 万人次的参观者中,有 5.8%来自境外,即 423.86 万人次;27.3%来自上海本地,即 1 995.08 万人次;剩余 4 889.06 万人次均是来自上海以外的国内游客。正是得益于此,基地在上海的东方航空股份有限公司(以下简称东航)受益最大,东航 7—9 月实现净利润 31.55 亿元,同比增长 13 524.45%;而在上海占有较大市场份额的中国国际航空股份有限公司,前三季度净利润为 98.61 亿元,第三季度净利润为 51.67 亿元,创下了历史最好业绩;而中国南方航空股份有限公司前三季度净利润为 51.17 亿元,同比增长 850%,三季度净利润 30.41 亿元,同比增长 970.77%。

3. 二级市场:世博概念股均赚得盆满钵满

与航空公司一样,上海机场也成为受益最大的公司之一。主要负责上海浦东国际机场营运的上海机场,三季度实现净利润同比增长 83.24%，而 7—9 月净利润占前三季度的四成以上。

作为世博会贵金属指定经销商的"老凤祥"，三季度净利润同比增长了 111.70%。同样，拥有多家世博特许商品专营门店的百联股份三季度净利润同比增长了 51.37%。

而拥有经济型连锁酒店"锦江之星"的锦江股份也称，其第三季度净利润同比增长 129.60%。第三季度，已经开业的锦江之星等经济型连锁酒店平均客房出租率同比增长 5.82%；平均房价同比增加 28.75 元。

（资料来源：http://guide.lvmama.com/2010/11/26/62321.html，2010-11-26.）

9.1 会展经济概述

会展业与旅游业、房地产业并称为世界"三大无烟产业"。国外尤其是一些经济发达的国家，会展业已经成为本国经济发展中一个新的经济增长点。其巨大的社会效益与经济效益，越来越受到世界各国、各地区的重视，成为 21 世纪人们普遍看好和重点发展的支柱性朝阳产业。会展经济伴随着人类会展经济活动。会展产业是发展到一定阶段形成的跨产业、跨区域的综合经济形态。各地通过举办大规模、多层次、多种类的会议和展览，带来源源不断的商流、物流、人流、资金流和信息流，在取得直接经济效益的同时，创造商机、吸引投资，推动商贸旅游业的发展，进而拉动其他产业的发展，以达到促进经济和社会的全面发展的目的。

9.1.1 会展经济的概念

会展经济的概念在中国出现只是近几年的事情，虽然会展经济发展迅速，但关于会展经济尚无科学、权威和被广泛接受的界定。国内学术界对会展经济的界定众多，现列举几种。

（1）会展经济是在国际大都市或基础设施完善、成熟的旅游地，通过举办各种会议和展览展销，已直接或间接地产生经济效益和社会效益、提升地区形象的一种经济现象和经济行为。

（2）会展经济是指以会展场馆为基础，以完善的城市设施和健全的服务体系为支撑，通过举办各种形式的会议、展览或节事活动，为参与活动的个人或组织提供经贸洽谈、产品展示、文化交流或参观展览的便利，在获得直接经济效益的同时带动举办地相关产业发展的一种经济现象。

（3）会展经济是指通过举办大规模、多层次、多种类的会展活动，即通过举办各类会议、展览和各种形式的大型活动，传递信息、提供服务和创造商机，在取得直接经济效益的同时，带动一个地区或一个城市相关产业的发展，并形成一个以会展活动为核心的经济群体，以达到促进经济和社会全面发展的目的。

（4）会展经济是以会展业为依托，借助各种会展活动的举办拉动城市及其所在地区相关产业发展，并能带来巨大经济效益和社会效益的一种经济形态。

（5）会展经济是以会展业为支撑点，通过举办各种形式的展览会、博览会和国际会议，传递信息、提供服务和创造商机，并利用其产业连带效应带动相关产业，如运输业、通信业、广告业、餐饮业和旅游业等发展的一种经济。

在综合分析上述几种界定的基础上,将会展经济界定如下。

(1) 会展经济是以会展业为基础,围绕会议、展览和节事等各种形式的会展活动,会展产业及相关产业在为参与活动的个人或组织提供服务过程中所形成的各种经济活动和经济关系的总和。

(2) 会展经济是一种以会展产业为中心、以其相关产业为依托的综合型经济形态,不仅涉及会展产业,还涉及与会展产业相关的旅游业、娱乐业、商品流通业、加工制造业等多种产业,各产业之间具有较为密切的投入产出联系。

9.1.2 会展经济的特点

1. 会展经济具有综合性

会展经济包括会展业、为会展提供服务的相关行业,以及参展活动的参展商和参展观众等参与主体。会展业是会展经济的支撑,会展业可以带动相关产业的发展,但同时也需要这些产业的支持。会展业与为其提供支持的相关产业的互动发展,以及参展商与参展观众的参展活动,共同构成了会展经济。会展经济的构成如图9.1所示。

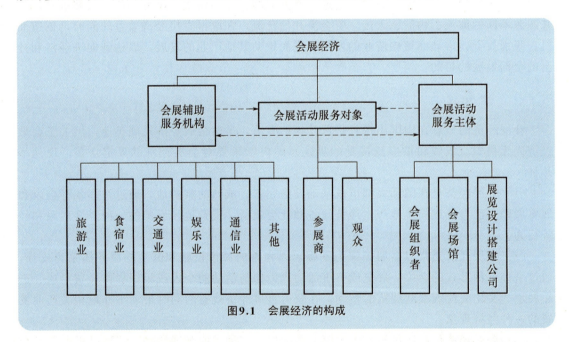

图9.1 会展经济的构成

2. 会展经济具有关联性

会展经济涉及服务、交通、旅游、广告、装饰、边检、海关,以及餐饮、通信和住宿等诸多部门,可以直接或间接带动相关产业的发展。据专家测算,国际上会展业的产业带动系数大约为1∶9,即展览场馆的收入如果是1,相关产业的社会收入为9。高产业关联度使得会展经济成为带动城市和区域经济发展的新增长点。2017年5月,第121届中国进出口商品交易会落下帷幕。展览总面积达118万平方米,总展位数量为60 219个,出口成交额300.2亿美元,吸引境外采购商196 490人,有24 718家境内外企业参展。2010年

12月9日—11日在南昌国际会展中心举办的"第六十四届全国药品交易会",展会组织者的收入为3 000万元;拉动住宿消费1.58亿元,拉动餐饮消费1.10亿元,拉动旅游消费600万元,拉动娱乐休闲消费600万元,拉动交通运输消费6 000万元,拉动商品零售消费1.06亿元,拉动广告宣传消费1 000万元,拉动通信、金融等行业消费1 000万元。

3. 会展经济具有高效益性

会展经济一般被认为是高收入、高赢利的行业,其利润率为20%～25%。从国际上看,在瑞士日内瓦、德国汉诺威、慕尼黑和杜塞尔多夫、美国纽约、法国巴黎、英国伦敦以及新加坡和中国香港等这些世界著名的"展览城",会展业为其带来了巨额利润和经济的空前繁荣。美国《贸易展览》周刊的统计数据表明,美国一年举办的200多个商业展会所带来的经济效益超过38亿美元。法国博览会和专业展览会每年的营业额可达85亿欧元,展商的交易额高达1 500亿欧元,展商和参观者的间接消费也在250亿欧元左右。根据统计,类似法国巴黎和中国香港这样的城市,由于会展带动相关产业而带来的税收均占到了城市总税收的60%～70%。中国香港每年也通过举办各种大型会议和展览获得可观收益。

知识链接 9—1

香港展览业带来的巨大收益

香港展览会议业协会近日发表两年一度的"2016年香港展览业香港经济贡献研究报告",研究由毕马威咨询(香港)进行。报告指出,虽然环球经济持续不明朗,但去年展览业带来的总消费开支仍维持在2014年水平。展览业带动529亿港元的总消费开支,其中约超过一半,即265亿港元源自访客、参展商和主办机构的直接开支。

研究指出,相对一般过夜旅客,海外参展商和展览访客属高价值客群。数据显示,2016年海外参展商和展览访客的平均消费,大幅抛离一般过夜旅客,较一般过夜旅客分别高出75%及66%。事实上,这两类客群相对一般过夜旅客的消费差距,比上三次研究得出的差距有所增加。受惠于这类消费最多的是对香港十分重要的零售、酒店及饮食行业。

2014—2016年,来港过夜旅客的平均消费有17%显著下滑。这项研究显示,虽然海外参展商和展览访客的平均消费亦有减少,分别为10%和14%,其减幅仍较过夜旅客为低。这正好进一步证明,受展览业吸引到港的商务旅客是高价值客群,对香港经济有重要贡献。

这项研究的数字显示,展览业亦为香港政府带来直接且高额的收益。2016年,展览业贡献的税务收益,如政府加诸展览活动和展览参与者的各种税收达19亿港元。

(资料来源:http://hk.mofcom.gov.cn/article/jmxw/a/201712/20171202681685.shtml,2017-12-07)

9.1.3 会展经济的效用

会展经济是综合经济,其突出特点是既能带来可观的经济效益,又能带来广泛的社会效益,促进国民经济和地区经济的发展。

1. 经济效用

（1）直接创造经济效益。

会展直接经济效益主要体现在组织举办会展活动的次数、规模、与会者、参展商及观众的层次和参与度，以及会展业自身提供直接服务部分的收入。经营会展的直接收入包括会展活动的入场券收入、参会参展费收入、场馆展台和会展设备租金、会展服务收入、广告收入等。会展业以其创造的高额经济价值、广泛的就业机会和对社会综合经济指数增长的拉动作用，形成会展经济。据统计，全球会展产业每年直接经济效益超过3 000亿美元，为世界经济带来的增长总额超过3万亿美元，约占全球GDP总和的4%。"世界经济论坛"每年在瑞士达沃斯举行，达沃斯每年从这个会议得到的相关收入有7 000万～8 000万美元。

近年来，中国经济快速、持续稳定发展，经济的发展必然带动会展业的发展，多年来，我国的会展业以年均约20%的速度增长着，并已成为中国新的经济增长点。二十大报告指出，要"推动共建一带一路高质量发展"。有数据统计，2014—2016年，来自"一带一路"沿线国家的参展商和采购商数量，年均增长率达到25%～30%，这个幅度远远高于展览业总体发展速度。

（2）产业带动产生间接经济效益。

会展间接经济效益指发展会展业对国民经济中其他相关行业和部门乃至对国民经济的影响，形成全社会的间接经济效益。

① 带动相关产业发展。会展经济涉及部门众多，不仅可直接或间接带动一系列相关产业的发展，还可培育新兴产业群，形成"第三产业消费链"。据国际博览会联盟的估计，由展览会所创造的经济效应中，只有20%是展览会行业内的，其余80%为商贸、酒店、饮食、交通、旅游、通信和广告等相关行业所拥有。据美国展览业研究中心（CEIR）统计，2000年美国举办了1 300个展览会，直接收入约120亿美元，与展览会相关的社会综合消费约1 250亿美元，展览会的经济带动比例为1∶10。根据ICCA的研究，2012年会展业给新加坡带来的直接收益为5.3亿新加坡元，拉动相关消费为51.5亿新加坡元，经济带动比例为1∶9.7。在中国，上海浦东新区2014年共举办各类展览220次，这不仅为浦东新区带来了直接收入97.21亿元，和"会展经济"相关的各服务行业中，餐饮、住宿、购物等间接收入801.95亿元，其中拉动餐饮、住宿、游览、购物和文化娱乐等相关旅游消费占展览业直接和间接收入总量的52.5%。2014年湖南会展直接创收20.14亿元，带动相关产业收入182.28亿元，会展业的经济拉动效应是1∶9.07。海南小镇博鳌，由于博鳌亚洲论坛的举办，名声远扬，博鳌的酒店、旅行社、交通和零售业等都获得了丰厚的利润，交通、通信、房地产等产业都得到了迅速发展，博鳌房价攀升，还有300多家海内外客商到此投资旅游业、海洋水产业和加工生产业等。

② 促进产业结构调整。会展产业的产业关联度大、带动性强、经济效益好、发展潜力大、成长性好，发展会展经济，可促进第三产业快速发展。通过商品与科技成果展示与交流，生产者可发现新的消费需求和科技成果，通过技术转让，形成新的生产能力，带动投资，实现产业结构优化和产品升级。

③ 推动经贸发展。会展业，尤其是国际性的会展活动，作为对外经贸交流合作的窗口、桥梁和纽带，可以有效地促进中外的技术合作、信息沟通和贸易往来等。据不完全统

计，近 10 年来，中国通过展览实现外贸出口成交额达 340 多亿美元，内贸交易额 120 多亿元人民币。据统计，广交会每年两届的出口成交额，就相当于全国一般贸易出口额的 1/3 左右，对中国对外贸易的发展贡献巨大。

在一些交易会、展览会和贸易洽谈会上都能签署一定金额的购销合同、投资、转让和合资意向书。据统计，法国博览会和其他专业展览会每年站上的交易额高达 1 500 亿欧元。2016 年 11 月第十一届中国国际航空航天博览会（图 9.2）在 6 天展期里，共有来自 42 个国家和地区的 700 多家厂商参展，其中境外展商比例为 45%；参展飞机 151 架，参展商与相关机构签订了 402 个项目价值超过 400 亿美元的各种合同、协议及合作意向，成交了 187 架各种型号的飞机，入场专业和普通观众共计近 40 万人次。

图 9.2　新一代国产隐形战斗机歼-20 冲上云霄

（图片来源：http://www.huaxia.com/zt/js/16-043/index.html,2016-11-01.）

【更多彩图】

此外，会展活动在吸引外资方面也发挥着重要的作用。

2. 社会效用

（1）促进地方基础设施建设。

会展业可以带动地方经济发展，反映在对城市基础设施和其他相关硬件设施建设的拉动方面。例如，以迎接 2013 年在济南举办的第十届中国艺术节为契机，济南市确定了 2012—2013 年度的城市建设管理重点项目共六大类 279 项。其中，迎接第十届中国艺术节重点工程类 17 项，城市基础设施类 88 项，民生保障类 94 项，泉城特色提升类 10 项，环境综合整治类 17 项，地产开发和产业平台类 53 项。项目总投资 4 689 亿元，2012—2013 年两年内投资约 1 400 亿元。借助 2014 年在北京怀柔召开的 APEC 会议的契机，怀柔系统实施了雁栖湖交通环线、怀长路联络线等道路工程，使得区域路网结构更加完善；完成了雁栖水厂、怀北水厂、再生水厂及供水、污水管线工程，使得供排水能力显著提升；建成了怀柔北 220 千伏变电站、会都 110 千伏变电站及环湖电力管线工程，大幅提升了供电保障水平。此外，通信、燃气、交通、市政等基础设施水平全面提升，怀柔医院、特护中心、101 中学怀柔校区等新设施投入使用，全方位改善了当地居民的生产生活条件，提前满足了未来 5～10 年发展建设的需要。雁栖湖核心岛上的建设的雁栖湖国际会议中心、精品度假酒店、12 幢贵宾别墅占地共 67.8 万平方米，为打造"国际会都"提供条件。2016 年杭州将 G20 峰会的筹备与城市发展、改善民生相结合。杭州市建委统筹推进市政基础设施建设项目共 85 项，其中包括 48 个市政道路项目（16 条快速路和 32 条主次干道）、32

条河道整治项目和5个停车场库项目；主城区建成"四纵五横"的快速路网，完成24千米城市供水、供气老旧管网改造和520处天然气管道防腐层修复，西湖、运河、钱塘江三大核心景区的亮化提升工程后，居民生活与休闲环境得到大大提升。

知识链接 9-2

张家口为冬奥紧张筹备 加快各项基础设施建设

张家口市市长马宇骏近日表示，张家口市加快推进基础设施建设，把场馆和基础设施建设作为筹办工作的重中之重。按照冬奥组委筹办工作计划和重点任务分工安排，针对张家口承担的交通、水利、配套市政以及服务保障设施等5个方面、18项建设任务，紧盯"2019年具备测试赛条件"的时间节点，倒排工期、细化步骤、高效推进，确保赛事运行的需求。

赛事交通方面，要抓紧推进崇礼铁路、延崇高速、京北一级公路、张崇轻轨、宁远机场升级改造和张家口南、崇礼综合客运枢纽，以及6条赛场核心区连接道路和8条赛场对外通道及保障道路的前期工作，确保明年开工建设。其中，宁远机场的吞吐量要在2020年达到100万人次，万龙至转枝莲场区道路6千米隧道、崇礼城区至万龙滑雪场道路拓宽、张沽线改造升级工程，要在今年开工建设。

水利设施方面，要加快推进乌拉哈达水库、长城岭主蓄水池向雪场输水二期工程的前期工作。今年要开工建设云州水库向崇礼城区供水、崇礼20万立方米蓄水池及管道建设等项目。崇礼要引进北理工直饮水处理技术，对城区居民用水进行处理，确保水质达到国际直饮水标准。

配套市政基础设施方面，要积极跟进场馆规划，做好赛区内供排水、低碳电力、通信、供热、供气、环卫等配套工程的前期工作，其中张北可再生能源500千伏柔性直流送出和消纳示范工程要确保明年1月开工。今年启动实施万龙综合管廊、城乡垃圾无害化处理、污水中水回用及管网铺设、110千伏变电站及10千伏线路电缆入地等项目建设。

服务保障设施方面，要加快推进医疗、住宿、气象、安保、邮政快递等设施，以及残疾人冬季项目训练基地、康复中心和无障碍设施等冬残奥会要素建设。云顶酒店和崇礼区医院两座直升机停机坪、崇礼创伤急救站等要在近期开工，万龙、富龙、太舞等8个酒店要确保今年全部投入使用。

（资料来源：http://sports.163.com/16/0408/14/BK4TR99500051CAQ.html，2016-04-08.）

（2）增加就业机会。

作为市场经济的必然产物，会展经济所带来的多米诺效应在促进就业方面也同样具有积极意义，特别是它带动的大多是吸收就业人员较多的第三产业。据测算，在一些大城市，每增加1 000平方米的展览面积，就可以创造近百个就业机会。会展经济的发展为增加就业机会、吸纳闲置劳动力开辟了一条切实有效的渠道。以会展业发达的汉诺威为例，在汉诺威市的第三产业中，会展业就业人数占到2/3以上。2007年香港展览会议业协会会长朱裕伦也提到，展览业带动其他行业的招聘。朱裕伦解释，虽然在展览业提供的58 500

个全职职位中，由业界直接聘用的只占4％，但展览活动却为其他服务及支援行业带来56 000多个全职职位。

（3）提升举办地的知名度。

会展是一种具有独特传播功能的综合性传播媒介，不仅可以通过信息的交流与传播协助企业了解市场行情、把握市场动态，而且可以通过其放大效应，展现所在城市和区域的优势与形象。通过各种会展活动举办，能够使国内外会展参与者了解举办地各方面的情况，并亲身体验当地的社会风貌、文化特色和文明素质，从而提高当地的国际国内知名度和美誉度，扩大影响。

因此，对于会展举办城市来说，举办会展是其对外宣传和展示该地区经济社会发展水平的一个窗口。一个成功的展会，不仅可以多方面迅速提升城市知名度和城市形象，进一步拓宽其对外开放和招商引资的力度，还可以增强城市对周边地区或区域产业经济圈的经济辐射力和影响力。不少城市因展而兴，因会而旺（图9.3）。

图9.3　市民展示博鳌老照片，昔日的小渔村现在高楼林立

【更多彩图】

（图片来源：http://news.hainan.net/newshtml08/2011w4r15/7522550.htm，2011-04-15.）

知识链接 9—3

博鳌16年　昔日海南小渔村享誉世界

自2001年以来，在论坛巨大影响力的带动下，博鳌，这个昔日宁静的小渔村已经成为中外知名的商务会展中心、旅游度假目的地，每年吸引着数百万游客前来休闲度假。

时任博鳌镇委书记吴恩泽说，博鳌亚洲论坛在这里落户，使琼海市辖下的博鳌一夜成名。如今，这个总面积仅86平方千米的南海小镇吸引了亚洲乃至全世界的目光，博鳌一地平均每天接待中外游客达到约6 000人次。

"毫无疑问，论坛改变了博鳌人的生活。"博鳌人王连第感慨，20世纪末博鳌开发之前，只有一条街道，大家或种田或捕鱼。论坛落户博鳌后，人们开始开餐馆、宾馆和咖啡店，制售旅游商品，生活开始和"旅游"紧密结合起来。为适应不断增长的会议接待需要，博鳌地区全力推进博鳌国宾馆、博鳌亚洲论坛东屿岛大酒店、博鳌亚洲论坛新闻中心、博鳌机场等重点项目改造扩建。

在琼海人看来，博鳌天然的美景，注定了它必定成为一个有吸引力的地方。流经琼海

的万泉河、九曲江和龙滚河在博鳌汇流入海，为她赢得"鳌"之美名。在博鳌亚洲论坛的带动下，每年有近400场会议在博鳌召开，逐渐发展起来的会展经济，已成为海南国际旅游岛建设的重要内容。海南品牌、知名度和美誉度因博鳌而大大提升。

（资料来源：http://finance.sina.com.cn/roll/20100419/08483289618.shtml，2010-04-19.）

（4）会展经济扩大国际交流。

由于国际性展会对贸易的巨大推动作用，会展促进国际交流与合作的功能是显而易见的。我国举办的一些国际品牌展被誉为"不出国的国外考察，不花钱的技术引进"。每次展会期间均有高峰论坛类的学术交流会和行业发展趋势分析会与之相配套，国内外知名专家济济一堂，交流自己的最新科研成果和独到见解。

会展作为一个非常有效的现代国际交流的互动平台，它促使各国或地区积极参与国际分工与合作，尤其是国际性会展，不仅可以促进产品和生产要素实现国际交换和交易，还促使国内企业就技术、管理、营销和未来发展战略等问题与国际同行展开国际交流与对话。例如，法兰克福国际消费品展是全球消费品行业内最具影响力的国际性展览会之一，它引领着当今世界消费品类展览的最新潮流，是企业成功进入国际市场的重要贸易渠道。2017年，来自94个国家的4 460家公司在展览会上展示了他们的产品，一共有来自154个国家的140 963位参展观众参加了本次展会，其中54%的观众为国外观众。显然，参加该展览不仅能结识全世界最专业的买家，而且可以接触到最新产品潮流。

（5）会展经济推动科技进步。

会展活动具有很强的时代特征。从某种意义上说，会展经济是一种时尚经济、潮流经济。最新的科研成果和最新开发的产品在此展示和交流，新材料和新工艺在展会中得到最先应用。

会展活动带有很强的学习性和教育性，因此，经常举办大型会展的城市可以从办展过程中获得最新的科技动向，而世界一流展会也往往选择在科技领先、经济发达或经济发展潜力巨大的城市举办。

知识链接 9—4

拉斯维加斯会展业实现两位数增长

2015年，拉斯维加斯游客访问量再创新高，接待4 230万人次，同比增长2.9%。据拉斯维加斯会展和观光局2015年年终统计报告显示，会展游客增幅13.4%，是游客访问量增长的首要驱动因素。报告同时指出，会展行业的发展不仅有助于客房均价稳定，还带动了旅游淡季时拉斯维加斯旅游业的发展。

在2015第48届国际消费类电子产品展览会（International Consumer Electronics，CES）上，共有来自150个国家的3 200多家展商参加，20 000多个新产品在展会上推出，展出净面积19万平方米，展览总面积为38万平方米，观众超过15.3万人次，其中国外观众达3.4万人次，5 000家媒体报道此次盛会，共举办41场主旨演讲，200场学术研讨会，同期颁发了年度创新产品奖。其中Microsoft、IBM、Intel、MOTO、索尼、松下、三洋、夏普、先锋、东芝、飞利浦及中国的海尔、海信、康佳、联想等百余家国际大型知名企业参展。中国企业占参展总数的1/6，CES展正在成为彰显中国企业实力的国际舞台。

"拉斯维加斯旅游业尤其是会展业的持续发展和壮大非常令人振奋。"拉斯维加斯会展和观光局总裁兼首席执行官罗西·瑞内考特（Rossi Ralenkotter）表示，"作为世界著名的旅游胜地，我们期待在这种迅猛发展势头的基础上继续努力，确保为游客提供世界一流且令人满意的旅游设施和服务。"

凭借卓越的会展设施和服务，拉斯维加斯吸引全球各界人士前来参加商务活动、会议和会展。会展业给当地带来6.65万个就业岗位，创造了27亿美元的工资收入，给当地带来了多达93亿美元的经济效益。

拉斯维加斯会展中心对当地会展和会议业的发展起了重大作用，吸引接待了22%前往内华达州南部地区的会展游客，为当地直接创造了9 400个工作岗位和3.79亿美元工资收入。2015年，该中心举办活动达49场，参会人员达130万人次，为该年度经济产出贡献了21亿美元。

拉斯维加斯拥有1 100万平方英尺的会展场地，去年共举办2.2万场会议、会展和贸易展，连续21年来被评为北美首选贸易展举办地。北美250场大型展会中，有60场在拉斯维加斯举办。

旅游业是内华达州南部地区的重要经济支柱，总计经济产出约520亿美元，为当地创造36.89万个就业岗位和149亿美元工资收入，就业人口占内华达州南部地区全部人口的41%。

拉斯维加斯会展和观光局研究中心去年推出多个研究项目，旨在更好地了解拉斯维加斯的游客，指导相关组织制定全面的营销策略。科研项目包括旅游和会展指数月度年度总结、追踪游客人口结构与行为的年度分析，以及国内国际旅游趋势等。

从更广的意义来看，会展业不仅可以充分利用旅游业的各项基础设施，而且对其他行业的带动能力很强，对整个城市经济发展具有带动作用。目前，拉斯维加斯会展业已与传统的博彩业和旅游业并驾齐驱，成长为经济支柱性产业。

（资料来源：http://jiangsu.china.com.cn/html/Travel/tour/4749021_1.html，2016-03-14.）

3. 会展经济对企业发展的效应

会展能够帮助企业降低营销成本，拓展营销渠道。会展活动针对性和直观性强，企业可在很短的时间里与专业客户或对产品感兴趣的目标客户面对面直接沟通或建立联系。而在会展以外的场合完成同样量的销售宣传任务，则要花费几倍于此的时间和精力。根据巴黎大区工商会的一份研究报告，2015年参加展会的21万家企业共签署合作协议1 770万份，涉及营业额305亿欧元。报告还显示，企业参加展会获得的收入是其所投入资金的8倍。

除传统宣传广告外，企业参展，通过展位设计布置、现代化手段的展示、图片、文字资料的印发、新闻发布会、产品推介会和客商联谊会等活动，更能全面展示企业品牌、文化、实力和经营理念，能更好地塑造企业形象，提高知名度，从而为进一步发展积累有形与无形资产，增强竞争力。

此外，通过展会企业可收集有关竞争者、分销商和新老顾客相关信息；能迅速、准确

地了解国内外最新产品和发明的现状与行业发展趋势；了解主要竞争者经营业绩、发展潜力和竞争价值取向；明确本企业在行业中及竞争中所处的地位。

长兴县各企业奔赴会展抢订单

2013年11月初在广州举办的第114届中国进出口商品交易会（简称广交会）上，出现了85家长兴企业的身影，他们在115个展位上向客商推介长兴的产品。在此次会展上，长兴企业共接待来自100多个国家和地区的客商共计2 200人次，其中新客户占40%左右，累计达成意向性成交额约7 500万美元。

在市场竞争日益激烈的背景下，赴长兴县外参加各类会展成为长兴企业搜集市场新信息、展示新产品、提升销售额的重要手段。与此同时，长兴县内的各种会展活动也层出不穷，极大地刺激了本地消费市场。长兴会展经济可谓风生水起。

在2013年秋季的广交会上，除组织企业参展外，长兴县还和往年一样，组织有意向开展外贸业务的中小企业赴广交会观展，一方面引导企业通过专业会展搜集最新的行业资讯和产品信息，学习同行先进经验、做法，以此拓宽思路；另一方面，也是引导企业抓住观展契机，通过发放宣传资料、交换联系方式等结识外商，开拓更广阔的市场。鉴于广交会的重要性，长兴县政府和很多企业都将其视为开拓国际市场的一个良好平台。政府积极组织企业参展观展，参展企业纷纷展出自己的核心产品，吸引更多合作，开拓国际市场。

除了广交会之外，长兴县还积极组织企业参与境内外的综合性会展或专业性会展。县商务局外贸科的工作人员介绍，包括政府组织参加以及企业自发参展在内，长兴县的企业每年参加的各类境内外会展达100多个。国内会展有华东进出口商品交易会、中国广州国际家具博览会、中国国际家用纺织品及辅料博览会、中国—亚欧博览会、中国—东盟博览会等。而国际会展方面，长兴县企业主要参展的有巴拿马国际博览会、美国纽约家纺展、俄罗斯轻工纺织展、巴西圣保罗国际家庭用品及礼品博览会等。

会展有着强大的经济功能，如传递信息、调节供求、开拓市场、促进流通、调整结构等。在参与的过程中，长兴县企业都收益颇多，如有效促进企业扩大产能、优化产品、开拓市场。根据长兴县出口贸易结构，目前参展企业主要集中于纺织行业，另外还有新能源、户外装饰材料、汽配、机械等行业。

主营家纺业务的浙江思德宝纺织品有限公司近两年才开始做外贸。刚刚参加完广交会后不久，公司总经理张志华又来到县商务局外贸科，着手准备明年广交会上参展摊位的事宜。他说："今年参加广交会后，企业开拓国际市场有突破，为了进一步扩大外贸业务，正在提前为参展做准备。"

从事户外装饰材料生产销售的浙江元森态家具有限公司从2008年就开始参加会展了，每年参展6~7次。公司副总经理郭建勇认为，会展是与外界接触的平台，不仅能进一步巩固老客户，还能发展新客户，了解同行信息，更好地为企业将来的发展布局。

从2006年开始，浙江兴海能源科技有限公司主要前往欧洲国家参加一些电动自行车、电动汽车展会，以此推广自己的锂电池产品。除了展示企业形象，加强与客户的沟通，企业还能更详细地了解锂电行业的动态和方向。

会展对长兴县经济发展带来最直接的成效，就是有力地带动了出口贸易。据粗略估算，长兴县一半以上的出口贸易额都是由会展直接带动的。

（资料来源：http://cxnews.zjol.com.cn/cxnews/system/2013/12/10/017422699.shtml，2013-12-10.）

9.2 中国会展经济发展现状与策略

9.2.1 中国五大会展经济带

加入WTO扫除了我国进入世界经济体系的制度障碍，加速了我国融入世界经济体系的进程。世界经济一体化和中国加入世贸的契机，让中国经济步入了一个快速增长期。近三十年的发展使中国会展业成为都市型服务业，在一些经济水平较高、基础设施完善和第三产业发达的城市迅速崛起，分别形成以北京、上海、广州、大连、成都、西安和昆明等为会展中心城市的环渤海会展经济带、长三角会展经济带、珠三角会展经济带、东北会展经济带及中西部会展经济带五大会展经济产业带框架。

1. 以北京为中心的环渤海会展经济带

环渤海会展经济带以北京为中心，包括天津，山东省的青岛、济南、烟台、潍坊和威海，河北省的石家庄、唐山和廊坊等会展城市。

北京作为中国的首都，作为中国的政治、经济和文化中心，发展会展经济具有得天独厚的优势，当属我国会展中心城市之列。就会展经济发展实力和知名度来看，目前除上海之外，其他城市无法与北京相提并论，因此北京当属环渤海会展经济带的核心城市。天津作为北京的门户，也是国际现代化港口城市，处于环渤海经济中心，具有与北京毗邻的区位优势。青岛也是著名的海滨度假城市，青岛港是中国黄河流域和环太平洋西岸重要的国际贸易口岸和海上运输枢纽，位居我国五大外贸口岸的第2位；2008年奥运会帆船帆板赛进一步提升了青岛的城市品牌影响力；青岛也是全国著名的"中国品牌之都"，具有青岛啤酒、海尔、海信和双星等品牌经济优势，品牌展会主题特色鲜明；青岛会展具有明显的资源优势、区位优势和经济优势。廊坊市会展经济经过几年的培育已经初具规模，2007年，共举办各类大型展会86个，超额完成45个重点展会的目标任务，同比增长30%。

该会展经济产业带中的核心区域——京津地区是世界上6个绝无仅有的在直径不足100千米的地域内集中了两个超大型城市的区域，拥有各类科研院所近千所，高等院校近百所，科技人员150余万人，是全国知识最密集、科技实力最强的区域。随着2008年北京奥运会的成功举办，2014年北京怀柔APEC会议的成功召开，北京将继续带动周边会展城市的发展，而且其辐射范围、影响力将进一步扩大。

该区域会展业发展早、规模大、数量多，专业化、国际化程度高，门类齐全，知名品牌展会集中，辐射广。知名展会包括中国北京国际科技产业博览会（以下简称科博会）、中国国际重型机械工业装备展览会、北京国际汽车展览会（简称北京车展）、天津夏季达沃斯论坛等。

知识链接 9—6

中国北京国际科技产业博览会

中国北京国际科技产业博览会简称科博会,是经国务院批准,科技部、商务部、教育部、信息产业部、中国贸促会、国家知识产权局和北京市政府共同主办,北京市贸促会承办,每年五月定期在北京举办的国家级高新技术产业国际交流与合作的盛会,是北京市每年举办的最为重要的品牌会展活动之一。

科博会创办于1998年,当时定名为"中国北京高新技术产业国际周",从2002年第五届起正式更名为"中国北京国际科技产业博览会"。经过精心策划,科博会以其庞大的会展规模、丰富的内容、广泛的国际、国内参与度和所取得的丰硕成果,在国内外高新技术产业及相关产业产生了强烈的反响,已成为中国进行国际科技经贸交流与合作的重要平台。

2017年6月8日—10日,为期三天的第二十届科博会(图9.4)成功举办,共有20余万人次参加各项活动。3天接待观众14万多人次;13场项目推介交易活动吸引了国内外近5 100位客商踊跃参与;7场论坛受到业界热捧,170位国内外知名人士登台演讲,听众4 600多人次。来自6个国际组织、51个国家和地区的境外代表团组和29个省区市代表团参展参会。

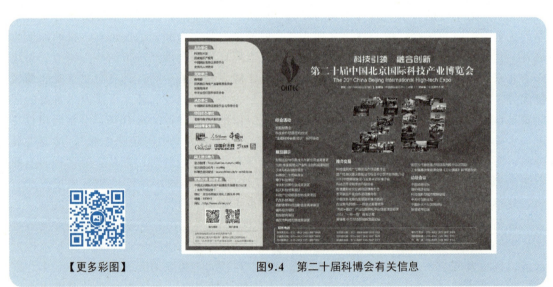

图9.4 第二十届科博会有关信息

据不完全统计,第二十届科博会期间签署技术交易、产业合作项目82个,总金额733.26亿元人民币。与往届相比,签约项目呈现四个特点:一是突出高精尖产业结构特点。九天微星全球共享卫星星座计划项目等一批航空航天、新一代信息技术、新材料、生物技术等项目签约金额495亿元,占总签约金额的67.5%。二是助力京津冀协同发展。本届科博会有天津东疆保税港区项目、河北沧州渤海新区项目、河北隆化县农业合作项目等多个京津冀项目,占总签约数量的12.4%,同比增长明显。三是积极疏解非首都功能和破解"大城市病",项目签约额超过50亿元。本届科博会有多个项目积极疏解非首都功能,多家北京公司在河北建设厂房、物流基地；同时，有多个智慧城市、智慧交通、新能源汽车、氢能燃料项目，积极破解"大城市病"。四是科技惠民项目占比突出。金鲁班全民健康医疗项目、老城区改造、青藏高原牦牛物联网及爱心认养等项目等突出服务民生、科技惠民特点，总签约额208亿元，占比28.4%。

（资料来源：根据相关资料整理）

2. 以上海为中心的长三角会展经济带

长三角会展经济带以上海为龙头，包括南京、苏州、南通和合肥，浙江的宁波、温州、义乌和杭州等会展城市。

长江三角洲区域经济的龙头——上海的会展经济整体实力在全国居于前列，与北京不相上下。据统计，2016年上海市贸促会系统共举办国内自办展项目20个，展出面积共计88.3万平方米，自办展观众总数74万人。全年共完成境外参展面积10 288平方米，境外展位数1 124个，其中参展企业859家，参加境外展参展人数达1 602人次。南京正借助自身的科教、产业特色，将会展产业向专业化、国际化、规模化方向拓展。2016年南京共举办大中型会议和展览项目2 880个，同比增长8.3%；2016年国际会议与大会协会（ICCA）发布全球会议目的地城市排行榜，南京位列中国（内地）城市排名第4位。杭州借2016年G20峰会的机遇，成为举办国际会议的重要城市。

就目前中国几个经济区域的经济发展状况来看，以上海、南京、杭州、宁波和苏州为代表的长江三角洲城市群，汇聚了中国6%的人口和近20%的国内生产总值，堪称中国经济、科技和文化最发达的地区之一。

长江三角洲这个区域发展会展业的优势有：①产业优势，宁波、苏州和杭州外向型经济比较明显；②社会经济总体发展的趋势。依托于产业，但是也不局限于产业。江浙两省在全国发展处于领先的地位，社会发展总体水平比较靠前，这些对会展经济的发展也会有很大帮助。

长三角会展经济带起点高、政府支持力度大、规划布局合理、贸易色彩浓厚，受区位优势、产业结构影响大，发展潜力巨大。目前影响较大的展会有：中国国际工业博览会（简称工博会）、中国华东进出口商品交易会（简称华交会）、杭州的西博会、苏州的电子信息博览会（简称电博会）、常州的中国国际中小企业博览会（简称中博会）以及宁波的中国国际旅游商品博览会（简称旅博会）等。

专家认为，因该区域城市大部分都是沿海城市，经济国际化程度比较高，适合发展各种形式的以经济为主题的会议和展览。宁波、温州制造业展会的定位，杭州休闲、会议和旅游三位一体的定位，苏州外贸、外资类展会的定位，各会展城市的定位明确，各城市之间冲突性不大。

知识链接 9-7

中国华东进出口商品交易会

中国华东进出口商品交易会（East China Fair），简称"华交会"，是由商务部支持，上海市、江苏省、浙江省、安徽省、福建省、江西省、山东省、南京市和宁波市9省市联合主办，每年3月在上海举行，是中国规模最大、客商最多、辐射面最广和成交额最高的区域性国际经贸盛会。首届交易会于1991年举办。

2017年3月1日—5日在上海新国际博览中心举行的27届华交会，展览面积达12.09万平方米，展位总数5 679个，14个交易团共组织3 900多家企业参展。本届华交会到会境外客商22 140人，来自110个国家和地区。亚洲客商占80.14%，比上届增长2.77%。日、美、韩仍居成交对象前三位。对欧美成交7.67亿美元，增长2.5%；对大洋洲成交0.4亿美元，增长0.55%；对非洲成交0.44亿美元，增长20.5%。本届华交会累计成交23.17亿美元，比上届增0.28%。

（资料来源：http://sh.eastday.com/m/20170305/u1ai10396568.html，2017－03－05.）

3. 以广州为中心的珠三角会展经济带

珠三角会展经济带以广州为中心，包括广东省的深圳、东莞、顺德、珠海和中山，福建省的福州、厦门等会展城市，以及香港、澳门两个特别行政区。

首先，珠江三角洲—华南地区发展会展经济具有强大的产业支撑。目前，珠江三角洲地区一些新的中心城市，如深圳、东莞、顺德等城市因其经济的发展已率先成为我国重要的电子信息、生物技术、光机电一体化和新材料等领域的高新技术产业群。主要发达的产业有钟表、玩具、建材、家用电器、石油化工、医药制品、化工制品、纺织服装、食品制造、电子通信、信息产业和高新技术产业等，其中尤以有"东莞停工，世界缺货"一说的东莞"三来一补"加工中心，顺德的家电业、中山的灯饰和服装、佛山的陶瓷业最为著名。这些发达的产业为华南地区展览市场提供了丰富的项目资源，使其适合发展具有地方产业特色的专业会展。

其次，具有与我国香港特别行政区毗邻的区位优势。众所周知，香港是著名的"国际会展之都"，在举办会展方面有着丰富的国际经验。珠江三角洲的城市，如深圳、东莞可以与香港合作，提升会展层次，迈向国际市场。

目前，以广交会为助推器，以广交会和中国国际高新技术成果交易会（以下简称高交会）为龙头，该经济带形成了国际化和现代化程度高、会展产业结构特色突出、会展地域及产业分布密集的会展经济带。

整体而言，"珠江三角洲—华南会展经济产业带"中的各城市依据自身特色开发各类展会，将形成多层次、相互补充的会展市场结构：广州作为华南会展业的中心城市，以继续举办广交会这样大型的综合性的展览为主，以"规模大、参展商多"见长；深圳以举办高科技专业展会为主；其他珠三角各城市依托特色产业，举办具有浓厚的产业色彩的展会，如虎门的服装节、东莞的民博会等；而海南三亚和博鳌以大型论坛和研讨会为主，南宁和桂林以专业会展为主，突出"小而精"为特色。

知识链接 9—8

深圳高交会

深圳高交会是广交会（广州）、中国投资贸易洽谈会（厦门）之后，在深圳特区诞生的又一个国家级交易盛会——中国国际高新技术成果交易会，简称深圳高交会。

深圳高交会经中华人民共和国国务院批准，由外经贸部、科技部、信息产业部、中国科学院、深圳市人民政府联合主办。它于每年秋季在中国广东省深圳市举办。首届高交会于1999年10月5日—10日举行，高交会集成果交易、产品展示、高层论坛、项目招商和合作交流于一体，是中国最大规模、最具影响力的大型科技类展会，有"中国科技第一展"之称。

2017年11月21日，第十九届中国国际高新技术成果交易会（以下简称"本届高交会"）在深圳闭幕。本届高交会展会总面积达12万平方米，49个外国团组参加了本届高交会，共计3 049家展商参展，来自102个国家和地区的59.2万人次观众参观了主会场和分会场。本届高交会共有1 704项新产品和539项新技术首次亮相，占展览项目总量的22.4%，63家企业举办了专门的新产品新技术发布活动。展会还首次提供手机端VR（虚拟现实）观展服务，对现场展位及展品进行全景拍摄和展示。此外，本届高交会展示的高新技术项目达10 020项，涵盖了物联网、智能制造、人工智能、节能环保、AR（增强现实）/VR等领域。5G技术、3D分拣系统、分布式存储系统、中国量子通信等一系列全球领先的科技产品也在会上展出。为加快创新成果转化，本届高交会还搭建政策研讨、学术对话、技术合作等平台，举办了各种高层次论坛、专业技术论坛、行业沙龙等共252项。

（资料来源：http://www.edu.cn/rd/zui_jin_geng_xin/201711/t20171122_1568663.shtml，2017-11-22.）

4. 以大连为中心的东北会展经济带

东北会展经济带以大连为中心，以沈阳、长春、哈尔滨、吉林等城市为重点。

大连作为港口城市具有较强的经济优势和区位优势，大连以其会展旅游业的发展确立了东北会展中心城市的地位，以大连服装节为代表的大连会展业步入了一个成熟期。沈阳作为东北重要的交通枢纽，举办了像中国国际装备制造业博览会等一大批品牌展会。目前，中国（长春）国际汽车博览会已成为与北京、上海车展齐名的三大车展之一。中国吉林·东北亚投资贸易博览会以打造中国北方第一展会并逐步办成中国乃至世界精品展会为目标，现已成为中国构建与东北亚国家经贸交流的长期合作平台。哈尔滨的会展以体育赛事、边贸的交易会、哈尔滨冰雪节等为特色，而在滑雪胜地亚布力小镇举办的亚布力中国企业家论坛则声名远播。

东北地区与中国其他经济区域相比，最大的优势就是与俄罗斯、朝鲜等国相邻，边境贸易具有相当大的发展潜力，几大城市利用自身的特色产业开发对俄、对韩经贸类展会，培育地区特色的会展经济，效果也越来越明显。

在中央提出"振兴东北老工业基地"的口号，进行老工业基地改造和振兴这一大的背景下，东北会展经济的发展具有十分有利的条件，特别是通过联盟的桥梁和纽带作用，可以帮助四市乘上振兴东北这趟"特快列车"，使会展经济以超常规的速度前进。

东北地区这几大城市可以利用自身的特色产业开发对俄、对韩经贸类展会，培育地区特色的会展经济。在该会展经济产业带中，大连会展业虽然与北京、上海无法相比，但因其作为港口城市具有较强的经济优势和区位优势，可列为中国二级会展中心城市。黑龙江、吉林、辽宁三省的省会城市哈尔滨、长春、沈阳应通过依托当地产业特色，重点开展对外贸易洽谈会和体现地方产业特色的专业展览会。

5. 中西部会展经济带

中西部会展经济带以郑州、成都、昆明等城市为中心，以武汉、重庆、西安等城市为重点。

该区域与长三角、珠三角地区不同,不是以谁为龙头,形成集群效应会展经济产业带,而是要突出个性,培育地区特色展会。例如,中部的郑州,因其具有得天独厚的区位优势,能够使大批货物大进大出、快进快出,使广大客商既节约时间,又节约费用。因此,郑州会展业的发展主要依托这一优势,举办了不少大型机械、建材和农产品等物流量大的会展。

在西部地区,作为中国西部特大中心城市的成都,是西南地区的"三中心、两枢纽",具有较强的地缘优势,其城市的辐射功能较强,对中国西部大市场的培育与发展有着举足轻重的影响。因此,成都根据其经济、环境等特色,形成节、会、展相结合的会展经济发展模式,四川国际熊猫节、春季全国糖酒商品交易会等节会的影响力和知名度也越来越高。成都加州集团投资20亿打造的天堂九寨会议度假中心也借"东方达沃斯"之称名震全国。

昆明以展会、旅游、休闲城市的优势造就了世界花卉博览会(以下简称花博会)、中国昆明进出口商品交易会(以下简称昆交会)等一批品牌展会。西安市是我国著名的历史名城,历史、文化和旅游资源丰厚。

目前该区域的品牌展会有:成都的西部国际博览会(以下简称西博会)、四川国际熊猫节、春季全国糖酒商品交易会(以下简称糖酒会)、重庆的中国重庆高新技术交易会(以下简称高交会)和西安的中国东西部合作与投资贸易洽谈会(以下简称西洽会)等。此外,广西、云南等地的会展经济的发展也是如火如荼,从广西东盟博览会到云南旅交会、昆交会都在业内有不同的反响。

专家认为,该区域应打造与产业关联度高展会,一方面,加强基础设施建设,形成对会展业强有力的支撑,同时,增强市场服务和竞争意识;另一方面,依据中西部地区在重工业、能源、旅游业、农牧业、种植业和吸引外来投资等方面的优势,发展与产业结构关联度高的专业展览会,并努力向国际化、规模化方向发展。就整体利益而言,各地区完全可以通过挖掘本地的资源优势,制订科学的、侧重点不同的会展经济发展规划,避免恶性竞争。

9.2.2 中国会展经济发展现状

中国会展业与改革开放同步发展,是改革开放为中国会展业注入了生机和活力,使之以年均近20%的速度递增并在短短20年中成长为一个新兴产业。会展业在贸易往来、技术交流、信息沟通和经济合作诸方面发挥着日益重要的作用,在中国经济舞台上扮演着越来越重要的角色。

会展经济发展迅速,已经成为我国经济发展的新的增长点和新亮点。《2016中国会展经济发展报告》显示,中国会展经济继续蓬勃发展。从全国展览会数量来看,2015年全年国内共有展览会9 283个,比2014年的8 009场增长15.9%。按可比口径测算,2015年,全国展会经济直接产值达4 803.1亿元人民币,比2014年的4 183.5亿元人民币增长14.8%;展览业增加值增速高于当年国内生产总值(GDP)6.9%的增速,也高于服务业增加值8.3%的增速。2015年,被调研城市(含595个省市及县级市)室内面积达1 210.19万平方米,其中已建展馆286个,展馆总面积892.89万平方米;在建展馆22个,总面积239.1万平方米;待建展馆6个,总面积78.2万平方米。2011—2015年,中国可使用的展出面积增加了 29%。无论增长速度,还是可利用展出面积,中国已经成为名副其实的展览场馆建设大国。

各地经营会展的公司和一些旅游行政管理部门纷纷加入相关的国际会展组织。为进一步推进中国会议市场发展,吸引、招徕更多的国际大会和协会会议来华举办,上海市旅游局联手北京市旅游发展委员会以及国内其他 ICCA 会员单位,于 2010 年 9 月 21 日成立了 ICCA 中国委员会,并设规划工作组,负责委员会工作目标的具体执行。截至 2017 年 5 月,我国有 48 家单位加入 ICCA 组织。不少展览会获得了国际展览业协会的 UFI 认证。

知识链接 9—9

UFI 是什么?怎样加入 UFI?

一、UFI 的基本特点

(1) 国际展览业协会(UFI)是展览业界唯一的全球化组织,英文名称为 The Global Association of the Exhibition Industry,旧称 Union des Foires Internationales,简称 UFI。1925 年 4 月在意大利米兰成立,协会原名翻译为"国际博览会联盟"。2003 年 10 月改为现名,总部在法国巴黎。

(2) 会员包括贸易展览会组织者、展览和会议场馆、专业展览协会以及展览业的合作伙伴。其宗旨是提高贸易展览会的组织水平,为会员提供信息,加强国际合作和交流,统计和收集全球展览信息,提供对会员和非会员的专业培训,定期发布全球展览业晴雨表及其他调查报告。

(3) 截至 2015 年 6 月,UFI 的会员数量达到 659 个,遍布在全球 85 个国家。全球每年有超过 5 000 个展会是由 UFI 会员主办的。经过 UFI 认证的项目有 936 个。UFI 在全球有四个办事处,欧洲办事处——巴黎,亚太办事处——中国香港,中东及非洲办事处——科威特,拉美办事处——哥伦比亚。

(4) UFI 的会员结构是:纯展览会主办机构占 52%(329 家);既有主办业务,又有场馆管理者的占 20%(127 家);纯展览场馆管理者占 12.5%(79 家);各国地区协会占 8.2%(52 个);展览服务机构占 7.3%(46 家)。

(5) UFI 会员数量前十位的国家地区是:中国(87 个);德国(54 个);俄罗斯(37 个);土耳其(32 个);法国(32 个);意大利(27 个);美国(27 个);印度(23 个);英国(21 个);韩国(19 个)。

(6) UFI 十分重视为会员提供多方位的服务,主要内容有:①信息提供;②专业咨询;③数据统计;④研究报告;⑤市场推广;⑥教育培训;⑦行业标准;⑧对接沟通。

(7) 研究报告:展览行业重要数据;全球展览业晴雨表;亚洲展览业报告;欧洲展览业报告;中美洲展览业报告;中东非洲地区展览业报告;Delphi 数据统计分析。

(8) 官网:设立会员区和非会员区;调研报告;在线教育;数据查询;行业资讯;活动信息;等等。

(9) 教育培训:展览管理学位课程(EMD);暑期大学;教育中心;网络研讨会;在线课程。

（10）UFI会议：每年一次会员大会，2015年在意大利米兰召开，2016年在上海召开；UFI每年还有一次CEO Forum；各个地区还有公开研讨会。

（11）UFI专业委员会：教育专业委员会；信息技术专业委员会；市场推广专业委员会；运营专业委员会；可持续发展专业委员会。

（12）亚洲的UFI会员共有228个，认证的展会有205个，分别占总数的34%和22%。大中华区域的会员有116个（中国大陆有87个，香港18个，澳门3个，台湾地区8个）。中国大陆的会员有87个，认证的展会有72个，分布于18个城市。

（13）UFI认证的中国大陆项目情况：2000年之前有3个；2000—2005年有15个；2006—2010年有27个；2011—2014年有27个，2015年有5个项目被认证。在中国大陆认证的72个项目中，本土公司举办的有55个，外资公司举办的有17个。

（14）UFI认证的中国项目分布情况为：上海20个，北京17个，深圳11个，广州8个，天津3个，宁波、东莞、义乌、乌鲁木齐各2个，唐山1个；B2B的占67%，B2C的占33%。

（15）UFI的价值：

评分结果为7.1分（1分为没有价值，10分为最大价值）；

会员对UFI的重要性排序：①关系 ②信息 ③推广 ④其他。

会员期望值的匹配度：很好22.2%；好68.6%；不好8%；差1%。

二、UFI会员的申请程序

（1）展览会主办者会员：

三封UFI会员的推荐信（一封国内会员，一封国际会员，一封协会会员）。

展览会相关文件：会刊、展位图等。

至少一个获得UFI认证的展览项目，该展至少举办两届，有经UFI认可的第三方审计机构出具的审计报告，该展会是国际性展会，国外展商占10%，国外专业观众占5%。

（2）展览场馆会员：

三封UFI会员推荐信。

展览场馆的相关文件：展览设施的相关资料和图片介绍，为参展商和观众提供的服务内容，曾经举办过的展会名单。

（3）会费标准：

展览主办者：根据认证项目的净面积算，每年缴纳一次。

展览场馆：根据场馆的毛面积计算，每年缴纳一次。

既是主办者又是场馆：每次费用酌情减少。

一次性入会费用：1 000欧元（既是主办者又是场馆的为1 500欧元）。

三、专访陈先进

陈先进，英国工商管理硕士，拥有高级国际商务师职称。从1984年至今的30年间，主要从事国际展览业，并身兼多个会展专业组织职务。目前，他担任上海市会展行业协会会长、国际展览业协会名誉主席等职务。

问：美国也是个展览大国，为何UFI的认证少于中国，或者就市场来说为何中国是UFI的认证大国？

答：第一，美国加入UFI的会员并不是很多，全美只有27个会员。第二，UFI在历史上是偏重于欧洲的国际组织。第三，美国本身有个 IAEE 的协会，这个协会不对展会进行认证，但是对展会质量有一定要求。

问：第三方评估需要收费吗？

答：第三方评估公司要经过 UFI 认可，目前在中国进行第三方评估的公司有好几家，有中资和外资的。收费是肯定的，标准是有差别的。根据展会规模的大小，观众参展商人数的多少，国际和国内的公司等，还是有差别的，这需要届时洽谈和确定。

（资料来源：http://www.ztcec.org/article/305.html，2015-09-23.）

9.2.3 中国会展经济存在的问题

1. 会展业的发展缺乏统筹规划与宏观调控

具有何种资质的企业才可以办展，参展商需符合什么行业标准才能入场，目前这些都没有具体规定，通常只要交钱就可以参加，结果鱼龙混杂，影响了展会的整体质量。我国目前的管理体制难以适应市场化、产业化要求。我国现行的行政审批体制存在着许多弊端，特别是多头审批，使得主管部门实际上是"只批不管"或"重批轻管"，造成多头办展、重复办展的不良后果。与管理体制相关的是管理法规问题，目前没有统一的展览管理法规。这就使我国会展业缺乏权威、广泛和有效的行业规范和自律，从而导致展览资源的分散浪费、行业秩序的杂乱无章。

2. 我国会展企业专业化水平尚显不足

社会科学文献出版社出版的《会展经济蓝皮书：中国会展经济发展报告（2011）》显示，我国会展企业专业化水平尚显不足。

蓝皮书分析认为，在国际享有高知名度和广影响力的展会往往具有较高的经营管理和服务水平，便于突出自己的专业特色，因而能够代表商品的发展趋势，拥有一种文化导向作用。然而需要指出的是，多数会展企业专业化水平尚显不足。由于缺乏有效的宏观调控和行业自律，多次出现举办主题雷同的展会现象，这一现象在 2010 年并没有很大改观。比如，汽车用品展、家具展和茶叶展等较热门的展览，经常是两三个同类展览同期举行，精力有限的参展商和参观者普遍感到疲于奔命。虽然同期举办展览，由于竞争的原因可以降低参展费用，但是对于参展企业来说也分散了资源，每个展会的效果都大打折扣，令现场下单率大大减少，也不利于展会品牌的培育。

3. 会展业从业人员的专业技能和管理水平有较大欠缺

无论是展览组织者、管理者、施工人员还是为展览提供其他服务的人员的素质，总体来看不是很高，这些专业组织者对于会展经济的信息掌握不充分，不懂得将会展活动与旅游和其他服务性行业结合起来进行，往往亲自安排会展过程中参展人员的食、住、行、游、购、娱等活动，这不仅降低了会展活动组织的效率，还会因为对旅游业和其他服务性行业的不熟悉而降低参展人员在会展活动中对举办地的满意程度，影响会展活动的效果。同时，展览业发展时间短造成了我国展览业信息不完整、展览理论研究缺乏使得展览从业人员应用高新技术的能力相对滞后。展览从业人员分工不明确，大多数人没有自己的专长，这种情况使得我国的展览业缺乏竞争力。

9.2.4 中国会展经济发展对策

1. 完善制度加强管理，成立并正确发挥协会组织的作用

加强制度建设，规范行业管理。完善的规章制度、管理条例和规范的管理是会展经济健康有序发展的重要保证，这一点已经为国外会展经济发展的经验所证明。虽然我国已出台了《在境内举办对外经济技术展览会管理办法（修订稿）》，对申办各种会展的管理做了一些规定，但这些措施已难以适应我国会展业的快速发展。我国的当务之急是尽快制定并完善相关的法律法规，明确会展市场的准入机制和主办主体的资质条件，使会展经济有法可依，有章可循，走上法制化的轨道。当前，应重点做好3方面的工作：①要抓紧制定会展业相关的法律法规，对会展业进行有效的监控和规范，使会展业有法可依。②要尽快成立全国会展业管理协会，加强行业自律和协调。会展业是一个组织化程度很高的基础性产业，需要协调和管理，而这种协调功能不是通过政府的行政手段来实现，而应借助行业管理协会，运用与市场经济相适应的协调、管理办法实现行业自身的约束机制。因此，成立全国性的会展管理协会迫在眉睫，其职责是制定行规，进行行业间的协调与管理，维护会员单位的合法权益，制止不正当竞争行为，为行业企业提供政策咨询和市场信息，进行专业技术培训指导，提高会展组织水平等，从而为会展业的健康发展提供有力的组织保证；③会展企业自身要不断完善内部管理制度，进一步优化会展环境。要加强对展馆秩序的管理，对违反规定者要给予通报，甚至取消参展资格；要加强对知识产权的保护、对展馆内出现的产品、商标等侵权行为，要严加查处，切实保护贸易商的合法权益。

2. 培育市场化的会展企业，走产业化之路

会展是市场交易的重要形式，会展经济的发展要求有市场化的经济主体。我们必须让会展经济的各方成为平等主体，各方都有权力在法律允许范围之内，根据自身的利益情况，自主决定在会展中的活动。因此，我们必须完善会展企业的经营机制，使其成为自主经营、自负盈亏的经济实体，只有这样它们才有足够的动力去办好会展，会展的信誉才有保障。展览公司必须依法登记并且走产业化发展之路；靠市场竞争发展壮大，并在竞争中进行跨地区的战略重组，展览公司之间通过兼并收购或联合来组建展览集团，跨部门提高企业竞争实力。各级政府和部门应摒弃地方或部门利益，鼓励展览公司之间的兼并，培育有竞争力的大型展览集团，鼓励这些集团公司进军国际市场，扩大经营服务范围，参与国内外会展业的竞争。

3. 加快人才培养，提高会展业人员的素质

加快人才培养，塑造一支熟悉会展业务、富有管理经验的专业队伍。会展专业人才缺乏是我国会展业必须正视的问题。要促进会展业快速与国际接轨，必须把加强会展业专业人才的培养作为会展经济发展的"重中之重"，采取有效的措施，争取在较短的时间内培养一批出色的会展人才。例如，选择一些有条件的大专院校开设会展专业，为会展业的持续发展培养和储备人才；组织相关人员到国外学习，学习国际会展业的新型管理、服务手段，关注网络会展的发展；组织会展从业人员培训班，对会展经理进行短期培训；等等。

第9章 会展经济

知识链接 9-10

奥运会直接经济效益超20亿美元　间接收益八大项

从 2001 年申办奥运成功，7 年多来，北京在人文、生态和生活环境等各方面都发生了巨大的变化。一度令人胆战心惊的沙尘暴得到治理，取而代之的是绿树和蓝天，环境得到明显改善，让北京普通老百姓实实在在体会到环境改善带来的好处。除此之外，据北京奥运经济研究会的专家初步计算，包括奥运营销、奥运商业推广、赞助商活动、广告、场馆建设、门票收入和转播权收入等，北京奥运经济内涵意义上的总收入大约为 20 亿美元。

1. 直接经济效益：超过 20 亿美元

相关资料显示，奥运会的收入主要来自四个方面：一是转播权出售的媒体收入，二是现场门票收入，三是来自各级赞助商的收入，四是标志衍生所产生的收入（如吉祥物和各种周边产品的开发）。

据程秀生副理事长介绍，本届奥运会主办城市北京可以直接从国际奥林匹克运动会（以下简称国际奥委会）拿到两笔主要收入：一是国际奥委会电视转播权总体收益的 49%。北京主办本届奥运会的 2005—2008 年周期里，国际奥委会的电视转播权总收入为 17.37 亿美元，北京所得大约为 8.51 亿美元；二是 TOP 计划（即奥运会合作伙伴计划）所有收益的 33%。TOP 计划总收入为 8.66 亿美元，北京所得约为 2.86 亿美元。第 29 届奥林匹克运动会组织委员会（以下简称北京奥组委）从国际奥委会拿到的收入就达到约 11.37 亿美元。此外，奥运会门票和纪念品也将为中国赚上一笔，其中门票预算收入约为 1.4 亿美元，而特许经营预算收入约 7 000 万美元；最后，加上中国政府的财政补贴、赛后物资的处理收益、个人与集体的捐赠等，北京奥组委的收入超过 20 亿美元没有问题。

"可以肯定地说，2008 年奥运会对北京的经济发展有明显推动作用。奥运会给北京乃至中国送来了巨大的经济蛋糕。"程秀生告诉《中国经济周刊》，目前，奥运会主办模式大体有两种类型：一是依靠民间力量举办的纯市场化商业模式，如洛杉矶奥运会；二是以政府统筹为主，结合运用市场开发模式。这种模式大多为成长型国家采用。中国采用的是第二种模式。一方面，政府对北京奥运会高度重视，从财力、物力、人力各方面给予大力支持；另一方面，通过奥组委进行市场开发，尽量发挥市场的提升效应。

数据显示，在奥运会筹备期间，奥运经济对北京经济增长贡献明显。国家统计局北京调查总队、北京市统计局国民经济核算处提供的报告显示，在 2005—2008 年的"奥运投入期"内，北京市 GDP 的年均增长速度将达到 11.8%，较"十五"期间提高 0.8%，其中 2007 年受奥运会影响，GDP 的拉动幅度增长最大，达到 1.14%，2008 年为 0.85%。2004—2008 年间，奥运因素共拉动北京 GDP 增加 1 055 亿元。

2. 间接收益：不仅仅是经济数字

奥运投入期间，业内人士也开始盘点奥运会带给中国的间接收益。

英国运动经济学教授克里斯·格拉顿（Chris Gladden）在 2008 年 6 月举办的"2008 奥运经济（北京）论坛"上表示，估计北京奥运会至少能够带来 60 亿美元的"赛后收益"；国家体育总局信息中心信息研究部副部长林显鹏用专业方法测算出，2003—2010 年，北京奥运会产生的总体经济影响将达到 717.06 亿美元，其中直接经济影响为 419.32

221

亿美元。如果算上旅游、商业、地产、建筑、交通、体育、科技信息和通信等因奥运会而受益的外延产业，2003—2010 年的 8 年间，北京奥运会所产生的总体经济影响达到 717.06 亿美元。

北京经济与社会发展研究所所长杨开忠在接受《中国经济周刊》采访时，则把奥运会带给中国的间接影响总结为八大收益。

(1) 经济增长。在奥运会筹备期间，北京的 GDP 增长了 1‰左右，但奥运会对北京的影响在奥运会后，仍然通过奥运会形成的各种资产进一步推动北京的经济发展。未来两三年内，可以明显看到由于奥运会资产发挥作用，北京及周边环渤海地区的文化、体育、会展和旅游等产业，迎来一个井喷期。

(2) 社会收益。通过举办奥运会，大大增强了我国各民族之间的凝聚力。

(3) 文化收益。通过举办奥运会，加深了全世界对我国的文化的认识。

(4) 科技奥运理念收益。奥运场馆的科技理念，可以进一步为我国建立创新型国家、创新型城市提供重要思路。

(5) 中国国际形象得到极大提升。

(6) 生态收益。通过举办绿色奥运，贯彻绿色奥运理念，改善了生态环境，增加绿化覆盖率，普通百姓的生态意识大大提高。

(7) 形成了一个跨层次（从中央到地方）、跨部门进行综合决策的体制和机制。为了主办奥运会，各级政府和部门进行跨地区合作，有效改善了我国长期以来各地存在的条块分割现象。

(8) 城市基础设施的改善和现代化进程的提速。

(资料来源：http://news.sohu.com/20080908/n259425293.shtml，2008 - 09 - 08.)

本章小结

会展经济是以会展业为基础，围绕会议、展览和节事等各种形式的会展活动，会展产业以及相关产业在为参与活动的个人或组织提供服务过程中所形成的各种经济活动和经济关系的总和。会展经济具有综合性、关联性和高效益性。

会展经济既能带来可观经济效益，又能带来广泛社会效益，促进国民经济和地区经济的发展。经过二十多年的发展，中国会展业基本上形成分别以北京、上海、广州、大连、成都、西安和昆明等为会展中心城市的环渤海会展经济带、长三角会展经济带、珠三角会展经济带、东北会展经济带以及中西部会展经济带五大会展经济产业带。

复习思考题

一、名词解释

会展经济

二、填空题

(1) 会展经济的特点有_____、_____和_____。

(2) 会展经济的效用包括_____、_____和_____。

（3）目前我国已经形成五大会展经济带分别为_____、_____、_____、_____以及_____。

三、简答题

（1）简析会展的社会效用。

（2）简述中国会展经济现状。

（3）列举各会展经济带知名展会。

四、讨论题

调查分析学校所在城市的各类展会是由哪些产业支撑的。

第 10 章　国内外会展业发展现状及趋势

学习目标与要求

1. 了解我国五大会展经济带；熟悉国内会展业发展特点。
2. 掌握国内会展业发展趋势。
3. 了解国外各大洲会展业发展现状；掌握国外会展业发展趋势。
4. 熟悉国内外知名展会、会展城市及会展企业；要求专业学生全面了解国内外会展业发展状况，宏观把握有关会展业的认识，并总结知名展会、会展城市及会展企业的经验。

导入案例

2017 杭州西博会（休博会）33 个项目成交额 106.5 亿元

2017 年 11 月 12 日，第十九届中国杭州西湖国际博览会（第三届世界休闲博览会）带着丰硕成果圆满闭幕。该年的西博览会和休博会是实现"两会合一"的一年，总共历时 24 天。本届西博会以"放大 G20 效应，打造国际会展之都赛事之城"为主题，休博会以"休闲——让生活更美好"为主题，共举办 33 个项目，实现贸易成交额 106.5 亿元，引进内资突破 100 亿元，引进外资突破 10 亿美元。

在本届大会中共举办了 20 个高端会议项目，此届的西博会（休博会）是更具"国际范儿"的一届，在会展项目国际化程度、国际项目数量和国际嘉宾邀请人数方面都有所提升。法国前总理德维尔潘出席杭州湾论坛并发表主旨演讲；英国《金融时报》亚太区总经理麦安琪等知名专家、企业代表应邀出席英国《金融时报》中国年度高峰论坛；世界休闲组织主席罗杰·科尔斯、世界休闲组织首席运营官克里斯汀·奥尔特加等 21 位世界休闲组织理事会成员出席世界休闲高峰论坛。此外，还有 40 多个"一带一路"沿线国家城市和 51 个国内著名休闲城市参加主题展，展会现场成交额达到 9 000 万元，意向订货额达 5.8 亿元。

其中的文博会受到市民热捧，共有 25.9 万人次参与文博会主会场展会及相关活动，比上一年增加 15.2%，共计完成签约项目 168 项，实际成交金额达 38.6 亿元，比 2016 年增加了 130%。文创类会展是使杭州成为全国文化创意中心建设的重点项目，本届大会中，文化创意产业博览会、工艺美术精品博览会、亚洲设计管理论坛等一系列文创会展类项目成果十分亮眼。

在中国（杭州）城市会展发展大会上，来自国际权威会展机构、国内外重点会展城市、知名会展企业、高等院校会展专业专家学者等汇聚一堂，探讨中国和杭州会展业发展的新理念和新趋势。杭州市在大会上获得"国际会展目的地示范城市"荣誉称号，打响了"要开会到杭州"的城市品牌。

第10章　国内外会展业发展现状及趋势

10.1　中国会展业发展现状及趋势

会展业是我国今后一段时间内最具有发展潜力的十大行业之一，被誉为21世纪的"朝阳产业"。会展业作为一个新兴行业，认清中国会展业的发展现状以及发展态势，了解最新的发展环境，有利于会展业做到趋利避害，实现持续快速健康发展。

10.1.1　中国会展业的发展现状

二十大报告指出，中国要"坚持经济全球化正确方向，推动贸易和投资自由化便利化，推进双边、区域和多边合作"。与世界上会展业发达的国家相比，尽管当代中国会展业的起步比较晚、起点比较低，但发展很快，近年来虽然受到全球金融危机的影响，但复苏发展迹象明显。从北京市会展业近年来的发展情况可见其趋势（表10-1）。在当前经济全球化趋势日趋加强的背景下，我国的会展业也逐渐专业化、国际化。在中国会展业进军中东沙特等新兴市场的同时，境外的许多展览企业也大举进入中国市场。随着中国会展业的快速发展，展会经济也成为经济发展中的一个亮点，尤其以北京、上海、广州、大连、成都五大会展城市最为活跃，形成了"环渤海会展经济带、长三角会展经济带、珠三角会展经济带、东北会展经济带以及中西部会展经济带"五个会展经济带。

表10-1　北京会展业发展情况

年份	会展活动总收入/亿元	国内会议收入/亿元	国际会议收入/亿元	展览收入/亿元	会议数量/万个	展览数量/个
2011	222.9	115.7	9.6	83.2	28.3	1 313
2012	247.2	125.6	9.3	102.7	31.3	956
2013	206.0	100.8	9.4	86.2	20.7	769
2014	210.3	96.6	10.3	92.5	20.4	733
2015	218.5	97.1	6.7	110.5	20.9	789
2016	232.6	102.2	7.4	116.5	21.0	867

（资料来源：历年北京市统计年鉴）

1. 区域会展业发展现状

（1）环渤海会展经济带。

环渤海（京津）会展经济带——以北京为中心，以天津、廊坊等城市为重点，其会展业发展早、规模大、数量多，专业化、国际化程度高，门类齐全，知名品牌展会集中，辐射广。

（2）长三角会展经济带。

长三角会展经济带——以上海为中心，以南京、杭州、宁波、苏州等城市为依托的会展产业带已经形成。该产业带起点高、政府支持力度大、规划布局合理、贸易色彩浓厚，受区位优势、产业结构影响大，发展潜力巨大。

（3）珠三角会展经济带。

珠三角会展经济带——以广州为中心，以广交会为助推器，以深圳、珠海、厦门、东莞等会展城市群为重点，形成了国际化和现代化程度高、会展产业结构特色突出、会展地域及产业分布密集的会展经济带。

（4）东北会展经济带。

东北会展经济带——以大连为中心，以沈阳、长春等城市为重点的会展经济带，依托东北工业基地的产业优势及东北亚的区位优势，形成了长春的中国国际汽车博览会（以下简称汽博会）、沈阳的中国国际装备制造业博览会（以下简称制博会）和大连的国际服装纺织品博览会（以下简称服博会）等品牌展会。

（5）中西部会展经济带。

中西部会展经济带——以成都为中心，以重庆、西安等城市为重点的会展经济带，通过不断发展，现已形成了成都的西博会、重庆的高交会、西安的西洽会等品牌展会。

2. 中国会展业发展特点

（1）展览项目持续增长，数量扩张明显。

中国会展业"起步晚，发展快"。我国1997年的展览项目数首次突破1 000个，到2001年突破2 000个，2002年超过3 000个，2005年为3 800个，2007年举办展览面积超5 000平方米的展览近4 000个。另据商务部发布的《2015年中国会展行业发展报告》显示，2009—2015年，我国举办的各类展览数量从4 290场上升到9 283场，年复合增长率达7.27%；展览面积从4 990万平方米上升到11 798万平方米，年复合增长率达11.11%。

就展览项目的国际比较而言，我国早已居亚洲第一、世界第二，项目数仅比美国少，已成为一个"展览大国"。但是，我国的展览项目绝大多数是中小项目，规模大的项目和品牌项目屈指可数。另外，尽管这些展览的总展出面积也是一个巨大的数字，但就展览收入而言，我国还是一个展览弱国。

（2）展馆建设方兴未艾，布局、定位问题凸显。

近年来中国会展业快速发展的另一个显著现象是，在发展城市会展经济热潮带动下，各地大建展览场馆的势头一浪高过一浪。我国的场馆建设自2010年进入新一轮的投资周期后，热度始终不减。不但京沪穗等核心展览城市的大型展馆正在加快展馆改扩建的步伐，一些二、三线城市更是纷纷将兴建展览中心作为推动当地会展业发展、拉动社会经济和城市建设的核心项目。据统计，2016年全国室内可租用面积大于或等于5 000平方米且举办2个以上经贸类展览会的展览馆共有156个，室内可租用总面积约823万平方米。其中，室内可租用面积10万平方米以上的展馆共22个。我国的展览场馆面积已居世界前列。展览场馆的建设为中国展览业进一步发展提供了硬件支持。

我国的展览场馆出租率比展览发达国家要低得多。目前全国大部分展览场馆使用率不足30%，存在展馆出租率较低、展览场馆的宏观布局缺乏规划、展览场馆建设缺乏市场调研和准确的规模定位等问题。

（3）展览主办方多元化发展，政府主导色彩浓烈。

我国的展览活动大多由政府或半官方机构主导。就展览主办机构而言，尽管目前参与者众多，多元化特征明显，但大体上有五大办展主体，即政府（包括政府相关部门、政府临时机构和贸促会等半官方贸易促进机构)、商协会、国有企事业单位、民营企业和外资企业。

(4) 展览地区集中程度高，经济发达地区领先。

现在全国除西藏外，各省份都有了自己的展馆，或多或少都有在本地举办的展览活动，并且，越来越多的省份提出要大力发展会展业。但是，中国的会展业实际上主要集中在少数几个省份，而且集中程度相当高。就城市而言，公认的三大展览城市是北京、上海、广州；以省份为单位来看，广东、北京、上海、浙江、江苏居前5位。这也反映了我国会展业主要集中在制造业和经济发达省份的现状特点。

(5) 展览直接收入所占比重小，主要靠社会效益驱动。

随着会展办展数量和办展面积的快速增长，会展经济产值也实现较大增长。根据商务部等机构的统计数据，2009年会展经济直接产值仅为1 817亿元，到2015年增加到4 803.1亿元，约占全国国内生产总值63.61万亿元的0.71%，在服务业（341 567亿元）中的占比为1.41%，所占比依然不大。不过，会展业有效拉动餐饮、住宿、交通、零售、旅游等众多服务业的增长，在转变经济发展方式、优化产业结构、打造中国经济升级版中发挥着积极的作用。

10.1.2 中国会展业的发展趋势

1. 会展业规范化发展

近年来，中国会展经济发展迅速，但规范化不足，知识产权保护成为这一领域的重要课题。此前相当长的时间内，侵权问题一直是展会的投诉热点。由于国内实行展会知识产权保护管理存在的难度在于没有明确的法律界定，所以一些参展企业往往不敢把最新的产品列入展览计划中，以免被人拍照模仿。而且由于法规的缺失，主办方只能起协调作用，一旦发生侵权纠纷，也很难在参展期间得到有效解决。有的正规企业投入上百万元研发的新产品尚未走向市场，参加展会后却发现低价的"克隆"品早已遍布大街小巷，让企业苦不堪言。

在出国参展时，我国企业也时常会碰到知识产权的问题。展览会是一个信息高度透明的场合，我国企业往往意识不到。有些出展产品事实上是我国自己开发出来的，也在中国申请了专利保护；但专利保护是一种地区保护，外国企业常常会利用这一原则钻空子。例如，有些企业的产品连年在某地参展都没有问题，但是同一个产品，再去参展就被诉侵权。这是有些当地企业看到中国的产品有竞争优势，但没有在当地申请专利保护，就先申请了专利，使中国企业变成了侵权者。还有的会出现合作协议许可范围的问题。中国一些企业与国外公司合作，在协议中没有说明商标的使用范围。例如，与某国公司合作，中国企业被许可使用其商标。可是该产品到另一国参展就触动了某国公司另一国合作方的利益，可能引发知识产权方面的纠纷。这些都是知识产权意识薄弱所致。

2009年1月，中国贸促会发起并联合943家中国会展行业从业单位共同签署了《中国会展行业保护知识产权联合行动宣言》。宣言签署单位宣布将在所组办展会上杜绝剽窃、假冒、伪造和盗版等侵犯知识产权的行为。2009年3月1日，由商务部、国家工商总局、中华人民共和国国家版权局（以下简称国家版权局）、中华人民共和国国家知识产权局

（以下简称国家知识产权局）联合制定的《展会知识产权保护办法》（以下简称《办法》）开始实施，将使展会知识产权保护问题在很大程度上得到有效解决。依据该《办法》，展会主办方在招商招展时，应加强对参展方有关知识产权的保护和对参展项目（包括展品、展板及相关宣传资料等）的知识产权状况的审查。展会时间在3天以上（含3天），展会管理部门认为有必要的，展会主办方应设立知识产权投诉机构。设立投诉机构的，展会举办地知识产权行政管理部门应当派员进驻，并依法对侵权案件进行处理。展会投诉机构需要地方知识产权局协助的，地方知识产权局应当积极配合，参与展会知识产权保护工作。地方知识产权局在展会期间的工作可以包括：接受展会投诉机构移交的关于涉嫌侵犯专利权的投诉，依照专利法律法规的有关规定进行处理；受理展出项目涉嫌侵犯专利权的专利侵权纠纷处理请求，依照专利法第六十条的规定进行处理；受理展出项目涉嫌假冒专利的举报，或者依职权查处展出项目中假冒专利的行为，依据专利法第六十三条的规定进行处罚。参展方侵权成立的，展会管理部门可依法对有关参展方予以公告；参展方连续两次以上侵权行为成立的，展会主办方应禁止有关参展方参加下一届展会。主办方对展会知识产权保护不力的，展会管理部门应对主办方给予警告，并视情节依法对其再次举办相关展会的申请不予批准。

2. 会展业品牌化发展

我国的会展业走过了30多年的发展历程，正在逐步形成独立的产业。2008年全球金融危机后，中国会展业依旧保持着一定的发展势头，举办展览会的数量由2008年的4 490个增长到2015年的9 283个，展览面积11 798万平方米，会展经济直接产值达到4 803.1亿元人民币。会展业作为中国新兴的朝阳产业，经过几十年的发展逐渐形成规模，逐步与国际接轨，并呈现出行业细分的明显趋势。中国已经形成了广交会、京交会、厦洽会、上交会等贸易会展布局，还形成了东盟博览会、亚欧博览会、东北亚博览会等机制性周边经济贸易博览会格局。近年来中国举办的几大国际性展会——"APEC"、"G20"、"一带一路"高峰论坛、金砖国家峰会等，逐步将中国推向国际舞台的中央。而于2018年11月举办的中国国际进口博览会更是展示大国形象和大国担当的重要的平台。

国内会展行业形成几大相对集中举办地。2016年中国共有专业展览馆156个，室内可租用面积约823万平方米。从展会总量上看，华东地区保持绝对优势，从展会平均规模上看，华南地区更胜一筹。这些展会内容涵盖到重工业、轻工业、服务业和农业等各行各业，还形成了各种专项展览。北京、上海、广州、大连、成都、厦门等地成为办展的热点地区，其中北京、上海、广州、杭州和厦门成为中国召开大型国际会议、展览的首选地址。

部分展会已具备国际品牌影响力。近年来，国内展会中形成一定影响的有北京国际车展、全国医疗器械展与全国制药机械展、广州的广交会、成都的春季全国糖酒会、深圳的高交会等，一批专业展览如北京的国际机床展、国际汽车展、国际通信展、国际纺机展，上海的国际家具展、国际模具展和珠海的国际航空展等在展览规模和服务质量等方面已接近国际水准，被列入全球行业展览，参与国际竞争。

部分专业展会效益贡献突出。会展业的发展与国家综合经济实力和经济总体规模、发展水平成正比，会展业对酒店、交通、餐饮和旅游等相关产业具有1∶9的带动效应，一直保持高速发展的中国经济无疑为会展业提供广阔的舞台。据权威部门统计，2010年的上海世博会，半年会期吸引参观者超过7 300万人次，运营收入中门票收入占最大份额，共计73.55亿元；其次是赞助收入，达39.73亿元。而且世博会带动了上海及周边的江苏、浙江各大旅游景点旅游客流，据调查这些景点70%以上客流来自上海观博人群，各大景点收入成倍增长。

3. 会展业市场化发展

近些年来国内会展业市场细分的趋势越来越明显，这必将影响到整个行业的发展方向。

首先是展览业专业化程度提高、国际化趋势增强、企业化行为加大、市场化竞争加剧。区域划分表现为全球以德国、美国和法国等主导世界展览业发展；亚太地区尤其是东亚地区继续保持经济稳步发展势头，展览规模与影响持续上升。以2016年统计数据为基础，国内就举办规模和数量而言，以下城市表现较为突出：北京、上海、广州为第一层次，郑州、成都、深圳、武汉等为第二层次，天津、南京、重庆、西安、济南、青岛为第三层次，厦门、昆明、杭州为新生代。

其次是会议业，全球市场化伴随旅游奖励的会议业收入接近3 000亿美元。现在全球专业从事会议业的机构有300多个，其中有4家在我国大陆设立了分支机构。《中国会议蓝皮书》暨《2017中国会议统计分析报告》显示，2016年我国会议市场仍然是企业会议"一家独大"，市场份额高达71.7%。事业单位的会议市场份额为10.8%，排名第二。而社团会议以10.0%的份额排名第三。政府会议为7.6%，排名第四。近几年，已经有越来越多的会议，甚至一些高规格的政府类国际会议开始委托给会议服务机构承办。2015年，交给会议服务机构承办的会议占20.8%。

最后是围绕场馆的市场开发开始起步。会展中心的市场经营一般以会议展览业为龙头，旅游、娱乐、餐饮、酒店、广告和商场等相关行业的经营为配套和依托，在会展中心片区内形成集成化、全方位和多渠道的经营服务体系，产生多层面的经济效益，最终使得会展中心的整体经济效益达到预期目标。配套项目有的是可以马上开始经营的，有的尚需一定的时间，待条件具备或经分析认证可行后再展开，由此以实现会展中心的经济效益综合优势和良性循环。

政府应积极培育品牌展会，走市场化运作道路，使会展业在市场竞争中不断提升水平，向专业化、国际化的方向发展。宁波的会展业在过去很短的时间内由小到大，在国内建材、家电消费品展会中占据了重要位置。他们的一个重要做法就是根据城市产业特点，选择了建材五金工具行业作为会展业起步的突破口，同时依托中国家电生产基地的产业优势举办中国消费品博览会，形成了建材、住宅和消费三大品牌展会。培育品牌展会也是我国展会的治乱良方，有助于我国会展业形成健康发展的良性循环。

4. 会展业国际化发展

出国办展作为出口企业直接接触买家的重要渠道，是企业打开国际市场公认的一条捷径。我国得到UFI、ICCA、FKM等协会认证的会展项目以及会展机构越来越多。国际上著名的会展公司来华办展，一些国际性品牌的会展被移植到我国市场。中外企业联合办展的模式屡见不鲜，中外合资会展企业也不断增多。据统计，2016年全国97家组展单位共赴 63 个国家组织参展 1 492 项，较上年增长 7%；展出面积为 83.5 万平方米，增长 14%；参展企业数为 5.84 万家，增长 12%。国际化是中国展览企业的发展趋势，我国逐渐打破行业垄断，逐步建立起宽松的市场准入环境，通过多种措施的实施使得中国展览企业以其先进的市场机制、市场营销手段和优质的服务参与国际市场的竞争，使优胜劣汰的市场规则得以体现，中国展览最终朝向完全市场化的道路迈进。

《中外会展业动态评估研究报告（2016）》指出，世界会展业的特点为"欧洲主导，新兴经济体势头强劲"。与此同时，亚洲会展市场在经济调整中蕴含新的希望，整个亚太会展市场对自身发展和未来前景仍持乐观态度。"特别是中国，虽然处于增长减缓和再平衡调整时期，然而，由于投资、消费与外贸并行，使得中国会展业在经济下行的整体趋势下逆势上扬。在全球展览业市场格局中，亚洲地区仍存在巨大的市场空间。" UFI 中国的会员在 2012—2017 年这五年中从 74 个增长到 111 个，多人在 UFI 中获得话语权也是中国会展走向国际化的很重要的标志。中国会展场馆的管理模式中，现在也越来越多地出现了中外合作、合资的管理模式。但多年来，展览业国际化"引进来"多、"走出去"少，多见吸引外资并购国内会展项目，鲜见国内会展项目在国外生根发芽和国内资本并购国际会展项目。出国展尚未形成专业化分工、协作的局面，出国展的配套服务、技术和信息等相对滞后。展览国际化的差距还体现在管理的标准化和服务水准上。目前，国内依然尚无具有绝对权威的展览管理部门，我国的一些企业实力还难以与国际巨头相抗衡。现阶段国内企业面向海外市场的国际化路径选择主要有跨国并购、设立代表处、分公司等形式，其中人才培养、外国合作机构选择以及客户资源成为当前国际化战略的主要瓶颈。

10.2 国外会展业的发展现状及趋势

会展业在国外发展已有很长的历史，其办展内容、功能和展会的组织等方面已相当完备，称不上是一个新近诞生的行业。据考证，世界上第一个样品展览会是 1890 年在德国莱比锡举办的莱比锡样品展览会。随着社会的演变和科技的进步，会展业作为一种经济存在形式，其存在的形式、内容、功能和办展方式等各个方面都在不断进行调整和变化。了解国外会展业发展情况，对于我国会展经济的健康快速发展具有很强的借鉴意义。

10.2.1 国外会展业的发展现状

1. 欧洲

欧洲是世界会展业的发源地，经过 100 多年的积累和发展，欧洲会展经济整体实力最强，规模最大。在这个地区中，德国、意大利、法国和英国都是世界级的会展业大国。以德国为例，德国会展业的突出特点是专业性、国际性的展览会数量最多、规模最大、效益好、实力强。在国际性贸易展览会方面，德国是第一号的世界会展强国，世界最大的 5 个展览中心，德国就占 4 个。2009 年，德国共有 25 个大型展览中心，展厅总面积为 264 万平方米，加上室外展览场地 100 多万平方米，展览总面积达 365 万平方米。另外，全球 150 个世界顶级的行业博览会中有 2/3 在德国举办。最负盛名的有汉诺威国际消费电子信息及通讯博览会（CeBIT）、法兰克福国际消费品展览会、科隆五金工业博览会、柏林国际旅游展览会、慕尼黑国际工程机械博览会、纽伦堡国际玩具展等。

2. 美洲

美国和加拿大是世界会展业的后起之秀，每年举办的展览会近万个，其中，净展出面积达5亿平方英尺（约4 600万平方米），参展商120万家，观众近7 500万人次。举办展览最多的是拉斯维加斯、芝加哥、纽约、奥兰多、亚特兰大、新奥尔良、旧金山、波士顿和多伦多等城市。经济贸易展览会近年来在中美洲和南美洲逐步发展起来。据估计，整个拉丁美洲的会展经济总量约为20亿美元。其中，巴西位居第一，每年办展约500个，经营收入8亿美元；阿根廷紧随其后，每年约举办300个展览会，产值4亿美元；第三位是墨西哥，举办的展览会近300个，营业额2.5亿美元。其他拉美国家的会展经济规模很小，很多国家尚处于起步阶段。

3. 非洲

非洲的会展经济发展情况基本上与拉丁美洲相似，主要集中于经济较发达的南非和埃及。南非凭借其雄厚的经济实力及对周边国家的辐射能力，其会展业在整个南部非洲地区处于遥遥领先的地位。北部非洲的会展业以埃及为代表，埃及凭借其连接亚非欧和沟通中东、北非市场的极有利地理位置，会展业近年来发展突飞猛进，展览会的规模和国际性大大提高，每年举办的大型展览会可达30个。当然，由于种种条件所限，大型展览会一般都集中在首都开罗举办。除南非和埃及外，整个西部非洲和东部非洲的会展经济规模都很小，一个国家一年基本上举办1~2个展览会，而且受气候条件的限制，这些展览会不能常年举办。

4. 亚洲

亚洲会展业的规模和水平应该说比拉丁美洲和非洲要高，尤其是规模可以说仅次于欧美。日本是本地区唯一的发达国家，其会展业发展水平自不必说。在其他的国家中，东亚的中国、西亚的阿联酋和东南亚的新加坡，或凭借其广阔的市场和巨大经济发展潜力，或凭借其发达的基础设施、较高的服务业发展水平、较高的国际开放度以及较为有利的地理区位优势，分别成为该地区的展览大国（区）。以新加坡为例，该国的会展业起步于20世纪70年代中期，时间并不算早，但新加坡政府对会展业十分重视，新加坡会议展览局和新加坡贸易发展局专门负责对会展业进行推广。加之新加坡本身具有发达的交通、通信等基础设施、较高的服务业水准、较高的国际开放度以及较高的英语普及率，新加坡2000年被总部设在比利时的国际协会联盟评为世界第五大会展城市，并连续17年成为亚洲首选会展举办地城市，每年举办的展览会和会议等大型活动3 000多个。

与新加坡相比，同处东南亚的泰国，其会展业发展规模远不及新加坡，每年举办的展览会只有几十个。但随着东南亚经济逐步走出金融危机的困扰，泰国会展业的发展速度也在不断加快，2015年共举办89场大型展览，展出面积达46.65万平方米，居东盟国家前列，被国际会展业誉为"东南亚的会展先锋"。截至2010年年底，泰国已拥有6个世界级的展览中心，可提供约26万平方米的展览面积，在亚太地区仅次于中国。此外，2015年东盟经济共同体（AEC）成立后，泰国的会展市场不再局限于本土，而是扩展到东盟各国，将大大刺激会展业的发展。

5. 大洋洲

大洋洲会展业发展水平仅次于欧美，但规模则小于亚洲。该地区的会展业主要集中于澳大利亚，每年约举办 300 个大型展览会，参展商超过 5 万家，观众 660 万人次。

综观世界会展经济在全球的发展情况，不难看出，一国会展经济实力和发展水平是与该国综合经济实力和经济总体规模及发展水平相适应的。发达国家凭借其在科技、交通、通信和服务业水平等方面的优势，在世界会展经济发展过程中处于主导地位，占有绝对的优势。而且，由于会展经济本身反过来对经济发展具有较大的推动作用，发达国家的会展经济与其他经济部门相辅相成、互相促进，在互动中实现良性循环，共同为整个国民经济的快速发展发挥着积极而主要的作用。正因为如此，世界各国政府都十分重视会展业的发展，在制定经济发展战略和城市发展规划时，积极考虑本国会展业发展的需要，做出有利的安排。尤其是为促进本国对外贸易发展，政府常在中央财政中列出专门预算，为出国展览事业提供经费支持。以德国为例，每年联邦政府通过特定的组织或机构组织德国企业赴国外参加展览会 180～200 个，参展企业 5 000 多家。直接对出国展览提供财政支持的政府部门是联邦经济科技部，每年在此方面该部提供的财政支持超过 4 000 万欧元。

10.2.2 国外会展业的发展趋势

1. 会展业的发展日趋专业化

早在 1956 年，美国的经济学家豪塔克（Hendricks Houthakker）在一篇名为《经济学与生物学》的论文中指出，每个经济学分支都会因为对分工的进一步分析而受益。茅于轼先生也指出，从信息理论来看，分工是一种信息的不对称。在分工社会中，专门从事某一生产的人只管钻研与自己相关的生产技术，而不必去过问别的知识。因此，我国看到了这样的会展巨头：德国汉诺威的工业博览会（机器人展、灯具展、仪器仪表展和铸件展），杜塞尔多夫的国际印刷、包装展，旅游城市纽伦堡的玩具展，意大利米兰的国际服装展。显然，专业化的展览会已经成为会展业发展的主流，代表着会展经济的发展趋势。那么为什么是这样的呢？其原因在于它有明确的展览主题和市场定位，与一般的综合性展会相比，专业化展会针对性更强，观众质量更高，参展效果更好的特点，迎合了展商与会者的需要。

2. 会展业呈现大型化和集团化的趋势

会展业具有规模大、投入大、回报快的特点，这种特点也在一定程度上决定了它必然走向大型化和集团化。世界上两家著名的会展公司端德和克劳斯"联姻"，共同开发通信和计算机展览市场。同时美国的克劳斯公司用 40 亿美元购买了南美洲的品牌展会及相关产业，从而扩大自己的规模。因此，当今国际会展巨头已经不将目光仅仅局限于国内的市场，而是将更多的精力投放在那些会展业起步较晚、市场潜力大的国家，加之政府对会展业的扶持，大量资金的注入，同时也为会展业的大型化、集团化创造了有利的条件。

3. 展览新军突起，日益呈现多元化

随着经济全球化的深入发展，近年来，中国、日本、韩国及新加坡的展览业迅速崛起，逐渐打破了欧美国家的垄断地位。素有"亚洲展览业之都"之称的中国香港十分重视展览业的发展，每年都有上千个国际会议和展览会在香港举办。新加坡凭借良好的会展发展条件，每年举办大型的展览和会议就有3 000多个。韩国和日本都特别重视本国会展业的发展，韩国正在努力使自己的会展业每年的增长率在7%以上。会展业在全球经济体系中占据重要地位，力争在国际展览市场中分"一杯羹"，使会展业后起国家打破垄断，使国际展览业发展日益多元化。

10.3　中外知名展会介绍

10.3.1　国外知名展会

1. 展览

（1）世界博览会。

世界博览会（World Exhibition）又称国际博览会，简称世博会、世博，是一项由主办国政府组织或政府委托有关部门举办的有较大影响和悠久历史的国际性博览活动。参展者向世界各国展示当代文化、科技和产业上影响各种生活范畴的成果。它鼓励人类发挥创造性和主动参与性，把科学性和情感结合起来，将有助于人类发展的新概念、新观念和新技术展现在世人面前。其特点是举办时间长、展出规模大、参展国家多、影响深远。因此，世博会被誉为世界经济、科技和文化的"奥林匹克"盛会。

最早的现代博览会是由英国举办的，1851年万国工业博览会是全世界举办的第一届世界博览会（图10.1）。本届博览会在英国首都伦敦的海德公园举行，展期是1851年5月1日—10月11日，主要内容是世界文化与工业科技。

1855年巴黎世界博览会的主题为"农业、工业和艺术"（Agriculture, Industry and

图10.1　第一届世博会

图10.2　布鲁塞尔世博会原子球展馆

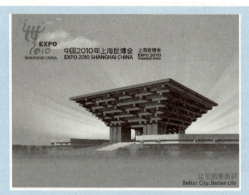

图10.3　上海世博会

Arts），其举办是为了庆祝自滑铁卢战役以来欧洲大陆享受的40年和平时期。而实际上，主要欧洲国家暗中较劲，认为在工业、艺术上争当霸主才是博览会的真正主题。巴黎世博会耗资约500万美元，约有2.1万件展品参展，展现了当时工业和艺术方面的成就。1855年巴黎世博会展出了混凝土、钢制品、铝制品和橡胶等。

第二次世界大战后，各国人民在满目疮痍的废墟上重建家园，并在恢复生产、复苏经济的基础上，于1958年在比利时首都布鲁塞尔举行战后第一个世界博览会，主题为"科学、文明和人性"。为了体现科学的这个主题思想，布鲁塞尔世博会建造了一座原子能结构的球型展馆（图10.2），象征着人类进入了科技进步的新世纪，虽然时隔半个多世纪之久，但它独特新颖的造型仍然历历在目。

1962年美国西雅图举办了一次规模不大的专业性的博览会，主题为"太空时代的人类"。博览会展出全新的先进科技——自动售货机和单钢轨铁路，使其获得了巨大的成功。

1964年为了纪念纽约建城300周年，纽约又一次举办了世界博览会，虽主题为格调高雅的"通过理解走向和平"，然而这次世博会浓重的商业气氛，使观众驻足不前，失去了纪念活动的意义。

1970年日本大阪首次举办了世界博览会，日本人称之为万国博览会，主题为"人类的进步与和谐"，向观众展示了继东京奥运会之后，日本在各方面的发展和成就。得益于这次博览会，日本在以后10年的经济发展中，一直保持强劲的势头。

1985年日本再次举办世界博览会，会址是在新城筑波市，一座距东京50多千米的全新科学文化城。博览会的主题为"居住与环境　人类的家居科技"。

时隔一年，加拿大为纪念温哥华建城100周年，举办了一次以"交通运输"为主题的博览会。

1988年是英国人在澳大利亚建立居住点200周年，为铭记这一日子，澳大利亚在东部黄金海岸城市布里斯班举办了世界博览会。这次博览会的主题为"科技时代的休闲生活"。体现了人类在当今科学技术极其发达的时代中的休闲和娱乐。各国都围绕这个主题大做文章，以体育、文娱、旅游、休闲、烹调和园艺等各种内容来体现人类生活的丰富多彩。

1990年日本大阪举办了AI类专业性的国际花绿博览会，主题为"人类与自然"。展览会以世界园艺为内容，作为庆祝大阪"新的开端"100周年的纪念活动。这次展览会共有82个国家参加，55个国际组织与日本国内所有的都、道、府、县和大企业都单独设了展馆或展台。这是首次在亚洲举办的大型国际园艺博览会，本次博览会取得了巨大的成功。

1992年是哥伦布发现美洲500周年，为此，西班牙政府在塞维利亚举办了世博会，把博览会的主题命名为"发现的时代"。世博会占地面积478万平方米，有100多个国家参加。观众达6 000多万人次，中国馆展出四大发明及长征系列火箭等，被评为"五星级展馆"。

1993年韩国大田博览会是世界上第一次由发展中国家举办的世界博览会。主题为"新的起飞之路"。中国馆展示了航天科技和三峡工程等，共接待观众350万人次，为各展馆之最，被评为五大最佳展馆之一。

1998年葡萄牙里斯本世界博览会。1998年是联合国批准的国际海洋年，博览会的主题为"海洋——未来的财富"。

1999年在中国昆明举办的世界园艺博览会以"人与自然——迈向21世纪"为主题。整个园区结合世博会主题和园艺博览会特点，以中国古典园林艺术设计布局，自然、弯曲的路径体现了追随自然、顺应自然的设计理念。昆明世博会场馆建设总体规划主要包括中国馆、人与自然馆、大温室、科技馆和国际馆五大室内展馆；竹园、蔬菜瓜果园、药草园、盆景园和树木园5个专题展园及国内、国际和企业三大室外展区。

2000年，德国汉诺威世界博览会，主题为"人类、自然、科技"，参展国家和组织共计172个，为往届世博会参展国家、地区和组织最多的一届。

2005年，日本爱知世界博览会，主题为"自然的睿智"，是最近的一次注册类世博会，中国馆接待观众570万人次，为接待观众最多的展馆。

2008年，西班牙萨拉戈萨世界博览会，水塔是2008年萨拉戈萨世博会的标志性建筑，也是萨拉戈萨城市最高的建筑。水塔是世博园中三大主题展馆之一，是以展览"水——生命之源"为主题的场所，为此也称水塔馆。

2010年中国上海世界博览会（图10.3）是第41届世界博览会，于2010年5月1日—10月31日在中国上海市举行。此次世博会也是由中国举办的首届世界博览会。上海世博会以"城市，让生活更美好"（better city, better life）为主题，总投资达450亿元人民币，240个国家地区组织参展，会场面积达5.28平方千米，创造了世界博览会史上最大规模纪录。7 308.44万人次的参观人数也创下了历届世博之最。

2015年在意大利米兰举办的米兰世界博览会，其主题为"给养地球：生命的能源"。阿联酋2020年迪拜世界博览会主题为"沟通思想，创造未来"。

世界博览会已经经历了百余年的历史，最初以美术品和传统工艺品的展示为主，后来逐渐变为荟萃科学技术与产业技术的展览会，成为培育产业人才和一般市民的启蒙教育不可多得的一种场所。世界博览会的会场不单是展示技术和商品，而且伴以异彩纷呈的表演、富有魅力的壮观景色，设置成日常生活中无法体验的、充满节日气氛的空间，成为一般市民娱乐和消费的理想场所。全球融合就是全球化，世博会是经济文化发展的必然结果。

（2）美国国际消费类电子产品展览会。

美国国际消费类电子产品展览会（International Consumer Electronics Show，CES）创始于1967年，迄今已有44年历史，现已发展成为世界上规模最大、水平最高和影响最广的消费类电子产品展览会之一（图10.4）。展品范围涉及4类：消费电子产品，通信硬件、软件及服务，相关电子元器件及电子材料，以及其他相关消费类电子产品及技术。时至今日，该展仍然不失为引领世界消费类电子技术和产品发展潮流的风向标和国际电子贸易的"立交桥"（图10.5）。

图10.4 CES展会标志

图10.5 美国拉斯维加斯国际展览现场

根据美国消费技术协会（CTA）在展览会结束后公布的数字，2016年CES展会共有来自150多个国家的3 600多家展商参展；观众方面，来自150多个国家和地区的参观者约17万人次与会参观，其中中国外观众达到45 000人次；展会现场有3 000家公司进行了新品发布，发布数量达20 000件。本届展会，无论是展出面积、参展商数量还是观众数量，都创了CES展会的历史新高；其中Microsoft、IBM、Intel、MOTO、索尼、松下、三洋、夏普、先锋、东芝、飞利浦及中国的海尔、海信、康佳、联想等百余家国际大型知名企业参展。2017年的CES展会上，自动驾驶、智能家居、人工智能以及VR/AR、智能电视和无人机等十个领域成为展出的重点。

值得一提的是，中国消费类电子产品生产厂家已经成为CES上不可小觑的力量，据CES官网的最新数据，在2016年CES的4 320家参展商中，参展的中国企业就有1 416家，占总数的33%，也创下了历史新高。中国企业的高占比在无人机产业更为明显。2016年CES上，无人机展台数量同比翻倍，这其中除了美国和法国零星的两三家公司，总数接近60家企业几乎全部来自中国。其中，深圳的大疆创新、雷柏科技等企业展台被参观者光顾得最多。CES展览会正在成为彰显中国企业实力的国际舞台。

（3）德国柏林国际电子消费品展览会。

第一届德国柏林国际电子消费品展览会（International Funkausstellung Berlin，IFA）始于1924年12月4日，彼时名为"Grosse Deutsche Funkausstellung"（意为"大德国无线电展览"）。当时有242家参展商和1.8万名观众参加了展会，占地面积7 000平方米。其中展示的晶体部件和首个无线电子管接收器震撼了与会买家。

1995年的IFA被称为第一届真正意义上的多媒体贸易展览会。此后，这一特点得以延续。现在，由于消费类电子产品（Consumer Electronics，CE）、IT、电子通信技术和设备的日益兼容，IFA这个顶级CE展览会（图10.6）已经成为融合了消费类电子、通信和IT零部件行业的综合展览会，其中多媒体数字化和数字技术化继续保持主流地位。

图10.6　IFA展会标志　　　　图10.7　德国柏林国际电子消费品展览会现场

　　2016年德国柏林国际电子消费品展览会是 IFA 史上规模最大、范围最广的展览会，有来自世界 100 个国家和地区的 1 645 家参展公司参加了展览会。展会总面积超过 150 000 平方米，前来参观展会的观众人数超过 245 000 人次。由此 IFA 展的国际参与者数量达到了历史新高。参加展会的人员多数来自德国本土或国外的行业决策层，50% 的参观商来自德国本土以外。有超过 730 家中国企业参展，中国组团规模达到新高，包括海尔、海信、长虹、美的、华为等各大厂商纷纷展示其最新产品。

　　IFA 展（图 10.7）是目前世界上规模和影响力最大的国际视听及消费类电子产品展览会之一，是世界各国消费类电子产品生产商和贸易商聚集和展示新产品、新技术最主要的场地，也是欧洲消费类电子产品的采购商、批发商和零售商了解、采购该领域商品的重要市场。

2. 会议——达沃斯论坛

　　达沃斯论坛即世界经济论坛（World Economic Forum，WEF），世界经济论坛是一个非官方的国际组织，总部设在瑞士日内瓦。其前身是 1971 年由现任论坛主席、日内瓦大学教授克劳斯·施瓦布（Klaus Schwab）创建的"欧洲管理论坛"，因为这个论坛在全球的影响力不断扩大，它在 5 年以后改为会员制（图 10.8）。1987 年，"欧洲管理论坛"更名为"世界经济论坛"。论坛的年会每年 1 月底至 2 月初在瑞士的达沃斯小镇召开，故又称"达沃斯论坛"。而小镇达沃斯也因此闻名遐迩。

　　1970 年，美国哈佛大学毕业的日内瓦大学年轻教授克劳斯·施瓦布倡议欧洲企业界

图10.8　世界经济论坛主席施瓦布致辞

为迎接国际市场和竞争的挑战举行一次非正式会晤，以制定发展战略和研讨管理方法。他的倡议得到了当时欧共体委员会和欧洲工业家联合会的支持。1971年1月，400多名企业家和学者参加了第一届世界经济论坛年会。40多年来，一年一度的论坛年会规模越来越大，发展中国家的国家领导人也被邀请参加。每届年会都有众多国家首脑、政府部长及来自世界各地的政治、经济、金融、财政、文化、艺术、教育和新闻等领域人士参加。近十年来，凡是世界上发生的重大政治、军事、安全和社会事件都在论坛上得到反映，讨论的政治色彩也越来越浓。世界经济论坛主张自由经济和经济全球化，近年来越来越遭到反全球化组织和人士的批评。但尽管如此，世界经济论坛年会已成为世界政治界、经济界决策人研讨世界经济问题最重要的非官方聚会和进行私人交往、商务谈判的场所。西方舆论由此称它为"非官方的国际经济最高级会议"。

从1979年开始，中国应邀连续派代表团参加达沃斯会议。自1991年起，世界经济论坛与中国企业联合会每年联合在华举办"企业高级管理人员国际研讨会"（1996年起更名为"中国企业高峰会"），中国多位国家领导人应邀出席会议。

世界经济论坛2017年年会（第47届达沃斯论坛）于1月17日—20日在瑞士小镇达沃斯举行。来自全球100多个国家和地区的3 000多名与会者将围绕"领导力：应势而为、勇于担当"这一主题展开对话。国家主席习近平在达沃斯国际会议中心出席世界经济论坛2017年年会开幕式，并发表题为《共担时代责任 共促全球发展》的主旨演讲，强调要坚定不移地推进经济全球化，引导好经济全球化走向，打造富有活力的增长模式、开放共赢的合作模式、公正合理的治理模式、平衡普惠的发展模式，牢固树立人类命运共同体意识，共同担当，同舟共济，共促全球发展。

10.3.2 国内知名展会

1. 展览

（1）中国进出口商品交易会。

中国进出口商品交易会（以下简称广交会）创办于1957年春季，每年春秋两季在广州举办，迄今已有五十余年历史，是中国目前历史最长、层次最高、规模最大、商品种类最全、到会客商最多和成交效果最好的综合性国际贸易盛会（图10.9）。自2007年4月第101届起，广交会由"中国出口商品交易会"更名为"中国进出口商品交易会"（图10.10），由单一出口平台变为进出口双向交易平台。广交会一年举办两届，成交总额占中国一般贸易出口总额的1/4。

广交会由48个交易团组成，有数千家资信良好、实力雄厚的外贸公司、生产企业、科研院所、外商投资/独资企业和私营企业参展。主办单位为商务部、广东省人民政府，承办单位为中国对外贸易中心，组织机构为中国进出口商品交易会领导委员会，由中华人民共和国商务部、广东省人民政府、广州市人民政府领导，各交易团团长、各展馆馆长和有关部门领导共同组成。举办地址为广州市海珠区阅江中路382号琶洲国际会展中心。春季开展时间为每年4月15日—5月5日，秋季开展时间为每年10月15日—11月4日。展馆创下两项世界第一：①单体展馆面积最大——39.5万平方米；②钢横架跨度世界最长——每个展厅的顶部由6个长达126.6米的大跨度预应力张弦梁钢管桁架支撑着，是世界上跨度最大的钢横架。琶洲展馆的广场面积超过 2.2 万平方米,以展览、展示、表演和大型集会为主要使用功能。绿化率高达 48.7%,整体设计与自然和谐融洽。

图10.9　广交会广告

图10.10　广交会新标志

(2) 中国义乌国际小商品博览会。

中国义乌国际小商品博览会(以下简称义博会)是经国务院批准的日用消费品类国际性展会,由商务部、浙江省人民政府等联合主办,浙江省商务厅和义乌市人民政府共同承办。创办于 1995 年,每年 10 月 21 日—25 日在浙江义乌举行。在社会各界的关心和支持下,截至 2017 年已成功举办 23 届,其经贸性、国际性、专业性和实效性日益增强,成为境内外广大中小企业走向国际的桥梁,成为中国日用消费品行业的重要出口平台,成为继广交会、华交会之后国内第三大经贸类专业展会,先后被评为中国十大最具影响力的品牌展会、改革开放 30 周年 30 个中国最受关注展会之一。

第 21 届义博会(图 10.11,图 10.12,图 10.13)在新常态下转型加速,时尚、设计、"互联网+"等创新元素深度融入展会,风向标作用十分突出。展会设立了创新设计展区、"互联网+"跨境电商/微商展区、贸易服务展区等创新板块。据统计,上述创新展区达成各类意向 2 000 余项。展会同期,还以时尚、设计、"互联网+"为主题,举办了中欧时尚月义乌站活动、中韩创新设计高峰论坛、"互联网+"跨境综合服务生态峰会、2016 微商生态构建与展望峰会、2015—2016 中国小商品城流行趋势发布会等三大系列 20 余项配套活动,极大地提升了展会影响力。

第 23 届义博会于 2017 年 10 月 21 日—25 日在浙江义乌举行。本届展会共设有国际标

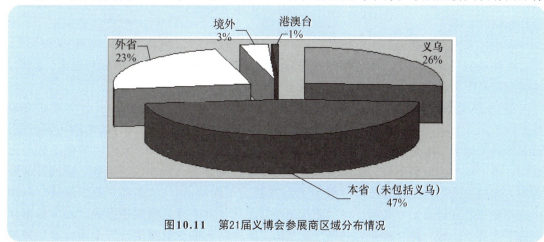

图10.11　第21届义博会参展商区域分布情况

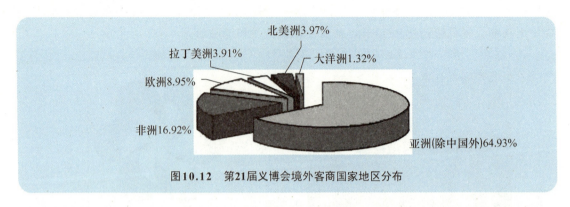

图10.12 第21届义博会境外客商国家地区分布

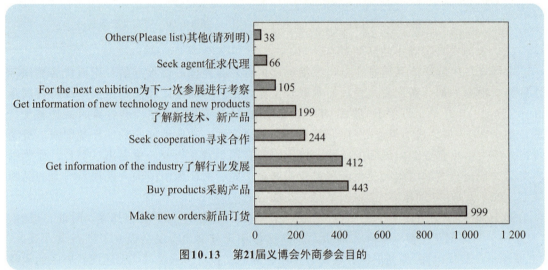

图10.13 第21届义博会外商参会目的

准展位4 100个,有来自白俄罗斯、韩国、澳大利亚、日本、巴西、德国、意大利、法国等15个国家及地区以及国内24个省(直辖市、自治区)的2 200余家企业参展,分设14大行业,共10个展馆,展览面积达10万平方米。除了传统板块,第23届义博会设"浙江制造"主题专区、标准博览会专区、创新设计专区、智能生活方式专区、时尚百货专区、"一带一路"主题专区、国际品牌专区、电子商务及贸易服务专区、妇联手工艺专区等特色展区。

据悉,五天累计到会参观者、采购商共计180 993人次。到场专业采购商56 869人,其中境外采购商9 013人,同比增长25.1%。采购商来自全球165个国家和地区,此外,义博会与广交会联动进一步增强,来自广交会的采购商同比增长48.21%。

第23届义博会效果良好,共达成各类交易、合作意向6万多项,展会实现成交额178.74亿元,同比增长2.24%。五金、机械机电依然是国内外采购商青睐的第一大行业。而且本届义博会首次引进了"标准元素",举办全球首个标准展,47家国内最强的标准化机构,展示标准化培训服务、标准信息服务、标准检测服务、标准认证服务、标准咨询服务等方面的杰出能力。展会还集中展示了浙江制造工匠精品,30多家"浙江制造"品牌认证企业和培育企业集中亮相,将"浙江制造"品牌推向全球,同期举办的"品字标浙江制造"走进"一带一路"推介对接活动、"浙江制造"认证双对接活动等全国标准化领域一批高规格会议论坛，为义博会增添亮色。

展会同期举办了白俄罗斯主宾国活动、创新设计周、2017中国零售业百货商品采购（义乌）峰会、2017跨境互联网品牌培育高峰论坛等配套活动，进一步丰富了展会内涵，极大地提升了展会影响力。

2. 会议——博鳌亚洲论坛

博鳌亚洲论坛（图10.14）是在经济全球化进程加快和亚洲区域经济合作迅速发展的背景下成立的。1997年7月，海南万泉河畔，在海南博鳌投资多年的蒋晓松与私人朋友日本前首相细川护熙夫妇、澳大利亚前总理霍克和菲律宾前总统拉莫斯，在他新开业的博鳌乡村高尔夫球场挥杆。球场上，他们提出了"创建博鳌亚洲论坛"的设想，搭建一个亚洲人说话的平台，让世界倾听来自亚洲的声音。1998年，菲律宾前总统拉莫斯、澳大利亚前总理霍克和日本前首相细川护熙提出建立"亚洲论坛"的构想。在中国政府的大力支持下，26个发起国的代表于2001年2月27日聚会博鳌，正式宣告成立博鳌亚洲论坛并通过《博鳌亚洲论坛宣言》，论坛目前已成为亚洲以及其他大洲有关国家政府、工商界和学术界领袖就亚洲以及全球重要事务进行对话的高层次平台。论坛致力于通过区域经济的进一步整合，推进亚洲国家实现共同发展。论坛立足亚洲，面向世界，致力于促进和深化本地区内和本地区与世界其他地区间的经济交流、协调与合作。为政府、企业及专家学者等提供一个共商经济、社会、环境及其他相关问题的高层对话平台。2004年4月，博鳌亚洲论坛理事会成员达成一致意见，今后，论坛年会将于每年4月的第三个周末定期举行。

图10.14　博鳌亚洲论坛

回顾博鳌亚洲论坛的创建及历届论坛年会主题，年会发展历程与时代脉搏紧紧相扣。2001年2月27日，在海南博鳌，来自亚洲、大洋洲26个国家的政要、前政要及专家学者，聆听到一个令整个亚洲振奋的声音：秘书长辛格先生宣布一个全新的、立足亚洲的国际会议组织"博鳌亚洲论坛"成立。2002年4月12日—13日，博鳌亚洲论坛举行了首届年会，主题为"新世纪、新挑战、新亚洲——亚洲经济合作与发展"；2003年年会主题为"亚洲寻求共赢：合作促进发展"。2004年年会主题为"亚洲寻求共赢：一个向世界开放的亚洲"。论坛主题强调了面向世界讨论亚洲问题，让更多亚洲区域外的知名人士参加论坛的对话和交流。2005年和2006年年会主题分别为"亚洲寻求共赢：亚洲的新角色""亚洲寻求共赢：亚洲的新机会"。两届年会关注经济全球化背景下的亚洲区域合作发展方向，以及亚洲在全球经济循环中的角色定位和发展机遇。2007年年会主题为"亚洲制胜全球经济——创新和可持续发展"。议题包括亚洲社会可持续发展的重要问题，如亚洲经济一体化，发展和创新对能源和资源、信息技术和金融服务等产业的影响，以及工商界普遍关心的企业社会责任和绿色议程等问题。2008年年会主题为"绿色亚洲：在变革中实现共赢"，论坛对亚洲国家和地区如何重塑发展理念和模式，亚洲国家和地区政府如何制定可持续发展政策，亚洲国家和地区的产业升级和技术创新将对全球贸易格局和产业分工带来什么样的影响，跨国公司对亚洲的可持续发展和绿色发展应该发挥什么样的作用等问题进行探讨和交流。2009年年会以"经济危机与亚洲：挑战和展望"作为主题，重点探讨新兴经济体如何在国际金融体制改革中发挥作用，如何面对国际贸易与投资以及能源、原材料的价格波动。2010年年会，以"绿色复苏：亚洲可持续发展的现实选择"作为主题，与会代表们就新兴经济体对于全球治理架构的作用、全球贸易自由化的前景、亚洲经济发展模式的转型、亚洲区域金融合作等宏观议题和聚焦中国医改、房地产等微观议题展开深入的讨论。2011年年会主题为"包容性发展：共同议程与全新挑战"。包容性发展，就是要使全球化和经济一体化带来的利益惠及所有的国家和地区，使经济增长产生的效益和财富惠及所有地区。2017年年会主题为"直面全球化与自由贸易的未来"，主要是针对近几年全球化的质疑和反对之声有增无减，逆全球化思潮上升，全球化遭受挫折；为全球化明是非、正视听，为更具包容性的全球化发出呼吁。

10.4 中外知名会展城市介绍

10.4.1 国外知名会展城市

1. 德国法兰克福

法兰克福是德国也是世界上最重要的展览城市之一，举办展览会已有近千年的历史，早在中世纪就发展成为德国的"百货商场"，并带动了当地一系列相关产业的同步发展。法兰克福展览馆占地46.5万平方米，室内展览面积29万平方米，室外展览面积17.5万平方米，由政府投资建设，不属于任何私人机构，投资总额中市政府占60%，黑森州政府占40%。政府投资兴建展馆旨在促进法兰克福市社会经济的繁荣及发展，每年展览会为该市及地区创造的购买力约为50亿欧元。

法兰克福展览馆每年要举办展览会超过50个，其中13个为世界最大的消费品、纺织品和服务等行业的贸易博览会，参展商全年达55 000家，其中80%是世界知名厂商，外国参展商占60%，参观人士达200多万人次。法兰克福博览会场馆由MESSE FRANKFURT GMBH有限责任公司负责经营管理，该公司共有员工550人，在全球拥有68家代理公司，负责全球103个国家的业务联系工作。场馆内有15家配套服务公司，涉及交通运输、旅游餐饮、银行保险、广告和装修等，服务十分完善。

法兰克福部分品牌展会一览：国际摩托车展，香水制造、化妆品及发型设计展，办公用品、纸张、学校、艺术图片展，服装配件、主题礼品、绘画、钟、经典内部及厨房展；房屋及建筑技术展，化学工程、环境保护及生物工程展，灯具、桌子装饰及厨房展，国际家用纺织品展览会，国际节日用品、化妆品及办公用品展览会，春季消费品博览会，国际皮料、皮装展览会，国际乐器、乐谱、声光及会展技术展览会，国际照明、电气、空调技术及楼宇自动化展览会，国际营销技术展览会，国际信息通信技术展览会，国际光学及光电子技术专业博览会，国际消费品展览会，国际特许经营展览会——建立及保障体系，国际图书博览会，欧洲银行业及金融技术博览会暨学术会，美容美发展，市场服务国际博览会，国际信息及通信博览会，纺织技术展，裘皮博览会，国际游戏机与售货机博览会，欧洲模具展，国际面料及其流行展示会，公园及公众场所设计，圣诞礼品展览，国际家用纺织品展览会，世界纺织品专业处理展，国际汽车配件行业博览会。

2. 美国拉斯维加斯

拉斯维加斯一向被人们视作吃喝玩乐的人间天堂，以赌博闻名天下，然而随着全球会展经济的蔓延，这座"世界第一赌城"已发展为美国不可多得的会展名城，各种知名会展层出不穷，这也为拉斯维加斯赢得了"世界会展之都"的称号，全美最大的会展中心——拉斯维加斯会展中心（Las Vegas Convention Center）就位于这里。

拉斯维加斯会展中心位于拉斯维加斯山谷的中心地带，离麦卡伦国际机场只有数分钟的车程。它是目前世界上最先进的多功能场馆之一。拥有 320 万平方米的展览大厅，可容纳 100 000 人以上。拉斯维加斯的知名展会——国际消费类电子产品展览会，始创于 1967 年，由美国消费电子协会举办，是目前世界上规模最大、水平最高和影响力最广的消费类电子产品展览会之一。展览会专业性很强，云集了当前最优秀的传统消费类电子厂商和 IT 核心厂商，展示出最先进的技术理念和产品，也因此吸引了众多的高新技术设备爱好者、使用者及普通观众。展会每年 1 月在拉斯维加斯会展中心举行。

3. 意大利米兰

米兰是欧洲国家意大利西北部的一座城市，是米兰省的省会和伦巴第大区的首府，位于意大利人口最密集和发展水平最高的伦巴第平原上——世界上最富饶的地区之一的中心，是意大利的经济中心。它也是欧洲南部的重要交通要点，历史悠久，以观光、时尚和建筑闻名于世。米兰是世界公认的四大时尚之都之一，也是四大时尚之都中最具影响力的城市，米兰汇聚了众多世界时尚名品，阿玛尼、范思哲、普拉达、华伦天奴、古驰和莫斯奇诺等。米兰时装周是世界最为重要的时装周之一，有世界时装晴雨表之称。蒙提拿破仑街是世界著名的奢侈品大道。

米兰是世界上展览、展会最多的城市之一，米兰世界博览会是世界上最大、最领先的博览会之一。2005 年 7 月启用的米兰新国际展览中心占地面积近 430 万平方米，展览面积近 140 万平方米，是世界上最大的展览中心。米兰曾承办过 1906 年世界博览会，在 2015 年米兰世博会中，米兰新国际展览中心也承办部分展览任务。米兰设计周、米兰家具设计展和米兰建筑双年展等固定展览在世界范围内具有重要影响。一年一度的米兰国际博览会是世界第四大博览会，对促进意大利对外贸易有极其重要的作用。米兰每年举办各类展览 80 多个，参展商 30 000 家左右，参观者达 250 万人次，展出面积 37 万平方米。1974 年 4 月中国第一次组团参加了米兰国际博览会。1984 年 4 月，上海市对外贸易总公司在上海和米兰结为友好城市后首次组团去米兰国际博览会参展。

10.4.2 国内知名会展城市

1. 香港

香港，被誉为"亚洲会展之都"。香港会议展览中心总占地面积25万平方米，是仅次于日本东京国际展览中心的亚洲第二大展览中心。亚洲国际博览馆是香港最大的国际展览及活动场馆，亦是全世界唯一一个与国际机场结合，并拥有内置地铁站的场馆，提供超过70 000平方米的可租用面积和逾66 000平方米的展览面积。同时，展馆具有一系列完善的会议设施，从12人的小型会议，到多达3万与会人士的大型活动，均可应付自如。香港被誉为"亚洲四小龙"之一，发展会展业外部环境优良，城市综合经济实力强；香港位居东南亚地区中心，自香港开埠以来，就发挥其重要港口和转口港的作用，拥有18万余家贸易公司，其中跨国公司逾800家。同时香港是一个面向内地的门户，随着《关于建立更紧密经贸关系的安排》（Closer Economic Partnership Arrangement，CEPA）的签署与实施，香港与内地的经贸合作日趋深入。此外，香港还处于世界时区中心，与伦敦、纽约构成全球24小时全天候运作的金融市场，这些天然的优势为香港会展经济提供了最低成本交易，地理条件优厚。

香港会展经济带动了本地旅游、酒店、零售和餐饮业的发展，为香港创造新的就业机会。根据香港会展协会统计，2016年展览业为香港经济带来529亿港币的收入，约占香港GDP总值的2.1%。其中，展览业带来的直接收入达265亿港币，为香港创造了7.7万个全职职位。2016年海外参展商和展览访客的平均消费较一般过夜旅客分别高出75%及66%。展览业亦为香港政府带来直接且高额的收益。2016年，展览业贡献的税务收益，如政府加诸展览活动和展览参与者的各种税收，为数达19亿港币。

香港凭借大都市定位，会展注重国际化、专业化和规模化的品牌展览建设。规模大小直接影响到会展经济效益的大小。品牌是以无形资产作为竞争，品牌会展规模大、专业性强、影响力广、成本低、效益高，能够给商家带来高回报。因此，香港很重视品牌战略，并采取各种措施树立品牌。目前，香港举办的大型国际展览会中，有22项得到国际展览联盟的认可，其中11个由贸发局举办，如香港玩具展、香港时装节、香港家庭用品展、香港礼品及赠品展、香港钟表展、香港秋季电子产品展和香港国际灯饰展，都是位列亚洲第一的国际性展览盛会。

2. 上海

2010上海世博会是继北京奥运会后中国迎来的又一国际盛事，是中国走向世界、让世界了解中国的重要历史机遇，也是中国展览行业一次规模空前的盛会。作为长江三角洲的龙头和迅速崛起的亚洲会展之都，上海已经形成较大规模的会展经济总量。上海是全国的经济和金融中心，拥有其他城市和地区无法比拟的经济实力和产业基础。上海不仅能为会展行业的发展提供雄厚的资金支持，还提供了优质的基础设施服务和相关配套服务。同时，强大的消费和采购需求也为各类展览会提供了无限的发展空间。

《财富》全球论坛上海年会、市长咨询会议、环太平洋经济论坛和APEC等国际会议的成功举办，大大提升了上海的国际知名度，为上海进一步拓展会展功能奠定了良好的基础。从事会展组织场馆经营以及相关服务的专业公司达100多家，并拥有一支通晓外语、管理、贸易、营销和国际惯例的会展专业人才队伍。此外，上海会展业的快速发展，也促进会展业市场体系运作规范的形成，2002年，上海率先成立了全国第一家会展行业协会。据上海市商务委员会的数据，2016年，上海主要展馆共举办各类展会880个，平均每天2.4个，同比增长3.41%，其中，国际性展览占比达三成以上。上海正稳步迈向"国际会展之都"。国际性展览是衡量展览业发展水平的一项重要指标。2016年，上海共举办国际性展览287个，占展览总数的32.61%；展览面积1 177.47万平方米，比上一年增长4.75%，占全年上海展览总面积的比例高达73.27%。数据显示，上海目前拥有的可供展览面积超过100万平方米，是全球展览场馆面积最大的城市。在"十三五"规划中，上海提出了建设"国际会展之都"的目标，进一步明确了展览业对上海产业升级，对上海建设国际经济、金融、贸易和航运中心以及具有全球影响力的科技创新中心的推动作用。预计到2020年，上海年展览总规模将达到2 000万平方米。

上海市商委围绕国际会展之都建设的核心目标、主要任务和基本路径等内容进行了深入探讨。上海国际贸易中心"十三五"规划已明确提出到2020年上海会展业"国际化程度持续提高，国际展展览面积提高到80%左右，与商业、旅游、文化、体育等产业联动发展更加紧密，基本建成国际会展之都"的目标，规划中也进一步明确了"充分发挥会展对贸易的促进功能"的功能定位。讨论认为，要始终紧盯目标，在扩大会展规模的同时，着力提高会展质量和效益，不断提高会展业对贸易增长和经济发展的贡献度。要加强机遇研究、"互联网+"会展新模式研究以及联动效应的研究，抓住"一带一路"倡议的机遇，培育会展新模式，推动会商旅文体联动发展。要牢牢把握以供给侧结构性改革为抓手，加快国际会展之都建设。要充分发挥上海自由贸易试验区制度创新的优势，借鉴国际先进经验和管理模式，努力营造符合国际惯例的会展业发展环境。要加大改革创新力度，破除制约会展业发展的瓶颈和障碍，优化政府服务，加快立法进程，加强人才集聚、知识产权保护、会展便利化等环境建设。

上海会展经济的高速发展，大大增强了上海作为经济中心城市的枢纽功能、窗口功能、集散功能和服务功能，激活了国际间和地区间的信息沟通、技术合作、贸易往来、人员互访和文化交流，使长江三角洲地区经济发展受到了直接的辐射和带动。

10.5 国外知名会展企业

10.5.1 德国汉诺威展览公司

汉诺威展览公司（Deutsche Messe AG，Hannover）成立于1947年，在德国汉诺威拥有世界最大的展览场地——汉诺威展览中心，每年举办几十个国际展览大会，有100万平方米的展出面积。汉诺威公司擅长举办工业专业展览会，全球前五大展览会中有三个在汉诺威举行，汉诺威在很多基础工业领域里的展览场地在全球是最大的。每年举办的德国汉诺威消费电子、信息及通信博览会（CeBIT）是世界上规模最大的IT业展览地，而汉诺威工业博览会则是全球最有影响力的工业盛会。作为世界领先的展览公司之一，其在全球拥有790位员工，70个海外分公司和办事处，公司年收入达2.5亿欧元。汉诺威展览公司的核心业务是在德国汉诺威及由其选定的国家举办领先的国际贸易展览会。汉诺威展览公司举办的展览会的主要特点是其对国际观众和展商的巨大号召力。这些展览会旨在反映行业最新动向，引领国际市场潮流，同时，这些展会也是展示先进应用技术、发布最新前沿科技和研发成果的平台。凭借丰富的办展经验和不断创新的办展理念，德国汉诺威展览公司每年举办逾 50 场专业贸易展览，共吸引来自 100 多个国家 179 万名观众和 16 000 名记者前往参观。每年吸引的展商总数约 21 000 家。

10.5.2　法兰克福展览公司

法兰克福展览公司（Messe Frankfurt Exhibition）是全球最大型的展览会主办单位之一，是世界上名列前茅的从事全球性贸易展览业务的公司，若以展馆面积来看，法兰克福展览公司在全球展览业排位第三。法兰克福展览公司在法兰克福市拥有 10 个展厅和会议中心，占地面积约为 32.1 万平方米，仅次于汉诺威公司和米兰公司，位居世界第三位。

法兰克福展览公司 2015 年营业额约 6.45 亿欧元，聘用 1 769 名员工。集团在全球设有 28 个子公司及 52 个国际销售伙伴，为超过 160 个国家及地区的客户提供服务。法兰克福展览公司举办的项目遍及全球 30 多个城市，2015 年所办的展览会达 132 个，其中一半以上在德国以外地区。法兰克福的展览业已有 800 多年的历史，从前的商人在罗马人市政厅（Romer town）会面，后来商人们迁移到现法兰克福展览中心的多功能厅（Festhalle）附近聚集和洽商。法兰克福展览中心面积达 592 127 平方米，目前共有 10 个展馆和两个会议中心。法兰克福展览公司是一家国有机构，法兰克福市政府拥有 60% 的股份，黑森州政府拥有 40% 的股份。公司多个旗舰展会在市场上具领导地位，包括消费品类的 Ambiente（法兰克福春季消费品展览会）、Beautyworld（法兰克福国际美容美发世界展览会）、Christmasworld（法兰克福国际圣诞礼品世界展览会）和 Paperworld（法兰克福国际纸制品及办公用品世界展览会）、Tendence（法兰克福国际时尚消费品展览会）、Musikmesse（法兰克福国际乐器、音乐硬软件、乐谱及附件展览会）和 Prolight＋Sound（法兰克福国际大型活动及通信技术、音像制作及娱乐展览会），纺织品类的 Heimtextil（法兰克福国际家用及室内纺织品展览会）、Techtextil（法兰克福国际产业用纺织品及非织造布展览会）和 Texcare（法兰克福国际纺织品专业处理展览会），汽车零配件类的 Automechanika（法兰克福国际汽车零配件及售后服务展览会）。其他技术展包括 Light＋Building（法兰克福国际灯光照明及建筑技术与设备展览会）、ISH（法兰克福国际浴室设备、楼宇、能源、空调技术及再生能源展览会）、IFFA（法兰克福国际肉类食品加工设备展览会）、Texprocess（法兰克福国际纺织品及柔性材料缝制加工展览会）。

10.5.3　德国杜塞尔多夫展览公司

德国杜塞尔多夫展览公司（Messe Düsseldorf）是德国五大展览集团之一，成立于 1947 年，在全球均拥有子公司或代表处，展览中心拥有 20 万平方米的展示面积，现有雇员 600 多人，2014 年营业额为 4.1 亿欧元，是德国最成功的展览公司之一。2014 年在杜塞尔多夫市举办的展览会中，约 3.1 万参展商向 140 万专业观众及 50 多万参加峰会的听众展示了他们的产品。

杜塞尔多夫展览公司在 132 个国家设立的销售办事处（包括 71 个海外机构）和在 7

个国家设立的业务中心构成了其庞大的全球网络。杜塞尔多夫展览具有40年的国际性展览会办展经验，拥有在全球各地成功举办4 000多场展览会的骄人纪录。约50场专业展览会在杜塞尔多夫市举办，其中包括来自机械设备，贸易、手工业与服务，医学与健康，时尚、生活方式，以及休闲五大领域的24场业界第一大展览盛会。该公司在1999年与其在中国的代表机构——世界展贸顾问有限公司合资成立杜塞尔多夫展览（中国）有限公司，并在北京、上海、广州、重庆各设有代表处，并于2004年4月在沈阳设立办事处。公司在中国的业务包括主办国际性展览会、与国内机构合办展览会，为杜塞尔多夫展览机构及其下属各分公司代理招商、提供活动推广和展览咨询服务。

10.5.4　英国励展博览集团

励展博览集团（Reed Exhibitions）为全球最大的展览及会议活动主办机构，已积淀逾百年的全球品质展览会的开发、策划、推广及销售的丰富经验，并赢得品质、知名和权威展览会主办者的美誉。励展博览集团总部位于英国，在世界各地拥有3 900多位员工，平均每年在全球成功推出约30个新展以满足不断发展变化的市场需求。

励展博览集团每年主办的一流国际展览会超过500个，涵盖52个行业，足迹遍及美洲、欧洲、中东及亚太区的34个国家，专注于航空与国防、建筑与施工、设计、电子、能源、石油与天然气、餐饮、食品与酒店、礼品、保健、信息与电信、珠宝、制造、营销与商业服务、制药、房地产、出版、安全、体育与娱乐、运输与物流、旅游等核心行业。

在主办展览会以外，励展博览集团还积极促进供求关系网络的建立——对买家和供应商的需求进行识别、锁定、吸引和配对。励展旨在通过展览会相关的会议、特色、活动和赞助机会来展现客户的商业目标。

励展博览集团在世界各地设有分支及代理机构，遵循"运用全球化思维，解决当地之所需"的理念。世界各地的客户均可受益于励展的全球资源、行业网络和数据库。励展博览集团在世界各地的分支及代理机构对当地市场有准确的认识，并与当地政府部门、商业团体及媒体有着亲密的合作关系，他们可对客户的需求迅速做出反应，并提出合理的解决方案。

励展博览集团于20世纪80年代就进入中国办展，现已发展为中国最活跃的国际展览及会议主办者，除了在北京、上海和香港分别设有直属分支机构以外，还相继携手优秀的中方合作伙伴成立了3家合资公司，即上海励华国际展览有限公司、国药励展展览有限责任公司和励展华博展览（深圳）有限公司。励展中国公司及励展在华合资公司均为全球展览业协会之成员。

10.5.5　国外其他知名会展集团

意大利的Fiera Milano S. p. a.（米兰博览会集团）、FMI（米兰国际展览公司）、Rivadel Garda Fierecongressi S. p. a.（里瓦德尔Fierecongressi股份有限公司）、Rimini Fiera S. p. a.（里米尼展览公司）、Bologna Fiere Gruppo（意大利博洛尼亚展览集团），美国的E. J. KRAUSE& ASSOCIATE, INC（美国克劳斯公司）、Freeman Decorating Company（美国富瑞门集团）、IDG World Expo（爱奇会展有限公司）、MAGIC（美国麦杰克国际公司）、PMMI（美国包装机械协会）、International Housewares Association（全美家庭用

品制造商协会)、Questex Media（美国 Questex 传媒集团）、CEA（美国消费电子产品协会）、Pennwell（美国 PennWell 公司）、American Gaming Association（美国博彩协会），德国的 Koeln messe（德国科隆国际展览有限公司）、Messe München International（德国慕尼黑国际展览集团）、Messe Berlin GmbH（德国柏林展览公司）、Messe Stuttgart（斯图加特展览公司）、Messe Essen GmbH（德国埃森展览公司）、LeipzigerMesse（德国莱比锡展览公司）和 DEMAGE（德国德马吉展览公司），英国的 Montgomery（蒙歌玛利展览有限公司）、ITE Group Plc（英国国际贸易与展览有限公司）、IIR（英国国研会展集团）、Brintex（英国 Brintex 公司）和 Allworld Exhibitions（奥伟展览集团），法国的 GROUPEXPOSIUM（法国爱博集团）、COMEXPO Paris（法国巴黎展览集团）、SAFIM（马赛国际展览公司），日本的 CMP Japan Group（日本 CMP 集团）、日本康格株式会社、JTBCOMMUNICATIONS, INC（日本杰科姆会展服务公司），巴西的 Alcantara Machado（奥冈达拉·马夏度展览公司）、Diretriz Group（Diretriz 集团），新加坡的 Singapore Exhibition Services Pte Ltd.（新加坡展览有限公司）、Singex Group（新加坡国际展览集团）、CEMS（新加坡会议与展览管理服务有限公司），以及 VNU Exhibitions（万耀企龙展览集团）、Middle East Exhibition Union（中东展览联盟）、IFEMA（西班牙马德里国际展览中心）、Be Youthful Surpassor International Exhibition Group Ltd.（白杨树国际展览集团）、DMG World Media（加拿大 DMG 传媒集团）、CMP（亚洲博闻有限公司）、Restec Exhibition Company（俄罗斯 Restec 展览公司）、EXPONOR-Feira Internationaldo Porto（葡萄牙 EXPONOR 国际展览公司）。

案例分析 10—1

世界五大汽车品牌展

1. 东京车展

东京车展素有"亚洲汽车风向标"之称。虽然在五大车展中历史最短，但1999年的东京车展创下了140万参观人次的世界纪录。东京车展有其鲜明的特色，与其他西方大型车展相比，日本车展更具有亚洲的东方风韵。日本厂商的多款造型小巧精美、内饰高档的汽车总能成为车展的主角。而且，各种各样的汽车电子设备和技术也历来是东京车展的一大亮点。2004年第38届东京车展突出环保和人性化，展览主题为"汽车——人类的伙伴"。有38项世界首展和15项日本首展，零部件区则有35项世界首展和20项日本首展。

2. 日内瓦车展

日内瓦车展素有"国际汽车潮流风向标"之称，是欧洲唯一每年举办的车展，在位于日内瓦机场附近的巴莱斯堡国际展览中心举行，总展出面积达7万平方米。日内瓦车展创于1924年。从1931年起，每年在瑞士日内瓦举办。以展示豪华车及高性能改装车为主，展品比较个性化。瑞士是五大车展所在地中唯一一个没有汽车工业的国家，但却承办着在世界上举足轻重的车展之一，每年总能吸引30多个国家的900多个参展商。

3. 北美国际汽车展

一年一度的北美国际汽车展的前身是美国底特律国际汽车展览会，至今已经有近百年的历史,是美国创办历史最长的车展之一。由底特律汽车经销商协会主办。北美车展的特色在于轻松愉快的氛围。这是与美国本土文化相结合的产物。

4. 巴黎车展

巴黎车展起源于1898年的国际汽车沙龙会,直到1976年是一年一届,之后两年一届。在每年的9月底10月初举办。巴黎车展始终围绕着"新"字做文章,每届车展都是概念车云集的盛会,往往使参观者眼前一亮。2004年巴黎车展历时15天,接待观众百余万人。

5. 法兰克福车展

法兰克福车展的前身是柏林车展,创办于1897年,是世界上最早举办国际车展的地方。法兰克福车展是世界上规模最大的车展,有"汽车奥运会"之称。由于地域原因,车展主角自然是德国企业。

点评:世界上汽车展会数量众多,但唯独在东京、日内瓦、底特律、巴黎以及法兰克福五个城市成功打造了世界五大汽车品牌展。据案例可知,世界五大品牌车展各具鲜明特色。结合所学管理学与经济学基础知识可知,产品差异化是企业获取消费者剩余的最主要途径。产品特色越突出,企业利润空间越大,而且越容易销售。会展产品也不例外。因此,我国各地在培育当地会展品牌时均应从自身特色出发,既要考虑展会的发展前景,也要立足于本地特色产业、消费实力和专业水平。另外,根据案例内容可总结出品牌展会具有以下特点:较高的知名度、较好的规模成效、较强的权威性、规范的服务和完善的功能。创建品牌展会应该从展会的定位、创立、传播和维护等方面进行。

本章小结

会展业在国外已有很长的发展历史,其办展内容、功能和展会的组织等方面已相当完备,了解国外会展业发展情况,对思考我国会展经济发展具有很强的借鉴意义。知己知彼,百战不殆。科学分析国外会展业的发展现状及趋势,客观评析中国会展业发展实情,从宏观层面把握全球会展业;了解知名展会、会展城市以及会展企业的概况及发展历史或发展特色,从微观层面认识全球会展业。

复习思考题

一、名词解释

世界博览会　　达沃斯论坛　　中国进出口商品交易会　　博鳌亚洲论坛

二、填空题

(1)_____会展经济带,起点高、政府支持力度大、规划布局合理、贸易色彩浓厚,受区位优势、产业结构影响大,发展潜力巨大。_____已形成国际化和现代化程度高、会展产业结构特色突出、会展地域及产业分布密集的会展经济带。

(2)_____是世界会展业的发源地,经过100多年的积累和发展,欧洲会展经济整体实力最强,规模最大。在国际性贸易展览会方面,_____是第一位的世界会展强国,世界著名的国际性、专业性贸易展览会中,约有2/3都在该国主办。

(3)_____举办展览会已有近千年的历史,早在中世纪就发展成为德国的百货商场，并带动了当地一系列相关产业的同步发展。

（4）_____已有 50 余年历史，是中国目前历史最长、层次最高、规模最大、商品种类最全、到会客商最多和成交效果最好的综合性国际贸易盛会。

三、简答题

（1）总结我国五大会展经济带的会展业的发展现状。
（2）我国会展业发展有何特点？
（3）我国会展业发展趋势是什么？
（4）国外各大洲会展业发展现状如何？
（5）国外会展业发展趋势是什么？

四、讨论题

分别总结国内外知名展会、会展城市及会展企业的特色，并讨论其成功之处。

参考文献

曹勇，2014. 会展政策与法规 [M]. 重庆：重庆大学出版社.
陈君俊，2007. 会展经济研究 [D]. 长沙：湖南大学.
戴光全，马聪玲，2007. 节事活动策划与组织管理 [M]. 北京：中国劳动社会保障出版社.
龚平，赵慰平，2009. 会展概论 [M]. 2版. 上海：复旦大学出版社.
龚平，赵慰平，2005. 会展概论 [M]. 上海：复旦大学出版社.
过聚荣，2006. 会展导论 [M]. 上海：上海交通大学出版社.
过聚荣，2010. 会展概论 [M]. 北京：高等教育出版社.
胡平，2007. 会展管理概论 [M]. 上海：华东师范大学出版社.
胡平，2006. 会展旅游概论 [M]. 上海：立信会计出版社.
胡伟，成海涛，王凌，2009. 会议管理 [M]. 大连：东北财经大学出版社.
黄彬，2011. 会展经济与城市品牌联动效应研究 [J]. 现代城市，6（1）.
会展策划与实务岗位资格考试系列教材编委会，2007. 会展概论 [M]. 北京：旅游教育出版社.
刘晓广，2009. 会展概论 [M]. 北京：化学工业出版社.
卢晓，2006. 节事活动策划与管理 [M]. 上海：上海人民出版社.
马勇，梁圣蓉，2007. 会展概论 [M]. 重庆：重庆大学出版社.
马勇，肖轶楠，2004. 会展概论 [M]. 北京：中国商务出版社.
苏文才，2009. 会展概论 [M]. 2版. 北京：高等教育出版社.
天虹，2005. 会议管理实务 [M]. 北京：中国纺织出版社.
王首程，2008. 会议管理 [M]. 北京：高等教育出版社.
王书翠，2004. 会展业概览 [M]. 上海：立信会计出版社.
王新刚，2004. 中国会展经济研究 [D]. 长春：吉林大学.
吴信菊，2010. 会展概论 [M]. 上海：上海交通大学出版社.
肖庆国，武少源，2008. 会议运营管理 [M]. 北京：中国商务出版社.
谢浩萍，2008. 会议服务 [M]. 上海：格致出版社.
辛宏艳，2006. 中国会展经济发展研究 [D]. 长春：东北师范大学.
杨春兰，2006. 会展概论 [M]. 上海：上海财经大学出版社.
杨顺勇，丁萍萍，2009. 会展营销 [M]. 北京：化学工业出版社.
曾亚强，张义，2007. 会展概论 [M]. 北京：化学工业出版社.
张红，2006. 会展概论 [M]. 北京：高等教育出版社.
张显春，2007. 会展旅游 [M]. 重庆：重庆大学出版社.
张晓娟，2008. 会展概论 [M]. 大连：东北财经大学出版社.
赵春霞，2007. 会展旅游管理实务 [M]. 北京：对外经济贸易大学出版社.
郑建瑜，2008. 会议策划与管理 [M]. 天津：南开大学出版社.